Les Assises intellectuelles de la République
Philosophies de l'État 1880-1914

Du même auteur :

Monseigneur Saliège archevêque de Toulouse 1929-1956, Paris, Beauchesne, 1994, 415 p.
Les Évêques au temps de Vichy, Paris, Beauchesne, 1999, 279 p.
La démocratie chrétienne en France. Un pari à haut risque de 1900 à nos jours, Paris, François-Xavier de Guibert, 2005, 198 p.

Jean-Louis CLÉMENT

Les Assises intellectuelles de la République
Philosophies de l'État 1880-1914

24, rue des Écoles
75005 Paris
http://www.bhedition.com

ISBN 2-910828-37-9
Imprimé en France

Introduction

En maçonnerie, l'assise d'une muraille est formée d'une rangée de pierres taillées et agencées sur lesquelles repose l'édifice. En quittant cette acception concrète pour glisser vers une compréhension plus spéculative, il est possible d'avancer que les assises de la République sont constituées des principes métaphysiques et philosophiques qui président aux destinées de la nation française depuis cent vingt-cinq ans. L'État français de Vichy, en dépit d'une légende tenace, participe du même esprit[1]. Partant de l'idée que la République, forme institutionnelle de l'État, obéit au principe mis en lumière par Aristote au IVème siècle avant Jésus-Christ selon lequel « la vertu est la fin véritable de l'État »[2], il est apparu essentiel d'analyser la nature et la qualité de la vertu de l'État républicain.

Au cours de la période qui conduisit les Républicains à la maîtrise totale des institutions et organes de l'État, Léon Gambetta fut à la fois précis et flou sur la finalité de la République. Devant le peuple, soit à La-Ferté-sous-Jouarre le 14 juillet 1872, soit dans la salle du Château-d'Eau de Paris le 20 octobre 1878, il martelait cette phrase lapidaire : « La République, c'est la forme qui emporte le fonds »[3]. L'avocat cadurcien était un orateur capable de se laisser porter par le rythme de sa propre éloquence. La répétition de la formule à des années de distance permet d'écarter cette interprétation. Le 16 mai 1873, à Nantes, le chef du parti républicain proclamait avec sa verve de tribun :

> « Aujourd'hui que nous sommes en possession de la forme républicaine qui n'est pas une solution, mais un moyen, c'est avec cet outil, avec cet instrument supérieur à tous ceux qui ont été employés jusqu'à présent que nous devons chercher à réaliser enfin les progrès qui jusqu'alors n'ont été dans la pensée du pays qu'à l'état de rêves irréalisables ; […] et, premièrement, cette grande et juste idée de l'égalité civile et politique. »[4]

Dans une lettre envoyée à Juliette Adam le 5 octobre 1875, le chef des Républicains laissait entendre là encore que la forme constitutionnelle n'était pas le but ultime :

1. Jean-Louis Clément, « L'épiscopat et les principes de la Révolution nationale » *Revue d'Histoire des Conflits Contemporains* n° 218, avril 2005, p. 27 à 36.
2. Aristote, *La Politique. Nouvelle traduction avec introduction, notes et index par Jean Tricot* Paris, Vrin, 1995, p. 203 et 204.
3. Pierre Barral, *Les Fondateurs de la Troisième République* Paris, Colin, 1968, p. 166 et 167.
4. *Les Grands Orateurs Républicains. Gambetta préfacé et commenté par Georges Bourgin* Monaco, Editions « Hemera », 1949, p. 154.

> « Je vous l'ai dit bien souvent, depuis la constitution, j'estime la République fondée à l'intérieur, sauvée des attentats et des coups de main des réacteurs ; pour moi l'heure des périls tragiques est passée, le temps des difficultés, des expériences laborieuses, est ouvert mais j'y entre sans inquiétude [...] »[5]

Que sont précisément « ces expériences laborieuses » ? Dans quelles mesures ne visent-elles pas à emporter le fonds ?

Ce thème appartient viscéralement à l'idée républicaine des années 1870-1880. Un ami de Gambetta, Jules Barni (1818-1878), était philosophe. Formé à l'école de Victor Cousin (1792-1867), il avait pris ses distances par rapport au maître et avait introduit, parmi les premiers, l'œuvre d'Emmanuel Kant en France[6]. Il avait publié en 1872 un *Manuel Républicain*. Dans l'avant-propos, il écrivait que « la République est “une forme” et que cette forme ne serait pas durable “si l'esprit ne la vivifiait pas” »[7].

Il faut exclure aussi l'idée que ces propos sont liés à la crainte d'une restauration monarchique très probable après les élections de février 1871, fort improbable après 1875. Sous le Second Empire, Henri Allain-Targé, un ami intime de Léon Gambetta, écrivait à son père, un fervent orléaniste, la profession de foi suivante :

> « Aucune monarchie ne peut contenter la Démocratie et la Révolution. Cela ne s'est jamais vu et ne se verra jamais. La République n'est pas une vaine forme, elle est la condition nécessaire de la liberté démocratique : le gouvernement de la logique peut seul satisfaire les masses raisonnantes. »[8]

En 1869, Léon Gambetta écrivait à Adolphe Braleret, un marchand de vin de Belleville qui animait son comité électoral républicain, cette remarque :

> « Je crois en effet que les temps vont devenir rudes pour ceux qui comme nous ne peuvent s'accommoder d'un empire libéral ou autre. Il nous faut la réalisation complète et pure de la République. Je crois pouvoir établir que c'est à la fois le meilleur, le plus utile, le plus économique, le plus libre et le plus durable des gouvernements. »[9]

Le vocabulaire vaguement spiritualiste qui peut orner les textes de certains comme Jules Barni ne doit leurrer en aucune façon. Il n'était pas dans les intentions des Républicains de fonder le nouveau régime sur la

5. *Lettres de Gambetta 1868-1882 recueillies et annotées par Daniel Halévy et Émile Pillias* Paris, Grasset, 1938, lettre n° 251.

6. M. Prévost et Roman d'Amat, *Dictionnaire de biographie française* Paris, Letouzey et Ané, tome 5, 1949, colonnes 502 à 504.

7. Marie-Claude Blais, *Au Principe de la République. Le cas Renouvier* Paris, Gallimard, 2000, p. 267.

8. Henri Allain-Targé, *La République sous l'Empire. Lettres (1864-1870) réunies et annotées par Suzanne de La Porte Préface de Maurice Sarraut* Paris, Grasset, 1939, p. 156 Lettre du 19 décembre 1867.

9. *Lettres de Gambetta 1868-1882 recueillies et annotées par Daniel Halévy et Émile Pillias* Paris, Grasset, 1938, lettre n°58. C'est Gambetta lui-même qui souligne.

pensée éclectique de Victor Cousin qui était la philosophie libérale officielle depuis la Monarchie de Juillet. Ce penseur aurait tenu les propos suivants, devant Charles de Rémusat, aux lendemains de la Révolution de Février 1848 : « Courons nous jeter aux pieds des évêques, eux seuls peuvent nous sauver »[10]. Unissant les actes aux paroles, il avait successivement rallié le Parti de l'Ordre, le Prince-Président puis l'Empire. En conséquence, il est patent que l'esprit qui devait animer la République ne pouvait pas être le spiritualisme[11] du régime antérieur. Toutefois il est aussi évident que les démocrates se gardaient bien de préciser la nature de cet esprit républicain qu'ils invoquaient dans leurs discours publics. Avancer par exemple que, pour Gambetta, la promotion des « couches nouvelles » constitue ce fonds de la forme républicaine de l'État[12], revient à faire une réponse incomplète. Rien n'est dit sur la composition de ces nouvelles classes et encore moins sur sa vision du monde.

Le flou sur les fondements réels de la philosophie républicaine est lié à la fermentation intellectuelle intense des milieux progressistes de ces années-là. Eugène Sémerie (1832-1884), disciple et exécuteur testamentaire d'Auguste Comte, fonda la revue *La Politique Positive. Revue Occidentale* pour infléchir le cours de l'Histoire. Charles Renouvier (1815-1903) créa *La Critique philosophique, politique, scientifique, littéraire* pour essayer de donner une orientation néokantienne au régime en gestation. Ernest Renan (1823-1892) publia en 1871 *La Réforme intellectuelle et morale.* La sociologie s'érigeait en science et les théories de son maître anglais, Herbert Spencer (1820-1903), furent portées en traduction à la connaissance du public cultivé français[13]. Il obtint le statut de nouveau prophète à telle enseigne que l'écrivain Paul Bourget (1852-1935) qualifia Adrien Sixte, le personnage central de son roman *Le Disciple*, de Spencer français[14].

Le débat de ces années de gestation de la République porte sur le fondement et la finalité de l'État et de la Loi. Les Républicains voulurent établir la République sur des étais qui ne devaient rien au passé. Le thème de la révision constitutionnelle fut au cœur de la vie politique de 1880 à 1889. Dans le même temps, les maîtres de l'État cherchèrent à créer la société républicaine. Ils voulurent « organiser la démocratie » pour reprendre la

10. Adrien Dansette, *Histoire religieuse de la France Contemporaine* Paris, Flammarion, 1965, p. 281.

11. Le spiritualisme est un mouvement philosophique sans véritable doctrine théorique. Il affirme, par opposition au matérialisme, qu'en toutes choses la primauté revient à l'esprit. Victor Cousin, son principal représentant, emprunte à Socrate, à Platon et au christianisme dont le dépassement est inévitable.

12. Odile Rudelle, *La République absolue Aux origines de l'instabilité constitutionnelle de la France républicaine 1870-1889* Paris, Publications de la Sorbonne, 1982, p. 78.

13. Herbert Spencer, *L'individu contre l'État* Paris, Alcan, 1885, 166 p.

14. Paul Bourget, *Le Disciple* Paris, Plon - Nourrit, 1921, p. 15 (première édition 1889).

formule caractéristique de la vie politique française dans les premières années du XXème siècle. Nous distinguerons dans les pages qui suivent les deux facettes d'un même mouvement pour des raisons de clarté d'exposition.

En conséquence, l'objet de ce livre ne consiste pas à faire le récit des événements qui ont fait la trame et l'aigre saveur des années 1880-1914[15] mais à cerner les ressorts intellectuels profonds, les prismes idéologiques qui ont conduit à façonner la République et le *civis republicanus*.

15. Le lecteur peut se reporter aux ouvrages suivants : François Goguel, *La Politique des Partis sous la Troisième République* Paris, Seuil, 1946, 566 p. ; Jean-Marie Mayeur, *La Vie Politique sous la Troisième République 1870-1940* Paris, Seuil, 1984, 443 p.

Chapitre 1
Une philosophie républicaine ?

Aucun des fondateurs de la Troisième République ne fut un théoricien de l'État mis à part Émile Littré mais ce dernier n'exerça aucune fonction gouvernementale hormis celle de sénateur inamovible jusqu'à sa mort. Ils furent tous des orateurs. C'est à travers des discours, le plus souvent de circonstance, qu'il faut essayer de dégager le soubassement de leur pensée. Il est parfois possible de compléter cette source principale par le commentaire des lettres privées des fondateurs que leurs thuriféraires publièrent après leur mort. Deux caractéristiques les unissent : le refus du romantisme de la Deuxième République qui fut le bref régime de leur enfance et le rejet du spiritualisme du Second Empire. Le 2 février 1867, Henri Allain-Targé affirmait à ses parents son aversion pour la conception modérée de l'État et du politique que le Tiers Parti, sous la houlette d'Adolphe Thiers et d'Émile Ollivier, mettait en avant :

> « Ah ! Si la Gauche a l'énergie et le radicalisme qu'il faut, quelle occasion de démontrer l'impuissance et le vide de tous ces métaphysiciens et doctrinaires de la monarchie pondérée ! »[1]

Mais il est impossible de construire un État sur le rejet des principes des régimes antérieurs. Il est nécessaire de posséder des concepts précis sur l'homme et la société pour établir non seulement les institutions mais encore l'autorité de la loi.

Il est indéniable que le positivisme comtien a fondé la pensée des Républicains de la génération de 1880 : Pierre Barral a relevé, après bien d'autres auteurs, cette influence[2]. Mais quelle place accorder alors à la philosophie de Kant qui fut enseignée dans les Facultés des Lettres et dans les lycées sous l'impulsion du directeur de l'Enseignement Supérieur Louis

1. Henri Allain-Targé, *La République sous l'Empire*... op. cit. p. 101.
2. Pierre Barral, *Les fondateurs de la Troisième République* Paris, Armand Colin, 1968, p. 171.

Liard ? Marie-Claude Blais soutient la thèse que le positivisme fut la devanture clinquante d'une République qui était dans ses profondeurs néokantienne[3]. La pertinence de ces affirmations fera l'objet de la présente étude qui usera de la méthode inductive propre à l'Histoire.

Après avoir relevé les traces d'une possible influence du positivisme dans la pensée des Républicains, nous verrons que cette adhésion est riche d'ambiguïtés tant la théorie politique d'Auguste Comte est éloignée des aspirations démocratiques héritées de l'« Illusion lyrique » de 1848. En conséquence, les oppositions idéologiques essentielles de la classe dirigeante de la Troisième République se construisirent sur des interprétations différentes non seulement du positivisme mais encore de toute la pensée réorganisatrice du XIXème siècle[4]. La conception opportuniste et radicale de la religion de la Science prouve cette césure irréversible. La place du néokantisme comme philosophie officielle de l'enseignement républicain est toute aussi riche de difficultés de compréhension et pose clairement la possibilité d'une entente réelle entre les deux philosophies politiques.

3. Marie-Claude Blais, *Au principe de la République*... op. cit. 436 p.

4. L'expression de « pensée réorganisatrice » est empruntée à Jean-Jacques Chevallier, *Histoire de la pensée politique* Paris, Payot, 1993, p. 700 et sq. L'expression recouvre tous les systèmes qui considèrent que la Grande Révolution a créé une *tabula rasa* et qu'il faut reconstruire un homme et une société nouvelle sur les décombres.

Des chefs républicains positivistes ?

Jules Ferry (1832-1893)

Monument de Jules Ferry à Saint-Dié, Vosges, photo collection privée

Le député de Saint-Dié fut reçu, après une initiation positiviste dispensée par Marcel Roulleaux et Philémon Deroisin[5], à la loge maçonnique parisienne de la « Clémente Amitié » qui était aussi celle d'Émile Littré. L'élu du département des Vosges aurait dû prononcer, au cours de la tenue d'accueil qui eut lieu le 5 août 1875, un discours sur le thème de la *Morale sociale du XIXème siècle*. Ce texte ne fut pas rendu public, mais il est un témoignage exceptionnel pour cerner les principes de la pensée du fondateur de l'école laïque.

Le nouvel initié retrace tout d'abord son propre cheminement spirituel en usant d'ailleurs de raccourcis caricaturaux.

Jules Ferry avance dans ce texte qu'il est d'éducation catholique mais la définition qu'il donne de la notion de grâce rappelle plus le calvinisme ou le jansénisme que le catéchisme romain. Il affirme ceci :

> « Le christianisme avait bien dit aux hommes : vous êtes frères, l'esclave même est votre frère, il y a identité entre vous, vous êtes tous enfants de Dieu ; mais cette doctrine restreignait la portée de cette profession de foi très libérale, très généreuse au premier abord, car les hommes étaient divisés en réprouvés et en élus. Pour être élu, il fallait avoir cette grâce donnée par l'arbitraire, par le caprice. Cette doctrine était incompatible avec la conception de l'humanité elle-même »[6].

De fait, son indifférence religieuse est profonde même s'il reconnaît implicitement une éducation catholique[7]. Son cheminement spirituel s'achève à la découverte du positivisme : « quand j'ai rencontré la doctrine positive,

5. Pierre Barral, « Ferry et Gambetta face au positivisme » *Romantisme...* op. cit. Tome 19, 1978, p. 149 et 150.
6. Jules Ferry, *La République des Citoyens. Présentation d'Odile Rudelle* Paris, Imprimerie Nationale, tome 1, p. 82.
7. *Lettres de Jules Ferry 1846-1893* Paris, Calmann-Lévy, 1914, p. 225, Lettre LXXXI à madame Jules Ferry du 4 juin 1877.

j'y suis resté, je m'y suis tenu et maintenant je peux dire que j'y resterai en matière de morale »[8].

L'orateur continue son discours par un hommage appuyé au fondateur du Positivisme et à son commentateur, Émile Littré[9]. Cette morale du XIX ème siècle est fondée sur une conception pessimiste de l'homme dont « les bons penchants [...] ont, nous le reconnaissons, moins d'énergie que les sentiments égoïstes »[10]. Jules Ferry reprend, avec une remarquable clarté de style, une idée qu'Auguste Comte exprimait confusément :

> « Quoique le cours spontané de l'évolution humaine, personnelle ou sociale, développe toujours leur commune influence, leur ascendant combiné ne saurait pourtant parvenir au point d'empêcher que notre principale activité ne dérive habituellement des penchants inférieurs. »[11]

Mais cet homme, placé dans une société bien organisée, voit ses tendances bienveillantes favorisées au détriment de son égoïsme. Pour atteindre ce résultat, il faut inculquer à l'individu le sens de ses devoirs envers l'Humanité :

> « Le premier devoir et la formule fondamentale, c'est d'appliquer dans tous les actes non pas le point de vue personnel, mais le point de vue social ; et la conséquence, c'est que cette morale qui ne fait que naître, tend à substituer à la notion de droit la notion de devoir. »[12]

En résumée, l'homme n'a pas de droit intrinsèque ; il n'a que des devoirs à l'égard de la société. Voilà le nœud de la morale sociale du positivisme de Jules Ferry. Il a fait sienne cette formule d'Auguste Comte qui avance :

> « L'esprit positif, au contraire, est directement social, autant que possible, et sans aucun effort, par suite même de sa réalité caractéristique. Pour lui, l'homme proprement dit n'existe pas, il ne peut exister que l'humanité, puisque tout notre développement est dû à la société, sous quelque rapport qu'on l'envisage. »[13]

Cette éthique se sépare fondamentalement de la conception spiritualiste. Paul Janet (1823-1899) la définissait ainsi : « La morale a pour objet le "bien" comme la logique a pour objet le vrai »[14].

8. Jules Ferry, *La République...* op. cit. p. 80.

9. Jules Ferry, *La République...* op. cit. p. 79.

10. Jules Ferry, *La République...* op. cit. p. 81.

11. Auguste Comte, *Discours sur l'Esprit Positif* Paris, Vrin, 1995, paragraphe 45 p. 157 [première édition 1844].

12. Jules Ferry, *La République...* op. cit. p. 83.

13. Auguste Comte, *Discours sur l'Esprit Positif...* op. cit. p. 183 et 184.

14. Cité *in* Paul Foulquié, *Dictionnaire de la langue philosophique* Paris, P.U.F., 1962, p. 453.

La correspondance de Jules Ferry donne des indices éclairants sur sa conception positiviste du monde. Certes il se montre ironique à l'égard des excès pris par la religion de l'Humanité prônée par Auguste Comte à la fin de sa vie. Reçu chez un industriel de Sainte-Marie-aux-Mines (Haut-Rhin) adepte de la nouvelle religion, il se montre détaché de ces rites pleins d'effusions romantiques. Toutefois il écrit :

> « Toutes les plus réjouissantes histoires de notre vénéré maître, le Deroisiana[15] tout entier, et tout ce que je sais de la langue sacerdotale avec deux adjectifs à la clef, y ont passé, et j'eusse été un grand objet de scandale, si l'on ne me savait au fond, quoique railleur, de conviction forte et dévouée. »[16]

Annonçant à un ami ses fiançailles et son prochain mariage, il peint un portrait d'Eugénie Risler digne de la femme messie attendue par Auguste Comte puisque la petite-fille de Charles Kestner « s'est développée en dehors de toute théologie »[17]. Accusant réception et lecture d'un ouvrage consacré à la démocratie, Jules Ferry écrivait en substance cette remarque empreinte des préjugés du père de l'Église positiviste :

> « Il serait temps pour les vrais amis de la Démocratie [...] de se dégager des idolâtries surannées et des fausses théories de la métaphysique révolutionnaire. »[18]

Ses contemporains le perçurent sans équivoque aucune comme un sectateur d'Auguste Comte. Preuve en est cette lettre de Mme Comte à Jules Ferry en date du 24 octobre 1869 :

> « J'ai demandé un avocat qui fut positiviste. On m'a dit qu'il n'y en avait pas. C'est mon bon et ancien ami M. le Dr Robin qui m'a nommé Monsieur Fairy [sic], dont je connaissais le nom, mais dont j'ignorais le titre [...] »[19]

Georges Clemenceau (1841-1929)

Dans la mesure où le Positivisme est distingué de sa forme extrême et religieuse, on peut aussi écrire sans crainte que Georges Clemenceau était

15. Vocable bâti à partir du nom de Philémon Deroisin qui a initié Jules Ferry aux arcanes du positivisme.

16. *Lettres de Jules Ferry...* op. cit. p. 14 et 15 Lettre V à Charles Ferry août 1861. C'est l'auteur de ce livre qui souligne.

17. *ibidem* p. 205 Lettre LXIX à André Lavertujon du 5 octobre 1875.

18. *ibidem* p. 496 et 497 Lettre CCXV à J. Magalhaes Lima du 23 février 1889.

19. Cité *in* Louis Legrand, *L'influence du Positivisme dans l'œuvre scolaire de Jules Ferry Les origines de la laïcité* Paris, Marcel Rivière et Cie, 1961, p. 251.

positiviste[20]. Ce « bleu » de Vendée possédait une indépendance d'esprit bien trop grande pour s'être fait initier à la maçonnerie. Il n'en fut pas moins un positiviste intransigeant. Étudiant en médecine, il suivit les cours dispensés par le docteur Charles Robin (1821-1885), un disciple et un exécuteur testamentaire d'Auguste Comte. L'intérêt de Clemenceau pour cet idéologue[21] fut tel qu'il traduisit pour le public français le livre que John Stuart Mill consacra au prophète de l'Humanité : *Auguste Comte et le positivisme*. Le jeune médecin adhéra même à la forme extrême de ce courant philosophique, le scientisme, qui avance que la science seule peut aboutir à une explication générale du monde et de l'homme. Dans l'introduction qu'il donna à sa thèse de médecine, il écrivit :

> « Si par l'"origine des choses" nous entendons simplement les grandes transformations de la matière dont nous sommes aujourd'hui les témoins et dont la loi jusqu'ici nous échappe, telle que l'apparition de l'homme et même de la vie sur la terre, la formation de notre globe et même de l'Univers, je dis que la recherche des causes de ces phénomènes est légitime, que non seulement elle peut mais qu'elle doit aboutir [...] Je vois bien que ces phénomènes sont plus obscurs que beaucoup d'autres, mais je ne sais pourquoi ils nous demeureraient éternellement cachés [...] La méthode scientifique est un instrument que l'homme commence à peine à manier [...] Elle avance lentement et laborieusement des faits, mais elle procède sûrement et le succès ne peut pas lui faire défaut »[22].

Léon Gambetta (1838-1882)

Ce tribun est le républicain dont le positivisme est le plus difficile à cerner. Il est beaucoup moins rigoureux que Jules Ferry dans sa formation intellectuelle. L'avocat qui jouit d'un caractère très intuitif, sait ce qui le sépare de son confrère vosgien qu'il juge trop distant et de peu « d'actions sur le populo »[23].

20. D. R. Watson, « A note on Clemenceau, Comte and positivism » *The Historical Journal*, XIV, 1, p. 201 et 204.

21. Le mot « idéologue » est employé dans l'acception suivante : penseur héritier du mouvement des Idéologues qui fleurit sous le Premier Empire.

22. Cité *in* Jean-Baptiste Duroselle, *Clemenceau* Paris, Fayard, 1988, p. 63. Nous empruntons à cet auteur les renseignements biographiques résumés dans ce paragraphe.

23. *Lettres de Gambetta 1868-1882*... op. cit. lettre n° 54 à André Lavertujon en date du 30 août 1869.

Gambetta à l'Assemblée Nationale, croquis de Jules Buisson, collection privée

Il apprend par l'écoute et la conversation avec les autres. S'il connaît le Positivisme, c'est uniquement par le truchement d'Émile Littré. Gambetta a emprunté à son ami Arthur Ranc, sans jamais le lui rendre, le livre du commentateur de Comte : *Conservation, Révolution et Positivisme*. Il lui arrive de lire, à l'occasion, la *Revue positive* qu'animait Émile Littré. Il fit en 1873 l'éloge du lexicographe lors de la parution du dictionnaire[24]. Deux ans auparavant, le ministre de l'Intérieur et de la Guerre avait fait appel au disciple d'Auguste Comte pour donner un cours d'histoire et de géographie sur des principes compatibles avec la forme républicaine de l'État à l'École Polytechnique repliée à Bordeaux :

> « Par là, la réouverture de l'École polytechnique prendrait son véritable caractère. Votre enseignement marquerait un retour vers les vrais principes, et la République, fidèle à sa tradition, pourrait se féliciter d'avoir remis l'élite de la jeunesse française entre les mains de l'« instituteur », suivant la belle expression de la Convention nationale, le plus capable et le plus digne de la former, et de l'initier à la connaissance des faits et des lois sur lesquels reposent les sociétés modernes. »[25]

Cette valorisation de la sociologie s'inscrit certes dans la tradition de l'Idéologie du début du XIXème siècle qui mit à l'honneur les enquêtes et les monographies de terrain comme celles réalisées par Alexis de Tocqueville, Adolphe Blanqui, Jean-Baptiste Say ou le docteur Villermé[26]. Mais faire appel pour l'enseigner, sous le couvert d'un cours d'histoire, à un positiviste, c'est considérer que la sociologie est la reine des Sciences capable de réguler un ordre social et politique selon le vœu d'Auguste Comte[27]. Gambetta

24. Pierre Barral, « Ferry et Gambetta face au positivisme » op. cit. p. 152. *Lettres de Gambetta 1868-1882…* op. cit. lettre n°60 à André Lavertujon datée du 9 septembre 1869.

25. *Lettres de Gambetta…* op. cit. Lettre n°107 à Émile Littré datée du 7 janvier 1871.

26. Bernard Kalaora et Antoine Savoye, *Les Inventeurs oubliés. Le Play et ses continuateurs aux origines des sciences sociales* Seyssel, Champ Vallon, 1989, p. 95.

27. Jean-Jacques Chevallier, *Histoire de la Pensée…* op. cit. p. 733.

analyse les événements à travers le schéma du conflit entre les vieilles oligarchies et les nouvelles couches sociales.

> « M. Guizot s'est épuisé au service des premières. Il a contribué, inconsciemment, à précipiter la ruine des classes dites dirigeantes ; il a été dévoré par la fatalité qui se préoccupe peu des talents et des génies qui l'entravent. »[28]

La sociologie devient le *fatum* des Républicains puisqu'elle est la science reine dans l'arbre des connaissances du Positivisme.

Par ailleurs, lorsque Gambetta considère du haut d'une estrade le peuple amassé pour l'écoute d'une harangue, il le voit à travers le prisme que le théoricien du Positivisme a légué à ses disciples. Ce dernier considérait que :

> « Le prolétariat, laissé actuellement en dehors de toute éducation systématique, se trouve le plus capable d'accéder sans difficulté à la positivité, n'ayant pas à se défaire des préjugés métaphysiques de la classe spéculative et se trouvant, par le contact habituel avec les nécessités matérielles, préparé spontanément à la positivité »[29].

Gambetta, devant le peuple d'Orange, eut cette réflexion qu'il consigna dans une lettre écrite dans la fièvre de la campagne électorale de 1876 :

> « Ce sont bien là les auditoires que j'aime : des travailleurs, des paysans, des humbles, chez lesquels le contact de la civilisation n'a en rien altéré la générosité native, la virginité de la raison [...] Et quel choc, quelle solidarité, quel amour mutuel, nous nous sommes bien souvent compris, pénétrés, traversés l'un l'autre, cet auditoire et moi. Je l'ai entretenu de nos gloires, de nos hontes passées ; j'ai fait justice de la prétention de la réaction et du césarisme. »

Faisant le récit d'une réunion publique à Carpentras, il compléta son esquisse des gens du peuple ainsi :

> « Ils ont compris ce qui se passait dans mon âme ; ils ont répondu aux cris que je poussais ; ils ont complétés en eux-mêmes ce que je n'ai fait qu'esquisser. »[30]

Le peuple pouvait donc passer sans transition de l'âge théologique à l'âge positif en suivant son intuition naturelle. Encore fallait-il qu'il ne fût pas sous l'emprise de l'esprit religieux ! Gambetta en avait fait le constat en admirant, à Bruxelles, la dernière œuvre de Jean-François Millet (1814-1875). Il fit à sa compagne la réflexion suivante : « *L'Angelus* [...] force à méditer sur l'influence encore toute puissante de la tradition religieuse sur les populations rurales. »[31] Politicien positiviste et déjà opportuniste, il fit admettre aux

28. *Lettres de Gambetta*... op. cit. lettre 206 à Juliette Adam du 15 septembre 1874. François Guizot est mort le 12 septembre 1874.

29. Cité *in* Louis Legrand, *L'influence du Positivisme*... op. cit., p. 31.

30. *Lettres de Gambetta*... op. cit. lettre 269 à Juliette Adam datée du 17 février 1876.

31. *Ibidem*, lettre n° 214 à Léonie Léon datée entre les 2 et 5 octobre 1874.

Républicains la nécessité de maintenir le Concordat « tant que ce sera politique »[32].

L'Angelus de J.-F. Millet reçut une interprétation positiviste de la part de Gambetta, (C) Photo RMN - © Hervé Lewandowski

Henri Allain-Targé (1832-1902)

Ce grand bourgeois austère qui eut le génie de faire de Gambetta le héraut de la cause républicaine, est soucieux de promouvoir le peuple en mettant un terme à l'âge théologique et en faisant l'économie de l'âge métaphysique :

> « Qu'arrivera-t-il, par exemple, si les progrès matériels font arriver les classes ouvrières et les paysans au bien-être et aux corruptions de la civilisation, avant que leur éducation morale, c'est-à-dire politique, ne soit faite ? Je considère, pour moi, que la misère serait préférable. Tiens, vois-tu, l'argent est mauvais. – La misère conservait à l'ignorance une certaine

32. Pierre Barral, *Les fondateurs*... op. cit. p. 182 et 183.

> simplicité primitive. Mais l'ignorance riche, l'indifférent riche.- Eh ! c'est la bourgeoisie actuelle ! »[33]

Le rythme de sa pensée doit tout à Comte. Dans sa correspondance avec ses parents, Henri Allain-Targé ne cite jamais le premier Grand Prêtre de l'Humanité alors même qu'il lui emprunte son millénarisme. Ainsi il écrit à son père le 30 juin 1865 :

> « Nous avons l'avenir, nous avons le temps, le progrès se fait tous les jours et malgré tout : il faut donc ne transiger sur aucun principe et profiter des vacances que le despotisme nous laisse pour instruire solidement et radicalement le pays des conditions indispensables de la liberté démocratique »[34].

A l'instar d'Auguste Comte, il veut clore l'ère métaphysique qui maintient le germe des troubles sociaux en France et en Europe. Cette ère métaphysique se caractérise par le syncrétisme éclectique de la France bourgeoise qui :

> « veut le progrès lent des libertés sages et la conservation d'un gouvernement fort mêlé de parlementarisme, de militarisme, de compression des masses et de suffrage universel »[35].

Rien d'étonnant aussi à ce qu'il désire éradiquer les reliquats de l'âge théologique, qu'il s'oppose à l'Empire sur la Question Romaine et qu'il voie dans le catholicisme un obstacle au progrès démocratique[36]. Il appartient donc à l'âge positif de fonder la stabilité du monde et de rendre ainsi un vrai service aux conservateurs en fondant le Progrès dans l'Ordre. Allain-Targé l'écrit à sa mère à la fin du mois de mars 1866, reprenant implicitement à son compte l'appel à leur intention lancé par Comte lui-même en août 1855 [37].

Le régime politique dont il rêve, Henri Allain-Targé le décrit ainsi à son père dans une lettre du 6 février 1867 dans laquelle l'influence d'Émile Littré se fait sentir par cette exaltation du rationalisme et de l'humanité :

> « Ah ! nous la verrons la République démocratique ! démocratique et sociale ! Nous verrons de notre vivant, au cœur de l'Europe, s'établir une société égalitaire et libre. Par le seul exercice fréquent des droits politiques, par la discussion des intérêts collectifs dans tous les lieux où trois hommes sont réunis, dans les villes et dans les hameaux, tous les hommes s'élèveront à la conception de la solidarité, de la justice, du droit ! Tous participeront à la dignité humaine et seront égaux. Par la diffusion des lumières, nous ferons disparaître les éléments de l'inégalité

33. Henri Allain-Targé, *La République sous l'Empire*… op. cit. p. 133 et 134.

34. Henri Allain-Targé, *La République sous l'Empire*… op. cit. p. 30

35. Henri Allain-Targé, *La République sous l'Empire*… op. cit. p. 70 Lettre à sa mère en date de la fin mars 1866.

36. Henri Allain-Targé, *La République sous l'Empire*… op. cit. p. 152 et 153 Lettre à son père en date du 7 décembre 1867.

37. Henri Allain-Targé, *La République sous l'Empire*… op. cit. p. 70.

> dans les rapports sociaux. Tous les hommes, instruits des mêmes choses, pensant et s'intéressant aux mêmes choses, se respecteront et se traiteront enfin sur le pied de l'égalité comme en Amérique, comme en Suisse »[38].

Cette conception de la Cité cache mal le caractère uniforme que doit revêtir la vie publique dans laquelle la morale sociale est placée « au-dessus des religions établies et des cultes humains »[39].

Pierre Waldeck-Rousseau (1846-1904)

Ce fils d'un avocat nantais vécut, jusqu'à l'aube de l'âge adulte, dans la foi catholique. Il poursuivit ses études secondaires à l'Externat des Enfants nantais où les causeries religieuses étaient animées par le vicaire général du diocèse, François Richard de la Vergne (1819-1908) qui devint, en 1886, cardinal-archevêque de Paris. Il fréquenta les Conférences de Saint-Vincent-de-Paul fondées, en 1833, par Frédéric Ozanam pour rendre active et efficace la Foi et la Charité.

C'est en 1869, au cours de ses études à l'École de Droit de Paris, qu'il abandonna le catholicisme. Il était en lien avec Jules Simon que son père avait connu, en 1848-1849, alors qu'il était député de la Loire-Inférieure à l'Assemblée constituante. Ce professeur de philosophie est un disciple de Victor Cousin. Or ce dernier estime que la philosophie est appelée à prendre la place de la religion de même que l'interprétation remplace le mystère. C'est dans cette substitution que réside « la dernière victoire de la pensée sur toute forme, sur tout élément étranger [à elle] »[40]. Jules Simon partage une aversion identique à l'endroit de la religion, se démarquant d'autres spiritualistes comme Adolphe Franck plus sympathique au fait religieux. Le catholicisme, de l'avis de Jules Simon, est une abdication de la liberté, un refus de la raison et une injure à la philosophie seule apte à guider l'Humanité depuis la mort du christianisme[41].

En conséquence, il est possible d'écrire que Pierre Waldeck-Rousseau devint positiviste par imprégnation du milieu ambiant qu'il a fréquenté à Rennes et à Paris dans les cercles gambettistes auxquels il s'est agrégé. Il est de nature peu philosophe et il n'a pas lu directement Auguste Comte. Toutefois, à son insu peut-être, le député de l'Ille-et-Vilaine utilise un rythme de pensée marquée par les principes positivistes. En 1884, dans un discours qu'il prononça à Saint-Mandé devant l'Union des Chambres syndicales

38. Henri Allain-Targé, *La République sous l'Empire*... op. cit. p. 104.

39. Henri Allain-Targé, *La République sous l'Empire*... op. cit. p. 59 Lettre à son père en date du 9 mars 1866.

40. Citation de Victor Cousin reproduite *in* Henri de Lubac, *La postérité spirituelle de Joachim de Flore tome II De Saint-Simon à nos jours* Paris, Lethielleux ; Namur, Culture et Vérité, 1981, p. 8.

41. Henri de Lubac, *La postérité spirituelle*... op. cit. p. 130.

ouvrières, il utilisa une philosophie de l'histoire comtienne pour exalter les bienfaits de la Révolution qui a cassé le mode de production d'Ancien Régime *« résultant de la condescendance des uns vis-à-vis de la faiblesse des autres »*, pour vilipender le désordre organique qui a suivi cette destruction et qui a permis la concentration des capitaux et interdit l'association des forces de travail. Il reprend un thème comtien quand il s'écrit :

> « Je ne fais que reproduire une idée émise par M. Veyssier, en disant que dans une société bien organisée, ce qu'on doit rechercher, c'est d'établir des relations durables, cordiales, fécondes, entre tous les éléments qui concourent à la production [...] »[42]

En effet Auguste Comte avait prophétisé ceci : « Les mœurs industrielles ayant ainsi commencé à prévaloir, le sentiment de fraternité a pu s'appuyer sur une activité vraiment universelle. »[43] Toutefois, c'est surtout de Proudhon dont s'est réclamé Pierre Waldeck-Rousseau. Le père du député de Rennes avait connu en 1849 le prophète de l'anarchie. Mais sur la question de la nature économique du lien social, il existe un consensus de toutes les formes du positivisme[44]. Pierre-Joseph Proudhon (1809-1864) écrivait :

> « [La science économique] est fatalement la même pour toute la terre [...] ; il n'y a pas une économie politique russe, anglaise, autrichienne, tartare ou hindou [...] La vérité est égale partout à elle-même : la science est l'unité du genre humain. »[45]

La religion de la Science

Positivisme opportuniste et positivisme radical

La croyance dans les infinies possibilités de la méthode scientifique que le docteur Claude Bernard a codifiée dans son *Introduction à la Médecine Expérimentale* et qui forme le *credo* de Georges Clemenceau, est l'élément fondamental qui permet de distinguer un Républicain radical d'un Républicain opportuniste. Celui-ci considère que la Science ne peut découvrir

42. Pierre Waldeck-Rousseau, *Questions sociales* Paris, Bibliothèque Charpentier, Eugène Fasquelle éditeur, 1900, p. 322-324.

43. Auguste Comte, *Système de Politique Positive* Paris, Au siège de la Société positiviste, 1929, p. 336.

44. Ce paragraphe résume et commente l'ouvrage suivant : Pierre Sorlin, *Waldeck-Rousseau Thèse pour le Doctorat ès Lettres présentée à la Faculté des Lettres et Sciences humaines de l'Université de Paris* Paris, Armand Colin, 1966, p. 71-115 et 214.

45. Pierre-Joseph Proudhon, *Idée générale de la Révolution au XIXème siècle in Œuvres complètes de Pierre-Joseph Proudhon tome 2 Introduction et Notes d'Aimée Berthod* Paris, Librairie Marcel Rivière et Cie, p. 333 et 334 [première édition : 1851].

que des vérités partielles et que le déterminisme strict peut acculer au contresens. Anatole France (1844-1924) se gaussa de l'interprétation scientiste de l'idéologie comtienne par la voix de M. Bergeret, assistant à la faculté des Lettres d'une ville de province. Le héros de ce roman, à la suite d'un mouvement maladroit qui lui valut une chute, se prit à faire cette réflexion :

> « "C'est à la main, [...] que les hommes doivent d'être constructeurs de machines, peintres, scribes. S'ils n'avaient point un pouce opposé aux autres doigts, ils se trouveraient aussi empêchés que je suis en ce moment, et ils n'auraient pas changé la figure de la terre [...]" Mais, presque tout aussitôt, M. Bergeret songea que les singes qui ont quatre mains, n'ont point pour cela créé les arts ni aménagé la terre à leur usage. Et il biffa de son esprit la théorie qu'il venait d'y esquisser »[46].

Le positivisme républicain à la critique des spiritualistes et des vitalistes

De son côté, l'école spiritualiste réduisit le positivisme républicain au seul scientisme. Robert Greslou, le jeune homme décrit par Paul Bourget dans son roman *Le Disciple*, conclut la confession de sa séduction scientifiquement conduite qui a mené la jeune fille au suicide, par une profession de foi déterministe. Il déclare à son maître spirituel, Adrien Sixte :

> « Renforcez-moi dans la doctrine qui fut, qui est encore la mienne, dans cette conviction que l'universelle nécessité qui veut que même nos actions les plus détestables, les plus funestes, même cette froide entreprise de séduction, même ma faiblesse devant le pacte de mort, se rattachent à l'ensemble des lois de cet immense univers »[47].

Maurice Barrès (1862-1923) appartient à cette forme de positivisme héritée du déterminisme historique d'Hippolyte Taine et du naturalisme d'Ernest Renan ; la pensée du romancier de l'énergie nationale se méfie aussi de l'universalisme néokantien. Le culte du Moi se veut une synthèse de la religiosité et de l'épicurisme intellectuel avec la perfection de l'esprit d'analyse. Il conduit l'homme à dresser sa tente sur un orgueil divin qui lui donne la connaissance immédiate de l'être des choses[48]. En conséquence le rationalisme scientiste ne peut saisir que l'épiderme de la réalité.

Maurice Barrès donne la démonstration de sa thèse dans le roman largement autobiographique dans lequel il narre sa campagne électorale comme candidat boulangiste et qui est intitulé *Le Jardin de Bérénice*. Charles

46. Anatole France, *L'Anneau d'Améthyste* in *Histoire Contemporaine* Paris, Calmann-Lévy, 1981, p. 458 et 459 [première édition en 1899].

47. Paul Bourget, *Le Disciple...* op. cit. p. 196 et 197.

48. Pierre Moreau, *Barrès* Paris, Desclée de Brouwer, 1970, p. 19.

Martin, l'adversaire de Philippe aux élections d'Arles, est le symbole de cette conception scientiste du monde que rejette la droite positiviste révolutionnaire au nom du vitalisme qui est le fondement du culte du Moi et qui est un emprunt à la pensée d'Arthur Schoppenhauer. En haut de la Tour Constance d'Aigues-Mortes où il est accompagné de Bérénice, héroïne symbolisant la France, et de Philippe, le porte parole de la pensée de Maurice Barrès, le radical Martin raisonne selon une logique stricte du lien de cause à effet :

> « "C'est juste, vous avez là quarante-deux mètres d'élévation, on y saisit à merveille la topographie. Il est fâcheux que vous n'ayez eu personne pour vous orienter dans ce panorama". Il commençait des explications et même je pus craindre qu'il ne donnât des épithètes de beauté aux étangs, au désert, au ciel, aux choses d'archéologie. Heureusement, il s'en tint à étiqueter de leurs noms exacts ces mornes étangs, ces arbres contractés et ces âpres herbages. Superflue technologie ! Les sentiments dont ils m'emplissaient me les désignaient suffisamment »[49].

La Religion de la Science présentée au Peuple

Ces interprétations rivales du positivisme ne font l'objet de débats qu'au sein de l'élite bourgeoise et intellectuelle de la France. Le peuple, lui, peut se sentir républicain en politique sans adhérer pour autant au matérialisme des nouveaux chefs de la Démocratie. Le père du militant socialiste Charles Bonnier (1863-1926) était un républicain de 1848 qui, à l'annonce du coup d'État du 2 décembre 1851, avait cisaillé les fils du télégraphe à Condé pour que la nouvelle ne parvînt pas à Lille. Ce lecteur de *La Lanterne* d'Henri Rochefort, cet admirateur de Léon Gambetta fréquentait annuellement le pèlerinage de Notre-Dame du Bon-Secours près de Tournai. S'il profitait de ce passage en Belgique pour acquérir des journaux censurés en France napoléonienne, rien ne permet de mettre en doute la sincérité de son acte religieux qui demeure conforme à l'esprit républicain de l'« Illusion lyrique »[50]. Le père de Charles Bonnier est semblable à Jules Favre dont Henri Allain-Targé dit qu'il est :

> « un grand avocat, un homme de cœur, - il nous fait un grand honneur- mais ce n'est point un philosophe, quoiqu'il remplace M. Cousin à

49. Maurice Barrès, *Le Jardin de Bérénice* Paris, Garnier-Flammarion, 1988, p. 82 [première édition 1889].

50. Gilles Candar (présenté par), *Les Souvenirs de Charles Bonnier. Un intellectuel socialiste européen à la Belle Epoque. Préface de Madeleine Rebérioux* Lille, Presses Universitaires du Septentrion, 2001, p. 57 et 69.

> l'Académie, c'est un républicain de sentiment, non un radical et il nous apporte souvent peu de profit »[51].

Jules Ferry établit lui aussi le constat suivant : « [...] je suis l'élu d'un peuple qui fait des reposoirs, qui tient à la République, mais qui ne tient pas moins à ses processions. »[52]

C'est pour changer cette tournure d'esprit spontanément spiritualiste que ce même peuple fut invité par les Républicains à célébrer la Science, haut lieu de l'unanimité comtienne, dans les pompes funèbres ou dans les jubilés qui consacraient l'éminence d'un savant. Claude Bernard (1813-1878), promoteur de la médecine expérimentale, fut honoré par des obsèques nationales. Marcelin Berthelot (1827-1907) eut droit en 1903 à un jubilé officiel. Louis Pasteur, l'inventeur de la médecine microbienne, avait été célébré de la même façon[53]. Toutefois ce savant était demeuré un catholique fervent. Voilà qui heurtait un positivisme sourcilleux. Roger Martin du Gard (1881-1958) illustra cette réserve à l'endroit de l'inventeur du vaccin antirabique par cette discussion entre le héros du roman, directeur d'une revue intellectuelle, et l'un de ses collaborateurs scientiste qui égratigne le savant dans un article. Celui-ci avance :

> « Pasteur a cru devoir prendre publiquement une attitude métaphysique bien accusée : nous avons le droit de juger. Merci bien ! On nous a trop souvent opposé son discours de réception à l'Académie pour que nous ayons, à cet égard, le moindre scrupule ! »

Jean Barois lui répondit selon les critères d'analyse d'un opportuniste :

> « Pasteur avait une hérédité et une éducation qui l'ont empêché d'aller, - comme nous avons pu le faire depuis et grâce à lui,- jusqu'aux conclusions philosophiques de ses découvertes. Il n'y a pas à lui tenir rigueur de n'avoir plus été jeune pour se transformer lui-même »[54].

Science et Foi : Pierre Duhem (1861-1916) et Ferdinand Brunetière (1849-1906)

En effet, pour toutes les écoles positivistes, la Science est le contraire de la Foi. Il existe à leurs yeux une incompatibilité totale entre ces deux notions. Leur association pouvait nuire à une carrière universitaire. Le cas du physicien français Pierre Duhem est exemplaire pour illustrer le combat du Positivisme contre le Catholicisme dans le but d'exercer le pouvoir spirituel sur la nation française et, par ce moyen, mettre un terme aux âges

51. Henri Allain-Targé, *La République sous l'Empire...* op. cit. p. 143 Lettre à ses parents 3 décembre 1867.
52. *Lettres de Jules Ferry...* op. cit. p. 225 Lettre à madame Jules Ferry du 4 juin 1877.
53. Marie-Claude Blais, *Au principe de la République...* op. cit. p. 370.
54. Roger Martin du Gard, *Jean Barois* Paris, Gallimard, 1921, p. 211 (première édition 1913).

métaphysique et théologique qui corrodent tout ordre social. Cet universitaire qui fit sa carrière à la Faculté des Sciences de Bordeaux, eut l'outrecuidance de démontrer dans sa thèse les limites du principe thermodynamique du travail maximum qui était le fondement du système de Marcelin Berthelot, le grand maître de la science universitaire. Pierre Duhem défendit le principe du potentiel thermodynamique qui permet de résoudre, de nos jours, les difficultés posées par les expériences de physique du plasma en lien avec la recherche sur la fusion nucléaire. Ouvert à l'histoire des sciences, ce physicien de sensibilité légitimiste prouva dans une volumineuse étude sur les origines historiques de la mécanique théorique qu'il fallait en trouver les premiers principes bien avant Galilée. Ce dernier était redevable des travaux des théologiens médiévaux comme Jean Buridan et Nicolas Oresme qui formulèrent, les premiers, la loi des vélocités virtuelles, obscure ancêtre des lois de la chute des corps et des attractions. Pierre Duhem ruinait ainsi l'idée que la Science était née du conflit entre le savant italien et l'Inquisition, mythe fondateur de l'idéologie positiviste[55].

En 1895, le directeur de la *Revue des deux Mondes*, Ferdinand Brunetière, abandonna publiquement son agnosticisme après avoir eu l'honneur d'une audience privée avec Léon XIII en 1894. Cette conversion fit l'objet d'un article de la revue libérale intitulé « Après une visite au Vatican » publié le 15 janvier 1895. Ce texte déclencha une vive polémique. Le néophyte critiquait vertement la religion de la Science à partir de l'ouvrage qu'Ernest Renan avait rédigé dans sa jeunesse et qui venait d'être publié : *L'Avenir de la Science*. Marcelin Berthellot répliqua à cette attaque dans la *Revue de Paris* le 1er février 1895. Le 4 avril 1895, l'Union de la jeunesse républicaine organisa à Saint-Mandé un grand banquet laïque en l'honneur de la science « source de l'affranchissement de la pensée »[56] au cours duquel les orateurs firent conspuer le nom de Brunetière. Un invité, Émile Zola qui ne goûtait pas les critiques du rédacteur de la *Revue des Deux Mondes*, trouva là un motif de vengeance[57].

Le conformisme positiviste

Un conformisme athée venait succéder à la règle séculaire de la science aristotélicienne qui part de l'étonnement pour s'achever dans l'émerveillement. La chaire d'histoire des Sciences du Collège de France,

55. Stanley L. Jacki, *Pierre Duhem. Homme de science et de foi. Traduit de l'anglais par François Raymondaud* Paris, Beauchesne, 1991, 272 p.

56. Ferdinand Brunetière, *Lettres de combat* Paris, Librairie Académique Perrin, 1912, p. 199 note 1.

57. Antoine Compagnon, *Connaissez-vous Brunetière ? Enquête sur un antidreyfusard et ses amis* Paris, Seuil, 1997, p. 17 et 18.

créée en 1892, fut confiée dans un premier temps à un comtien orthodoxe Pierre Lafitte (1823-1903) qui fonda son enseignement sur le principe de l'incompatibilité de la science avec la théologie puis, en 1903, à Michel Wyrouboff (1843-1913), un autre positiviste[58].

Ce sont moins les scientifiques que les idéologues participant à l'avènement de l'âge positif qui furent promus. Jules Ferry, dans un télégramme daté du 26 mars 1892, n'eut de cesse de féliciter Pierre Lafitte pour son élection au Collège de France par ces mots :

> « [...] le positivisme [...] entre, visière baissée, sans hésitation, sans équivoque, à votre suite dans la vieille maison de libre doctrine fondée par François 1er. »[59]

Le cours de philosophie de Pierre Lafitte fut suivi avec enthousiasme par les fils de cette nouvelle bourgeoisie née du négoce entre 1830 et 1880. Le cas d'Arthur Huc (1854-1932) est significatif. Ce fils d'un marchand de Sigean (Aude) monta à Paris en 1872 pour étudier le droit. Mais il suivit parallèlement les cours de Pierre Lafitte qui lui donnèrent matière à fonder un anticléricalisme militant. Il vulgarisa celui-ci dans les colonnes de *La Dépêche de Toulouse* dont il devint le rédacteur en chef en 1894[60].

Positivisme et forme constitutionnelle de l'État

Est-il malgré tout convenable de faire du positivisme comtien le fondement doctrinal de la démocratie ? La question a été déjà posée[61]. Un essai de réponse laisse entrevoir que la vie politique française se nourrit des interprétations divergentes de la pensée du « Grand Prêtre de l'Humanité ».

Auguste Comte (1798-1857)

La vie d'Auguste Comte est bien trop complexe pour être brièvement résumée. Cela tient en partie au fait que le philosophe, promu par un *motu proprio* prophète, a donné de sa vie une interprétation édifiante propre à placer les disciples dans l'attente de la Femme-Messie. Henri Gouhier a

58. Stanley L. Jacki, *Pierre Duhem*...op. cit. p. 69 et 70.

59. Télégramme pneumatique daté du vendredi 26 mars 1892 au soir publié *in* Louis Legrand, *L'influence du Positivisme*... op. cit. p. 254.

60. Henri Lerner, *La Dépêche Journal de la Démocratie. Contribution à l'histoire du Radicalisme en France sous la troisième République. Préface du Doyen Jacques Godechot. Tome 1* Toulouse, Publication de l'université de Toulouse - Le Mirail Série A – tome 35, 1978, p. 99 à 103.

61. Pierre Rosanvallon, *Le Sacre du Citoyen. Histoire du Suffrage Universel en France* Paris, Gallimard, 1992, p. 344 et sq. Pierre Barral, *Les fondateurs*... op. cit. p. 171.

brossé brillamment les grandes arêtes de sa vie en commentant les textes autobiographiques du fondateur attitré du positivisme[62].

Né à Montpellier dans une famille où le père était agent des impôts et dans laquelle l'autorité parentale résidait essentiellement dans la personne de la mère janséniste et de loin plus âgée que le père, Auguste Comte se révéla être un enfant hypersensible et un élève brillant qui fit, selon la légende, l'admiration de son professeur de mathématiques, Daniel Encontre. Il entra à l'École Polytechnique à la fin de l'Empire. Il fut une « Marie-Louise » en 1814. En 1815, il est renvoyé de l'École en raison de ses idées républicaines ouvertement proclamées. Cette exclusion ne l'empêcha pas d'y revenir des années durant pour assurer des heures de répétition. Parallèlement, Auguste Comte s'était mis au service du comte Claude-Henri de Saint-Simon (1760-1825). Il en devint le deuxième secrétaire, succédant à Augustin Thierry, un élève de l'École Royale des Chartes. Il retint de son maître qui eut une postérité aussi brillante que divergente[63], un certain nombre de principes que l'apôtre de l'Industrialisme avait lui-même empruntés aux philosophes du XVIIIème siècle. Ceux-ci sont au nombre de trois : la loi des trois états de l'Humanité dont Turgot et Condorcet avaient eu l'intuition ; un antithéisme hérité d'Holbach, Helvétius, La Mettrie et François-Charles Dupuis ; un prophétisme religieux qui est emprunté à Saint-Martin, le « philosophe inconnu » et qui s'apparente à un millénarisme laïque[64].

Le positivisme comtien

Après la rupture avec le maître, Auguste Comte élabora sa propre doctrine qui se montre indifférente à la forme constitutionnelle de l'État. Dès 1844, il écrivait :

> « Le peuple ne peut s'intéresser essentiellement qu'à l'usage effectif du pouvoir en quelques mains qu'il réside, et non à sa conquête spéciale [...] Si le peuple est maintenant et doit rester indifférent à la possession directe du pouvoir politique, il ne peut jamais renoncer à son indispensable participation continue au pouvoir moral [...] »[65]

Le souci de Comte est de mettre un terme au désordre spirituel provoqué par la crise c'est-à-dire la Révolution française de 1789. Cette dernière n'a pas su résoudre le conflit entre l'esprit théologique qui fonde la société sur des principes révélés et l'esprit métaphysique qui s'appuie sur le libre

62. Henri Gouhier, *La vie d'Auguste Comte* Paris, Vrin, 1997, 286 p. [première édition 1931].

63. Cette postérité se compose de Karl Marx, Ernest Renan, Michel Chevalier et les proto-technocrates comme les frères Pereire, Talabot, de Lesseps...

64. Pour une étude plus approfondie : Jérôme Grondeux, *Histoire des Idées politiques en France au XIXème siècle* Paris, La Découverte, 1998, 122 p.

65. Auguste Comte, *Discours sur l'Esprit Positif*...op. cit. p. 214 et 216.

examen, le dogme de l'égalité et le dogme de la souveraineté populaire. Il y voit le fondement du désordre du XIXème siècle, ce qui lui permet d'avancer :

> « Comme avant la crise, la lutte apparente demeure donc engagée contre l'esprit théologique, reconnu incompatible avec le progrès qu'il a été conduit à nier dogmatiquement et l'esprit métaphysique qui, après avoir abouti en philosophie au doute universel, n'a pu tendre, en politique, qu'à constituer le désordre ou un état équivalent de non - gouvernement »[66].

Auguste Comte s'attache à organiser un nouveau pouvoir spirituel qui transcende les formes constitutionnelles de l'État car « la réorganisation finale [...] doit d'abord s'opérer dans les idées, pour ensuite passer aux mœurs et, en dernier lieu, aux institutions »[67]. Cette recréation de l'Humanité passe par la sociologie positive qui :

> « démontre que les principales difficultés sociales ne sont pas aujourd'hui essentiellement politiques mais surtout morales, en sorte que leur solution possible dépend réellement des opinions et des mœurs beaucoup plus que des institutions [...] »[68]

Cette sociologie est strictement déterministe, elle

> « envisage l'état présent comme un résultat nécessaire de l'ensemble de l'évolution antérieure, de manière à faire prévaloir l'appréciation rationnelle du passé pour l'examen actuel des affaires humaines [...] »[69].

Le comtisme est donc un mode de penser a-historique dès l'instant où l'étude du passé ne consiste plus à mettre en évidence les changements et les ruptures mais à dégager les lois éternelles de l'évolution des sociétés humaines.

Esprit républicain et positivisme

La droite révolutionnaire

Compte tenu de l'indifférence constitutionnelle d'Auguste Comte, Ernest Renan (1823-1892) est très proche du comtisme orthodoxe lorsque, aux lendemains de la guerre franco-prussienne et de la Commune, il préconise un régime aristocratique pour la France :

66. Auguste Comte, *Discours sur l'Esprit*...op. cit. p. 142.
67. Auguste Comte, *Discours sur l'Esprit*...op. cit. p. 146.
68. Auguste Comte, *Discours sur l'Esprit*...op. cit. p. 151 et 152.
69. Auguste Comte, *Discours sur l'Esprit*...op. cit. p. 152.

> « Quel est pour la France ce défaut favori dont il importe avant tout quelle se corrige ? C'est le goût de la démocratie superficielle. La démocratie fait notre faiblesse militaire et politique ; elle fait notre ignorance, notre sotte vanité ; elle fait, avec le catholicisme arriéré, l'insuffisance de notre éducation nationale. Je comprendrais donc qu'un bon esprit et un bon patriote, plus jaloux d'être utile à ces concitoyens que de leur plaire, s'exprimât à peu près en ces termes : "Corrigeons-nous de la démocratie. Rétablissons la royauté, rétablissons dans une certaine mesure la noblesse [...] La démocratie ne discipline ni ne moralise. On ne se discipline pas soi-même ; des enfants mis ensemble sans maître ne s'élèvent pas [...] Il faut que la réforme et l'éducation viennent du dehors, d'une force n'ayant d'autre intérêt que celui de la nation, mais distinct de la nation et indépendante d'elle" »[70].

Maurice Barrès dont le vitalisme emprunte aussi au néo-aristocratisme de Renan, traça le portrait de cet homme politique hiératique et hautain propre à réformer la France :

> « Il faut opposer aux hommes une surface lisse, leur livrer l'apparence de soi-même, être absent. De qui a-t-on dit qu'il regardait tous les citoyens comme ses égaux, ou pour mieux dire comme égaux entre eux, ce qui fait qu'il plaisait assez naturellement à la masse ? »[71]

Selon cette conception du Positivisme qui servit de socle à la droite révolutionnaire décrite par Zeev Sternhell[72], la France devait se doter d'un régime autoritaire pour hâter la venue de l'âge positif.

Émile Littré (1801-1881)

Ce fils d'un Jacobin de la Première République a su acclimater la forme républicaine de l'État avec le positivisme. Il a vécu sous l'Empire et la Restauration avec une image idéale de la Grande Révolution. Après celle des Trois Glorieuses, ce jeune médecin se fit le disciple d'Auguste Comte. Il prit ses distances par rapport à la pure pensée positiviste lorsque le maître songea à fonder la « Religion de l'Humanité ». Littré ne retint de l'enseignement de ce dernier que la théorie des Trois Âges de l'Humanité dont le troisième, l'Âge Positif, était sur le point d'éclore. Il récusait la philosophie des droits subjectifs, les principes de 1789. Mais, à la différence d'Auguste Comte, Littré a vieilli. Il ne désire pas, par une intransigeance idéologique hors de propos, faire se prolonger la période de non-gouvernement ouverte par la crise révolutionnaire et l'esprit métaphysique. Dans les affres politiques provoqués par la dissolution de la Chambre des Députés le 16 mai 1877, il écrivit :

70. Ernest Renan, *La Réforme Intellectuelle et Morale* in *Renan. Histoire et Parole. Œuvres diverses. Choix de textes, introduction, chronologie et commentaires de Laudyce Rétat* Paris, Robert Laffont, 1984, p. 618 et 619.

71. Maurice Barrès, *Le Jardin de Bérénice*...op. cit. p. 128.

72. Zeev Sternhell, *Ni Droite Ni Gauche L'Idéologie Fasciste en France* Paris, Seuil, 1983, 407 p.

> « J'ai été témoin de 1814, de l'invasion, de l'occupation de Paris et du démembrement de la France. J'ai été témoin de 1815, de l'invasion, de l'occupation de Paris et du démembrement de la France. J'ai été témoin de 1870-1871, de l'invasion, de l'occupation de Paris et du démembrement de la France. C'est assez dans la vie d'un homme. Je ne veux pas être le témoin d'une quatrième catastrophe bonapartiste... »[73].

En conséquence, indifférent à la forme constitutionnelle de l'État, Émile Littré accepta les lois constitutionnelles de 1875. Elles assurent l'ordre par l'équilibre des pouvoirs conformément aux vœux du libéralisme et elles laissent la voie ouverte à la mission spirituelle du Positivisme. Il définit la Troisième République ainsi :

> « Le nom, la définition qui lui appartient, est conservatrice libérale, c'est-à-dire qu'elle assure l'ordre et la liberté à la fois et avec un égal souci [...] C'est bien, mais est-ce assez ? Quelle place y reste-t-il en vue des réformes sociales que l'avenir espère, des constructions systématiques de Saint-Simon, d'Auguste Comte, de Fourier, des projets rénovateurs des socialistes et, pour ne pas nous omettre, nous positivistes, de la conception positive du monde à laquelle nous prétendons que se conformeront l'éducation, les opinions, les lois, les mœurs ? Ne nous hâtons pas trop ; car la sociologie nous arrête et nous avertit que tout cela est du domaine d'un avenir plus ou moins éloigné, plus ou moins incertain, qu'elle ne connaît que l'expérience et les déductions prochaines, et que rien, dans son ressort, ne procède que par élaboration lente et développement graduel. Or, la République conservatrice, libérale étant un régime de liberté et de discussion, l'expérience, l'élaboration lente, le développement graduel lui reviennent de droit. De cette façon, il n'est aucune réforme sociale, quelque grande qu'elle soit, pourvu qu'on la discute et qu'on la fasse triompher devant l'opinion, à qui elle ferme la voie »[74].

Si, aux yeux de Littré, la République libérale est le meilleur vecteur pour faire triompher la cause du Positivisme, il se trouva des Républicains qui s'offusquèrent d'une telle tactique. Cette divergence vint accroître le différent existant entre les Opportunistes et les Radicaux déjà opposés sur la valeur intrinsèque de la Science. Le 22 octobre 1880, Georges Clemenceau refusa cette voie car elle était aux antipodes de l'action volontariste à laquelle il tenait [75]. Dans ce discours prononcé à Marseille, il s'écria :

> « C'est ainsi qu'on fut conduit à ériger en système la tendance à l'ajournement des réformes. Il ne fut d'abord question que de la méthode. Les Républicains furent divisés en deux classes : les utopistes, ceux qui voulaient changer la face de la société en un jour au moyen de je ne sais quelle formule magique [...] et les hommes sages en possession de l'art de

73. Émile Littré, *L'Etablissement de la Troisième République* p. 466 cité *in* Claude Nicolet, *L'Idée Républicaine en France. Essai d'Histoire Critique* Paris, Gallimard, 1982, p. 220.

74. Émile Littré, *L'Etablissement...* op. cit. p. 485 cité *in* Claude Nicolet, *L'Idée Républicaine...* op. cit. p. 216 et 217.

75. Jean-Baptiste Duroselle, *Clemenceau...* op. cit. p. 191 et 192.

> s'accommoder aux circonstances, tenant si grand compte des faits qu'ils s'absorbaient dans leur contemplation [...] si profondément imbus d'esprit pratique qu'ils se faisaient fort d'instituer une pratique républicaine des institutions monarchiques. C'est ce nouveau dogme qui reçut le nom barbare d'opportunisme parce que ses révélateurs s'érigeaient en juges de l'opportunité des réformes, non point pour les classer, pour les exécuter mais pour les ajourner »[76].

Concluons de cet extrait de discours qu'un radical cherche à imposer ce que l'opportuniste tend à instiller par la persuasion pour ne pas troubler l'Ordre, fondement du Progrès.

Un néokantisme républicain ?

Des indices néokantiens

Tous les historiens s'accordent pour souligner le poids du Positivisme dans l'idéologie républicaine[77]. Mais les Républicains ne subirent-ils que cette unique influence ? Indirectement Georges Clemenceau reconnaissait qu'une autre philosophie disputait au comtisme le pouvoir spirituel dans la République. Le 22 janvier 1883, il percevait comme injurieux et infamant les qualificatifs suivants :

> « On nous accuse d'être des hommes « a priori », des métaphysiciens, des hommes qui prennent des chimères, des conceptions de leur cerveau, des utopies pour des lois naturelles »[78].

Si « métaphysicien » peut renvoyer à une invective classique du positivisme, l'invective d'« a priori » a des connotations kantiennes évidentes.

La question du néokantisme dans la République n'est pas purement oratoire dès l'instant où une étude plus approfondie de la pensée politique de Léon Gambetta est brossée. L'entreprise n'est pas aisée et Claude Nicolet reconnaît que l'avocat était avant toutes choses un tribun et non un théoricien[79]. Pour l'agréger à leur groupe, les positivistes collationnent quatre textes du chef républicain proclamés durant la République d'Ordre Moral : le discours de Bordeaux du 20 juin 1871, le discours prononcé au banquet donné en l'honneur d'Émile Littré en 1873, le discours du 12 décembre 1880 devant l'Association Polytechnique à la Sorbonne, le discours devant la

76. Cité *in* Pierre Barral, *Les Fondateurs*... op. cit. p. 128.
77. Pierre Barral, Claude Nicolet et Pierre Rosanvallon.
78. Jean-Baptiste Duroselle, *Clemenceau*... op. cit. p. 227.
79. Claude Nicolet, *L'Idée Républicaine*... op. cit. p. 192 et 193.

Ligue de l'Enseignement le 21 août 1881[80]. Or Charles Renouvier, chef de file du criticisme, constatait que, dans son discours en l'honneur du lexicographe, Gambetta parlait de Science morale et de règle de droit. Un tel vocabulaire relevait plus du criticisme que de la philosophie de Comte[81]. Selon Pierre Deluns-Montaud, le tribun aurait été attiré par le néokantisme au point d'assister, en 1871, à la soutenance de la thèse du criticiste Jules Lachelier (1832-1918). L'influence du comtisme est donc diminuée par cet ami. Celui-ci avance l'hypothèse que Gambetta n'en aurait retenu que la méthode expérimentale et le souci de progression graduelle dans les réformes[82]. Gambetta n'était-il pas aussi l'ami de Jules Barni qui glissa de l'éclectisme de Victor Cousin dont il fut un des secrétaires, vers le criticisme ?[83]

De la connaissance de Kant en France

Joseph Tissot (1801-1876) a donné la première traduction française de la *Critique de la Raison pure* en 1835. Chargé de cours puis professeur de philosophie à la Faculté des Lettres de Dijon, ce franc-comtois entretint une correspondance suivie avec Pierre-Joseph Proudhon qui doit à son compatriote sa connaissance de ce philosophe prussien[84]. Jules Barni (1818-1878) aida à la diffusion de la pensée du sage de Koenigsberg. Ce Valenciennois d'origine italienne fit ses études à l'École normale supérieure qui le prépara à l'agrégation de philosophie – concours dont il fut le major de la promotion 1840 –. Cet ancien secrétaire de Victor Cousin, ami de Jules Simon puis de Léon Gambetta, donna la traduction de la *Critique de la Raison pratique* en 1848. Après sa démission de l'enseignement public en 1852, par refus du serment de fidélité à l'Empire, il se consacra à l'illustration de la pensée de Kant[85].

Charles Renouvier (1815-1903)

C'est sous l'Empire autoritaire que Charles Renouvier fit du philosophe prussien son maître. Ce grand bourgeois de Montpellier qui fit ses études à l'École polytechnique, fut du nombre des « nouveaux croyants » qui s'enthousiasmèrent pour les prophéties de Claude-Henri de Saint-Simon et

80. Claude Nicolet, *L'Idée Républicaine*… op. cit. p. 192 note 2.

81. Se reporter pour la conception comtienne du droit au chapitre 3.

82. Marie-Claude Blais, *Au Principe de la République*… op. cit. p. 372 à 374.

83. M. Prévost et Roman d'Amat, *Dictionnaire de Biographie Française* Paris, Letouzey et Ané, tome 5, 1949, colonnes 502 à 504.

84. Henri de Lubac, *Proudhon et le christianisme* Paris, Seuil, 1945, p. 151.

85. M. Prévost et Roman d'Amat, *Dictionnaire de biographie française tome 5* Paris, Letouzey et Ané, 1949, colonnes 502 à 504.

d'Auguste Comte. Les désillusions suscitées par l'échec de la Deuxième République le conduisirent à abandonner la religion de l'Humanité au moment même où Auguste Comte s'en intronisait le Grand Prêtre. Vivant de ses rentes, il se retira dans le village de Pont (Vaucluse) où, se fondant sur l'idéalisme kantien, il élabora une doctrine qui contredit le socialisme comtien. A partir de 1872, il anima, avec François Pillon, la revue hebdomadaire *La Critique philosophique* pour tenter de fonder la République sur la pensée criticiste[86].

La pensée criticiste

Le néokantisme de Charles Renouvier et de ses disciples est incompatible avec le positivisme dont le déterminisme strict nie l'autonomie de l'individu. Cette notion est centrale dans le système du maître de Koenigsberg. Désiré Nolen (1838-1904), professeur de philosophie à la Faculté des Lettres de Montpellier, avança dans sa leçon inaugurale que le criticisme est : « la protestation de l'esprit affirmant son autonomie dans la connaissance comme dans l'action »[87]. Un autre criticiste, Lionel Dauriac (1847-1923), écrivait en 1889 dans son ouvrage *Croyance et Réalité* cette remarque qui cerne le nœud du débat entre comtisme et néokantisme : comment « enseigner en même temps que l'homme est libre et que le déterminisme est universel ? »[88]

Tout en professant la liberté de l'individu, le néokantisme ne voulait en aucune façon verser dans un individualisme susceptible de corroder le lien social. Il s'interrogeait donc lui-aussi sur le fondement du droit pour éviter à la fois l'implosion de la société, grande crainte française depuis la Commune[89], et le déterminisme social qui nie la liberté de l'individu.

En conclusion, il est cohérent de s'interroger sur les motivations qui ont conduit un positiviste convaincu comme Jules Ferry à accorder une place de choix aux disciples de Charles Renouvier dans l'enseignement public républicain. Toutefois il est bon de mentionner ici que cette question est le fruit du recul du temps qui allonge les ombres et creuse les plis du relief du temps passé. Les contemporains, en particulier ceux qui se réclament du spiritualisme inhérent à la sociologie de Frédéric Le Play, ne virent que solidarité entre néokantisme et positivisme. Dans la description intellectuelle d'Adrien Sixte dont le style de vie est emprunté à celui attribué à l'auteur de

86. Marie-Claude Blais, *Au principe*... op. cit. p. 15 à 43.
87. Marie-Claude Blais, *Au principe*... op. cit. p. 382.
88. Marie-Claude Blais, *Au principe* ... op. cit. p. 386.
89. Se reporter au chapitre 3 pour de plus amples informations.

La critique de la Raison pure, Paul Bourget, guidé par l'esprit de polémique, brosse une idéologie hybride des deux systèmes criticiste et comtien :

> « Les deux caractères originaux de M. Sixte sont ailleurs. Le premier réside dans une analyse négative de ce que Herbert Spencer appelle l'Inconnaissable. On sait que le grand penseur anglais admet que toute réalité repose sur un arrière-fonds qu'il est impossible de pénétrer [...] Mais comme l'atteste fortement le début des *Premiers Principes*, pour M. Spencer cet Inconnaissable est réel [...] Beaucoup d'excellents esprits entrevoient dès aujourd'hui une réconciliation probable de la Science et de la Religion sur ce terrain de l'inconnaissable. Pour M. Sixte, c'est là une dernière forme de l'illusion métaphysique et qu'il s'est acharné à détruire avec une énergie d'argumentation que l'on avait pas admirée à ce degré depuis Kant. Son second titre d'honneur, comme psychologue, consiste dans un exposé très nouveau et très ingénieux des origines animales de la sensibilité humaine [...] Appliquant la loi de l'évolution aux divers faits qui constituent le cœur humain, il a prétendu montrer que nos plus raffinées sensations [...] comme nos plus honteuses déchéances, sont l'aboutissement dernier, la métamorphose suprême d'instincts très simples, transformation eux-mêmes des propriétés de la cellule primitive ; en sorte que l'univers moral reproduit exactement l'univers physique et que le premier n'est que la conscience douloureuse ou extatique du second. »[90]

L'écrivain gommait le souci de liberté et le refus du déterminisme intégral chers à l'école criticiste. En conséquence, il n'éclairait pas les contemporains sur le rôle que les Républicains donnaient au néokantisme dans la construction de l'état nouveau et du *civis republicanus*.

90. Paul Bourget, *Le Disciple*... op. cit. p. 26.

Chapitre 2
Une constitution républicaine

Les lois constitutionnelles étaient votées et appliquées depuis cinq ans lorsque les Républicains eurent à leur disposition tous les leviers de l'État. C'est par leur usage qu'ils avaient conquis le pouvoir. Toutefois cette organisation des institutions publiques laissait demeurer dans leur esprit une gêne. Pouvaient-elles être vraiment républicaines ces lois constitutionnelles qui avaient donné, de mars 1875 à mai 1877, la prééminence au Sénat dont les membres étaient soit désignés et inamovibles soit élus au suffrage indirect ? Pouvaient-elles être démocratiques, elles qui, de mai à octobre 1877, avaient été interprétées de façon présidentielle[1] ? Pour des Républicains tel Gambetta, la République est « le gouvernement librement consenti par tous »[2] et l'exercice du pouvoir par des personnes issues d'une élection à deux degrés leur est, en apparence du moins, une aberration.

Le principe du consentement populaire renferme toute la question constitutionnelle. Elle traverse l'histoire politique de la France depuis la Grande Révolution de 1789. Alexis de Tocqueville, penseur du libéralisme, exprime clairement la difficulté dans *De la Démocratie en Amérique* en 1835 :

> « Je regarde comme impie et détestable cette maxime qu'en matière de gouvernement la majorité d'un peuple a le droit de tout faire, et pourtant je place dans la volonté de la majorité l'origine de tous les pouvoirs. Suis-je en contradiction avec moi-même ? »[3]

Ce dilemme se trouve au cœur de la question du suffrage universel qui suscite des sentiments ambigus chez les Républicains. L'élaboration de la loi électorale et les débats qui l'ont accompagnée les reflètent. Les péripéties de

1. Odile Rudelle, *La République absolue*… op. cit. p. 47 à 56.
2. *Lettres de Gambetta*… op. cit. lettre n° 159 à Léon Galouye du 8 août 1873 note a.
3. Cité *in* Paul Bénichou, *Le temps des Prophètes Doctrines de l'âge romantique* Paris, Gallimard, 1977, p. 41.

la révision constitutionnelle de 1880 à 1889 entrent aussi dans ce grave problème du gouvernement par le Peuple.

Du suffrage universel en général...

Le symbole de l'opposition républicaine

Le suffrage universel fut l'arme des Républicains sous le Second Empire et la pierre angulaire du programme de Belleville en 1869. Sa défense paraissait d'autant plus vitale que le ministère impérial de l'Intérieur l'avait assujetti au moyen de la candidature officielle. En 1863, Jules Ferry déclarait au Corps Législatif :

> « Le suffrage universel n'est pas seulement une institution sacrée et souveraine, c'est toute une politique et presque un symbole. Il est non seulement le fait, le Droit, le Juste, il est aussi l'inévitable. Il est tout le présent, il est tout l'avenir. Le suffrage universel est l'honneur des multitudes, le gage des déshérités, la réconciliation des classes, la vie légale pour tous. C'est en lui seul qu'il faut désormais vivre, espérer et croire. Même ennemi, il faut l'aimer. »[4]

A la veille de la libéralisation de l'Empire, peu de jours après que le Corps législatif, par l'entremise de cent seize députés, eut demandé, le 16 juillet 1869, « à interpeller le gouvernement sur la nécessité de donner satisfaction au sentiment du pays, en l'associant d'une manière plus efficace à la direction de ses affaires »[5], Jules Ferry écrivait, dans le journal *Le Temps* du 24 juillet 1869, cette apologie du suffrage universel :

> « On ne sort des crises politiques analogues à celle que nous traversons qu'en se rappelant à temps que dans une démocratie libre le suffrage universel ne cesse jamais d'être le premier principe, la source toujours vivante du pouvoir constituant. »[6]

L'art oratoire de Gambetta le décore d'images idolâtres. A la veille du plébiscite du 8 mai 1870 organisé pour légitimer l'Empire libéral, il déclarait :

> « Le suffrage universel est l'arche sainte, c'est de ce principe universel qu'il faut désormais faire découler toute la politique. Il faut que,

4. Cité *in* Pierre Rosanvallon, *Le sacre du Citoyen Histoire du suffrage universel en France* Paris, Gallimard, 1992, p. 342.

5. Alain Plessis, *De la fête impériale au mur des Fédérés 1852-1871 Nouvelle Histoire de la France Contemporaine 9* Paris, Seuil, 1973, p. 219.

6. *Lettres de Jules Ferry*... op. cit., p. 69 note 1.

> nous aussi, nous ayons un code politique, et que ce code soit intitulé : « De la politique tirée du suffrage universel ». »[7]

Henri Allain-Targé associe perpétuellement suffrage universel et organisation démocratique de l'État. Cette association est à la base de la propagande républicaine à la fin du Second Empire.

> « Le suffrage universel [écrit-il à son père] est ancré de façon à ne pouvoir être arraché. C'est là notre base d'opération. Et tout essai monarchique étant nécessairement oligarchique, il nous est facile de toujours avoir raison dans le domaine des faits. »[8]

Quelques jours après, de donner à son père un exemple de cette propagande au cours d'un de ces dîners en ville où se forge l'opinion publique :

> « Lundi, je dînais chez Bourgoing. Il y avait là les Tripier, les Pépin, les Halleur, etc.... J'ai posé ma fameuse question : "Croyez-vous à la compatibilité du suffrage universel et de la monarchie ? – Non ! – Donc...". Et ils ont admis le Donc. Il le faut bien, sous peine d'être un insensé, un homme de révolution et de désordre, d'appeler l'invasion, la guerre civile, l'anarchie, les journées de Juin, la décadence, la mort. »[9]

Au temps de la République d'Ordre Moral, Jules Ferry montra son adhésion au principe de l'unité de la Nation établi sur l'égalité des citoyens quand, en 1874, le gouvernement entendait accorder une représentation particulière dans les Conseils municipaux aux habitants les plus imposés :

> « Le suffrage universel n'a pas pu détruire, dénaturer la notion de mandat, celle de l'impôt consenti, celle de l'administration élue. Le suffrage universel n'a pu altérer, dénaturer ni affaiblir la notion d'égalité. Au contraire, ces deux notions, celle du pouvoir élu qu'on appelle la souveraineté nationale ou la souveraineté communale [...], comme celle de l'égalité, ces deux instincts ont été bien plutôt enflammés, exaltés par le suffrage universel [...] »[10]

La méfiance positiviste à l'égard du suffrage universel

Ces déclarations enthousiastes en faveur du suffrage universel sont étonnantes pour des Républicains nourris de la pensée d'Auguste Comte. Celui-ci donnait une grande importance à la Révolution de 1789 au point de faire de cette date l'année initiale du comput du calendrier positiviste. Toutefois, il était extrêmement critique à l'égard de l'« école négative » qui a engendré les bouleversements. Elle n'est qu'une « métaphysique » établie sur

7. cité *in* Pierre Rosanvallon, *Le sacre du citoyen*... op. cit. p. 341.
8. Henri Allain-Targé, *La République sous l'Empire*... op. cit. p. 104 Lettre datée du 6 février 1867.
9. *Ibidem* p. 109 Lettre datée du 27 février 1867.
10. Pierre Barral, *Les fondateurs*... op. cit. p. 280 et 281.

le « dogme de l'égalité » et le « dogme de la souveraineté du peuple »[11]. En 1848, il écrivait :

> « Quoique cette métaphysique négative devînt réellement sans objet dès qu'on renonçait franchement au régime ancien, ses dogmes étaient seuls familiers, et contenaient l'unique formule que comportât d'abord le progrès social [...] Nécessairement impuissante à rien construire, une telle philosophie ne comportait d'autre efficacité organique que de formuler vaguement le programme plutôt sentimental que rationnel, de l'avenir politique, sans indiquer aucunement la marche convenable à sa préparation. »[12]

Dans son *Système de politique positive* dont la première édition date de 1851, Auguste Comte précise ses griefs à l'endroit de la philosophie négative :

> « Destinée à manifester une irrévocable renonciation au régime ancien, mais sans pouvoir aucunement indiquer la nature de l'état final, la partie négative de la révolution se résuma tout entière dans une devise profondément contradictoire, *Liberté*, *Égalité*, qui repoussait toute organisation réelle. La célèbre formule *Liberté*, *Ordre public*, qui prévalut pendant une demi-génération, caractérisa fidèlement le milieu social d'où elle émanait [...] Cette seconde devise se rapprocha davantage que la première du but organique de la révolution. On y élimina la notion antisociale d'égalité, dont tous les avantages moraux se retrouvent, sans aucun danger politique, dans le sentiment indestructible de la fraternité universelle. »[13]

Il est vrai que les critiques à l'endroit du suffrage universel abondent dans toute la mouvance positiviste. Ernest Renan qui est marqué par la pensée de Saint-Simon, est un des rénovateurs de l'aristocratisme tout en se réclamant de la Démocratie. Ce paradoxe transparaît dans *La Prière sur l'Acropole* :

> « Démocratie, toi dont le dogme fondamental est que tout bien vient du peuple, et que, partout où il n'y a pas de peuple pour nourrir et inspirer le génie, il n'y a rien, apprends-nous à extraire le diamant des <u>foules impures</u>. »[14]

11. Auguste Comte, *Discours sur l'Esprit...* op. cit. p. 138 note 1 et 143 note 1.

12. Auguste Comte, *Discours sur l'ensemble du positivisme Présentation, notes et chronologie par Annie Petit* Paris Flammarion, 1998, p. 106 [première édition : 1848].

13. Auguste Comte, *Système de Politique positive* Paris, Au siège de la société positiviste, 1929, p. 378 et 379. Ce refus de l'égalité appartient aussi à la tradition libérale française. Léon Say (1826-1896) écrivait dans *La Revue des Deux Mondes* du 1er octobre 1894 : *« La première devise en trois paroles de la Révolution ne contenait pas la fraternité, mais elle consacrait la propriété : Liberté, Égalité, Propriété ».* Cité *in* Jean Garrigues, *La République des hommes d'affaires 1870-1900* Paris, Aubier, 1997, p. 30. Les deux écoles diffèrent sur la définition du droit de propriété.

14. Ernest Renan, « Prière sur l'Acropole » *Revue des Deux Mondes* 1er décembre 1876 *in Renan Histoire et Paroles* Paris, Robert Laffont, 1984, p. 832. C'est l'auteur du présent livre qui souligne.

Paul Bourget fonde pour sa part la logique de ses romans sociaux sur les analyses émises par Frédéric Le Play[15]. Il se fait le chantre des « autorités sociales » qui, en dépit du suffrage universel, assurent leur mission :

> « Elle [la bourgeoisie] l'a subi, ce suffrage universel, la plus monstrueuse et la plus inique des tyrannies, - car la force du nombre est la plus brutale des forces, n'ayant même pas pour elle l'audace et le talent. »[16]

Eugène Sémérie demeure dans l'orthodoxie comtienne la plus stricte quand il dénonce, dans un prospectus rédigé en avril 1872 :

> « l'absurde théorie de la souveraineté populaire, d'après laquelle un vote en vaut un autre, sans distinction d'intelligence, de moralité et de civisme [...] C'est par son déplorable attachement à la métaphysique de Rousseau que la France révolutionnaire, et son avant garde républicaine investie de l'initiative régénératrice, marque le pas dans la boue depuis quatre-vingt-trois ans [...] On convoque jusque dans le fond des villages les plus arriérés, les paysans les plus abruptes [sic], et alors les hommes qui ont renversé l'Empire se mettent à genoux devant ceux qui l'ont soutenu ; les républicains devant les bonapartistes. Ils appellent cela, dans leur dévotions, se prosterner devant la majorité du peuple »[17]

Le refus de l'esprit métaphysique et de l'esprit négatif tant de fois dénoncé par Auguste Comte guidait la plume de ces Républicains.

Froideur criticiste à l'égard du suffrage universel

Pour leur part, les néo-kantiens cultivent aussi une extrême réserve à l'endroit de l'idée de souveraineté populaire, fondement du suffrage universel. Rousseau avait écrit dans *Du contrat social* que :

> « la souveraineté ne peut être représentée, par la même raison qu'elle ne peut être aliénée ; elle consiste essentiellement dans la volonté générale, et la volonté ne se représente point : elle est la même, ou elle est autre ; il n'y a point de milieu [...] Toute loi que le peuple en personne n'a pas ratifiée est nulle ; ce n'est point une loi. »[18]

Charles Renouvier, dans une lettre adressée à William James le 14 mai 1878, fait profession de foi démocratique mais avec une hiérarchie de valeur inverse à toutes les formes du positivisme :

15. Bernard Kalaora, Antoine Savoye, *Les inventeurs oubliés Le Play et ses continuateurs aux origines des sciences sociales* Seyssel, Champ Vallon, 1989.
16. Paul Bourget, *Le Disciple*... op. cit. p. 9 [préface de 1889].
17. Cité *in* Pierre Rosanvallon, *Le sacre*... op. cit. p. 344.
18. Jean-Jacques Rousseau, *Du contrat social* Paris, Garnier-Flammarion, 1966, p. 134 [première édition : 1762].

> « Aussi suis-je fort démocrate, en croyant d'ailleurs comme vous que le collectif est de nature inférieur à l'individuel : contentons-nous de demander à la démocratie de ne pas étouffer l'individu. Tout est là. »[19]

Il accepte le principe du suffrage universel dans la mesure où celui-ci est le garant de l'autonomie individuelle. Il écrit dans le deuxième tome de la *Science Morale* parue en 1869 :

> « J'envisage nécessairement le suffrage comme universel, car dans le cas contraire, il y aurait des membres de la société qui seraient exclus de l'autonomie, ce que réprouve la loi morale ; je suppose en d'autres termes une société dont tous les membres soient des membres actifs et réels. »[20]

L'individualisme kantien considère que « l'autonomie de la volonté est le principe unique de toutes les lois morales et des devoirs qui y sont conformes »[21]. Il ne peut se concilier avec le principe rousseauiste d'un corps politique uni composé de membres fictivement fusionnés. La nature de la volonté générale lui paraît et imprécise et arbitraire. Dans un article de la *Critique Philosophique* paru en octobre 1872, Renouvier pose clairement la difficulté : « Comment définir ce bien que l'on veut toujours et qui n'a rien de commun avec les biens particuliers que recherchent les volontés particulières ? »[22] La conciliation entre l'intérêt particulier et l'intérêt collectif était ainsi posée.

Le suffrage universel selon Émile Littré

A l'instar d'Auguste Comte, Émile Littré n'est pas favorable au principe d'égalité fomenté par l'esprit métaphysique : « qui [...] n'a pu tendre en politique qu'à constituer le désordre ou un état équivalent de non gouvernement. »[23] Dans l'ouvrage qui collationne ses articles publiés dans la *Philosophie Positive*, on relève cette remarque sur la nécessaire aristocratie :

> « Je prêche toujours la même doctrine qui, comme je l'ai dit, m'a été inculquée par J. Stuart Mill, c'est qu'en démocratie, il importe de reconstituer non une aristocratie fermée, ce qui est impossible, mais une aristocratie ouverte, et de lui emprunter tous les correctifs qu'exige la prédominance démocratique. »[24]

19. Marie-Claude Blais, *Au principe...* op. cit. p. 271.
20. *Ibidem* p. 272.
21. Emmanuel Kant, *Critique de la raison pratique* cité *in* Paul Foulquié, *Dictionnaire de la langue philosophique* Paris, P.U.F., 1962, p. 61 colonne 2.
22. Marie-Claude Blais, *Au principe de...* op. cit. p. 272 et 278.
23. Auguste Comte, *Discours sur l'Esprit...* op. cit. p. 142.
24. Émile Littré, *De l'établissement de la Troisième République* Paris, Aux bureaux de la *Philosophie Positive*, 1880, p. 578.

Dans un fascicule de 1879, il justifie la nécessité d'une oligarchie. Après une longue citation d'une lettre de la tsarine Catherine II sur l'incapacité du vulgaire à se gouverner, le médecin lexicographe continue :

> « Laissant de côté les expressions méprisantes de la célèbre impératrice, on doit dire qu'elle a raison au fond. Plus l'œuvre se spécialise, moins la multitude y est propre ; et il n'en est pas à laquelle elle soit plus impropre que le gouvernement et l'administration. Au reste, notre suffrage universel se soucie fort peu des fonctions qu'on voudrait lui attribuer. »[25]

Toutefois l'intention de Littré est d'apprivoiser le suffrage universel, non de le supprimer. Certes celui-ci est le principe même de la légitimité du pouvoir. Dans une des notes qui actualisent, en 1878, son ouvrage paru en 1852 *Conservation, Révolution et Positivisme*, le commentateur d'Auguste Comte écrit :

> « Ramenée ainsi du ciel sur la terre, l'autorité se légitime par le consentement et le consentement se constate par le suffrage. Le consentement est l'axiome social par lequel se remplace l'axiome théologique. Il est aussi obligatoire pour le bon citoyen que l'était autrefois pour le fidèle sujet la consécration divine. »[26]

Mais la souveraineté populaire n'est pas, à son avis, omnipotente car elle est :

> « soumise aux lois qui gouvernent le développement historique, elle ne vaudra qu'autant qu'elle s'y conformera et qu'elle les favorisera [...] »[27]

De surcroît, par une « subtile formule métaphysique »[28], il neutralise le risque de démocratie directe :

> « Le régime monarchique parlementaire a fait éclore une formule qui a eu un grand retentissement, à savoir : le roi règne et ne gouverne pas[29]. Eh bien, cette formule qu'il a toujours été difficile d'imposer aux monarques, semble avoir été faite expressément pour le suffrage universel [...] Le suffrage universel règne ; mais ne gouverne pas. La démocratie ou le suffrage universel (double nom d'une même chose), quand elle gouverne, abaisse tout, car elle met hommes et choses à son niveau moyen ; quand elle règne, elle élève tout, car elle donne leur primauté aux aristocraties de capacités, de talents, d'esprits, qui reposent dans son sein. »[30]

25. Émile Littré, *Par quelle conduite la République française peut-elle consolider le succès qu'elle a obtenue ? Question de sociologie pratique* Paris, Chavaray frères éditeurs, 1879, p. 10.

26. Émile Littré, *Conservation, Révolution et Positivisme* Paris, Aux bureaux de la *Philosophie Positive*, deuxième édition augmentée de remarques courantes, 1879, p. 65.

27. *Ibidem* p. 66.

28. Auguste Comte, *Cours de Philosophie Positive (première et deuxième leçon) tome second* Paris, Garnier, 1949, p. 131 note.

29. La citation est attribuée à Adolphe Thiers qui fut deux fois chef du gouvernement sous la Monarchie de Juillet.

30. Émile Littré, *Par quelle conduite...* op. cit. p. 10.

Il en tire la conclusion que le suffrage universel peut créer une nouvelle aristocratie :

> « S'il est indéniable que le suffrage universel contient en son sein une masse considérable de capacité […] il est manifeste aussi que ce même suffrage, en vertu de sa propre nature, ira choisir là ses représentants. Des erreurs seront commises, cela va s'en dire ; mais elles n'affecteront pas le résultat total ; et la chambre directement, le sénat indirectement, la présidence de la république encore plus indirectement, représenteront ces choix aristocratiques que je recommande. »[31]

En conséquence, le principe du suffrage universel étant accepté dans les limites définies par Émile Littré, il fallait susciter un mode d'élection lui aussi typiquement républicain capable de promouvoir les classes nouvelles et d'éviter une nouvelle Convention montagnarde ou une nouvelle Commune.

… et du mode de scrutin en particulier

Le nœud du problème

Tant que la République fut menacée d'une possible restauration monarchique qui se manifestait, en 1872, par l'opposition de plus en plus forte entre l'Assemblée nationale et le président de la République Adolphe Thiers, Jules Ferry ne vit qu'une issue pour sauver le régime institutionnel qui avait sa faveur : la démocratie directe. Il écrit à son frère en décembre 1872 :

> « Pas un coup d'État, mais un plébiscite. Ma plume hésite à ce mot détesté, mais je ne vois, entre M. Thiers et la Chambre, si elle s'obstine, rien autre chose que le pays, et je ne puis être ni en morale ni en droit, scandalisé d'un pouvoir exécutif posant, dans une telle crise, cette question au pays : Le président de la république est-il, oui ou non, autorisé à dissoudre l'Assemblée nationale ? »[32]

En 1880, la question de la forme institutionnelle du régime ne se pose plus. Seule la question de la loi électorale perdure : faut-il en faire une loi constitutionnelle qui consacrerait le scrutin départemental de liste ? Ce débat théorique se double d'une querelle politicienne qui oblitère la question de fonds. Elle tourne autour de la personnalité de Gambetta qui est le chef républicain très populaire et dont le nom a rallié, par le jeu légal des candidatures multiples, le vote des Français en faveur de la République. Ce prestige fait craindre à ses amis politiques le pouvoir personnel et ceux-ci se liguent, avec l'appui du Président de la République Jules Grévy, pour lui

31. *Ibidem*, p. 10.

32. *Lettres de Jules Ferry…* op. cit. p. 177 et 178 Lettre LVII à Charles Ferry du 26 décembre 1872.

fermer la route du pouvoir. Laissant de coté cet aspect purement conjoncturel qui ne sera pas étudié pour lui-même, nous porterons notre attention sur les aspects théoriques de la question du mode de scrutin en conservant en mémoire que l'historiographie française estime le scrutin uninominal peu en cour auprès des Républicains. Celui-ci, pourtant, quoique censé favoriser les anciennes élites, leur avait souri de 1875 à 1879 à la différence du scrutin départemental de liste qui a leur faveur mais qui leur avait été néfaste et en 1849 et en 1871. Cette apparente contradiction s'efface quand ce sujet est replacé dans le contexte positiviste déjà évoqué d'organisation du Progrès dans l'Ordre.

La pensée de Gambetta

Fidèle à la tradition républicaine du programme de Belleville, l'avocat quercinois avait dénoncé, en novembre 1875, le scrutin uninominal d'arrondissement. Son journal *La République Française* avançait : « On veut nous mener à un système de gouvernement oligarchique qui sera installé dans la République pour combattre, pour détruire le suffrage universel. »[33] Réaliste, Léon Gambetta confiait à Juliette Adam que ce mode de scrutin conduirait à des frais de campagne supérieurs à ceux engendrés par le scrutin de liste mais qu'il ne serait pas en lui-même défavorable aux Républicains dès lors que le choix des candidats serait pertinent[34]. Son opposition au scrutin uninominal n'est pas une conviction de principe mûrie de longue main. Le 29 janvier 1875, il avait envoyé à son ami Arthur Ranc, républicain communard réfugié en Belgique, cette lettre qui est favorable au scrutin uninominal et défavorable au scrutin de liste :

> « Je pense avec vous que seul le scrutin d'arrondissement est vraiment absolument républicain. C'est le seul où l'électeur n'est pas trompé sur la qualité du candidat. Tandis que toute modalité de représentation proportionnelle, de scrutin de liste, de panache, trompe l'électeur forcément et alors c'est la loterie, le hasard. La représentation proportionnelle, comme vous l'avez écrit dans L'Étoile belge, est un mode électoral rempli de pièges. »[35]

Comment expliquer alors sa campagne en faveur d'une loi constitutionnelle sur le mode de scrutin de liste départemental pendant sa conduite des affaires de l'État en 1881 ? Pour Jacques Chastenet, il s'agit d'une conversion tactique pour donner à la Chambre des députés la possibilité de se constituer en majorité et opposition parlementaires claire-

33. Pierre Barral, *Les fondateurs*... op. cit. p. 289.

34. *Lettres de Gambetta*... op. cit. Lettre 255 à Juliette Adam du 13 novembre 1875.

35. Cité *in* Jacques Chastenet, *Histoire de la Troisième République Tome 2 La République des Républicains 1879-1893* Paris, Hachette, 1954, p. 355.

ment définies, capables de soutenir et de contrer un gouvernement efficace[36]. Jean-Marie Mayeur ne contredit pas cette analyse, soulignant l'intérêt de Gambetta pour une véritable autorité dans la République. Il la demande dans son discours du 8 décembre 1881 au moment où il veut créer deux ministères nouveaux : l'Agriculture détachée du Commerce et les Beaux-Arts détachés de l'Instruction publique[37].

Gambetta ouvrit le débat sur la réforme de la Constitution le 19 mai 1881 alors qu'il était encore président de la Chambre des députés. Par un subtil sophisme, il expliqua que le vote de 1877 n'avait pas été d'arrondissement, il avait été un scrutin de liste « élevé à sa plus haute pression : l'unité de liste. »[38] Il récusa le scrutin uninominal d'arrondissement pour éviter le pouvoir personnel et la candidature officielle. Il refusait ce mode d'élection pour libérer l'élu des coteries locales, pour l'empêcher d'être « un procureur fondé de pouvoirs, nommé par un nombre infime et intéressé d'électeurs dans une circonscription. »[39] A son avis, le scrutin de liste départemental induit la formation de groupes politiques aux projets clairement définis. Il libère l'électeur de la pression administrative toujours possible et l'élu des engagements électoralistes trop contraignants. Celui-ci peut envisager les questions à l'échelle de la France et non à celle du « petit champ clos, la vigne du Seigneur, qu'on [va] cultiver, biner, arrachant les mauvaises plantes »[40]. Quelques jours après les élections générales anticipées du 21 août 1881, Gambetta écrivait à Charles de Freycinet cette lettre qui fonde les explications présentées précédemment : « En dépit du scrutin d'arrondissement, les élections sont excellentes, mais la difficulté est grosse de savoir exactement ce que sera la majorité possible. »[41] Les analyses de Gambetta sur le suffrage universel ne sont pas guidées par des questions de principes sur les nécessaires aristocraties et l'encadrement politique du vulgaire mais par la seule urgence d'assurer l'autorité et la durée de l'action gouvernementale.

La démocratie directe selon Clemenceau

Le député du XVIIIème arrondissement de Paris n'a lui aussi que faire d'une aristocratie nouvelle. Ce scientiste cultive une image idéale de la

36. Jacques Chastenet, *Histoire de la Troisième République tome 2*... op. cit. p. 94.

37. Jean-Marie Mayeur, *La vie politique sous la Troisième République 1870-1940* Paris, Seuil , 1984, p. 94. Odile Rudelle, *La République absolue*... op. cit. p. 87.

38. Cité *in* Pierre Barral, *Les fondateurs*... op. cit. p. 291.

39. Discours de Gambetta du 26 novembre 1875 cité *in* Marie-Claude Blais, *Au principe*... op. cit. p. 287.

40. *Ibidem*, p. 287. Pierre Barral, *Les fondateurs*... op. cit. p. 290.

41. *Lettres de Gambetta*... op. cit. Lettre 491 à Charles de Freycinet du 29 août 1881.

Convention montagnarde de 1793 et 1794 et il désire éradiquer l'Ancien Régime. Il rêve d'une démocratie directe dans laquelle « le régime d'assemblée unique est le vrai gouvernement républicain » à l'instar de la Convention dont « le gouvernement fut très bénéfique pour la France »[42], écrivait-il dans le journal *La Justice* du 13 avril 1880. En conséquence, il est favorable au scrutin de liste, expression de la souveraineté du suffrage universel. Ce mode de vote induit, dans l'esprit de Clemenceau, le mandat impératif dont la durée est réduite pour donner au peuple un pouvoir de contrôle plus fréquent. L'élu de Montmartre se plaît, formellement du moins, à n'être que le fondé de pouvoir de ses mandataires. Il rend compte de son action devant ses électeurs au cirque Fernando et accepte de ceux-ci le programme électoral qu'il est censé mettre en œuvre à la lettre[43]. Peu lui importe la stabilité ministérielle dès lors que celle-ci pourrait aller à l'encontre de la volonté du peuple. Il s'en explique le 14 septembre 1885 dans le journal *Le Petit Var* :

> « Si, par stabilité ministérielle, on entend l'obligation de soutenir en tout temps, et quoi qu'il fasse, un ministère quelconque, alors le régime représentatif n'est plus qu'une duperie. »[44]

Cette fascination pour la démocratie directe est une hérésie par rapport au positivisme auquel adhère Georges Clemenceau. Ces larges emprunts au *Contrat social* de Rousseau sont en opposition avec la pensée de Comte qui refuse le dogme improbable de la souveraineté populaire. C'est ce mélange tonnant de pensée négative et de pensée positiviste qui vaut au chef parlementaire de l'opposition radicale l'injure de « métaphysicien »[45] que lui assènent les Républicains opportunistes. Des publicistes qui se sont réclamés du Radicalisme, ont donné une apparence de vérité à cette utopie de démocratie directe. Édouard Portalis (1845-1918), l'arrière petit-fils de Jean-Étienne Portalis, le rapporteur du Code Civil[46], fut un journaliste et un publiciste peu scrupuleux de la cause républicaine. Mais en publiant en 1880 un ouvrage qui demandait la révision des lois constitutionnelles de 1875, il flirtait avec l'idéal rousseauiste. « Il ne faut pas seulement [écrivait-il] que le peuple fasse la constitution, il faut que, l'ayant faite, il puisse constamment la réviser. »[47]

42. Odile Rudelle, *La République absolue*… op. cit. p. 74.

43. Jean-Baptiste Duroselle, *Clemenceau*… op. cit. p. 164 à 166.

44. Cité *in* Jean-Baptiste Duroselle, *Clemenceau*… op. cit. p. 173.

45. Jean-Baptiste Duroselle, *Clemenceau*… op. cit. p. 227.

46. Maurice Barrès, *Romans et voyages Édition établie par Vital Rambaud Préface par Éric Roussel* Paris, Robert Laffont, 1994, p. 1357 notes 95 et 97.

47. Édouard Portalis, *Deux Républiques* Paris, Charpentier, 1880, p. 127 cité *in* Maurice Barrès, *Romans et voyages*… op. cit. p. 1373 note 232.

L'attentisme opportuniste sur le mode de scrutin

L'apparente démocratie directe que Clemenceau met en œuvre dans le XVIIIème arrondissement, a le don de susciter la réprobation de Jules Ferry. Ce dernier fait la critique du « si grand tapage [du] cirque Fernando » à Auguste Scheurer-Kestner. Il n'est qu'une agitation stérile faisant le jeu des opposants à la République ; il n'est qu'une résurgence du blanquisme[48]. La démocratie directe n'est pas, en effet, au programme des Opportunistes qui entendent rallier les anciennes élites à la République. Ils se sont abstenus d'intervenir directement dans le débat sur le mode de scrutin car leur siège est fait en ce domaine. Émile Littré a tracé la voie à suivre :

> « Le suffrage universel a deux voies, la voie directe et la voie indirecte : la voie directe est malfaisante, elle le mène aux imprévoyances, aux inhabilités, aux injustes nivellements, et dans la compétition pour l'existence entre les nations, expose le peuple qui s'y abandonne aux catastrophes. »[49]

En conséquence, le scrutin uninominal d'arrondissement leur paraît être la solution pour endiguer le faux dogme de la souveraineté populaire. Le sort des urnes a fait émerger ou a consacré une nouvelle classe dirigeante. Jules Ferry, dès 1877, a fait ce constat alors qu'il mène campagne électorale dans les Vosges :

> « La dernière loi municipale (la mienne) a mis, dans presque toutes nos communes, les mairies dans les mains d'hommes jeunes, qui n'ont point connu les terreurs de 1848 et 1851, qui datent politiquement du plébiscite et de la guerre et qui dépassent de mille coudées en intelligence politique, en activité persuasive, en fermeté civique, les meilleurs de la génération précédente. »[50]

Les Républicains opportunistes se méfient de tout ce qui pourrait ressembler à la démocratie directe. En 1878, la République a tenté, une première fois, de substituer l'instituteur laïque au congréganiste. Dans le village vosgien de Moyenmoutier, un arrêté municipal, conforme aux désirs du gouvernement, a écarté les ordres religieux enseignants. Sous la conduite du prêtre et des notables catholiques du village, un sondage d'opinion des pères de famille a été réalisé. Il contredit la décision du maire. Jules Ferry analyse, à l'intention du préfet, cet événement ainsi :

> « Les chiffres que vous me communiquez sont écrasants et il est bien difficile de demander à un maire de rester sous ce coup. Voilà donc une municipalité qui retombe sous la coupe de M. le curé, et un village aussi

48. *Lettres de Jules Ferry*... op. cit. p. 274 à 276 Lettre CV à Auguste Scheurer-Kestner du 12 ou 13 mai 1879.

49. Émile Littré, *De l'établissement de la Troisième République*... op. cit. p. 520 et 521.

50. *Lettres de Jules Ferry*... op. cit. p. 227 Lettre à madame Jules Ferry du 5 juin 1877.

> important compromis […] L'enquête dite des pères de famille, mon cher préfet, est un procédé bien décevant, au village, et cette manière de gouvernement direct, ce scrutin public dépourvu de garanties sérieuses, ne m'inspire qu'un respect fort limité. »[51]

Le député des Vosges préfère considérer que les récentes élections municipales sont le reflet exact de l'opinion publique et qu'il n'y a pas lieu de prendre en compte, sauf extraordinaire, les manifestations spontanées de l'opinion publique.

Les Opportunistes se trouvent, par ce fait même, les alliés objectifs des Républicains libéraux issus de la tradition ouverte par la sociologie aristocratique de Le Play. Paul Leroy-Beaulieu (1841-1917), le gendre de ce sociologue, éprouve une crainte identique à l'égard de la démocratie directe qui transforme l'État en un monstre inquiétant :

> « L'État moderne, c'est-à-dire l'État électif, subissant, sans contrepoids, les poussées démocratiques, a des ambitions indéfinies ; il se disperse en des tâches de plus en plus diverses, et de plus en plus vastes. C'est de lui qu'il convient de dire qu'il ne doute de rien. »[52]

La critique néokantienne du mode de scrutin

Sur bien des points, la théorie néocriticiste du mode de scrutin vient renforcer la position des Opportunistes. D'une part, la représentation, de l'avis de Charles Renouvier, est une nécessité en raison de la taille de la société et de la complexité des questions à résoudre. Elle donne sa place à une aristocratie qui se distingue de la noblesse définie par la naissance et la coutume. Celle-là procède d'une double désignation. En amont, se trouve l'opération du choix du candidat lequel est présenté, en aval, à l'approbation du plus grand nombre. Renouvier milite pour que le système électoral soit explicitement à deux degrés afin de légitimer les prépondérances aristocratiques qui vont œuvrer en faveur du « Progrès ».

Pour ce motif, le chef de file du kantisme français refuse le scrutin de liste qui évacue la désignation des candidats et qui supprime le lien entre les mandants et le mandataire. Il est un renversement de la base même de la délégation. Charles Renouvier rappelle, dès 1869, que le pouvoir est personnel et qu'il ne saurait devenir impersonnel. Dans ce dernier cas de figure, la liberté de l'individu serait menacée par les débordements de l'État. Le pouvoir de la nouvelle aristocratie étant ainsi clairement défini et circonscrit, Renouvier n'hésite pas à rappeler que l'essence de tout pouvoir

51. *Lettres de Jules Ferry…* op. cit. p. 261 et 262 Lettre à Paul Boegner du 15 septembre 1878.

52. Paul Leroy-Beaulieu, *L'État Moderne et ses fonctions* Paris, Librairie Félix Alcan, 1911, p. VI [première édition : 1888].

exécutif est monarchique même s'il s'agit d'un pouvoir de délégation temporaire, à la différence de la royauté héréditaire[53].

Les variations de la loi électorale de 1881 à 1885

Au cours du débat portant sur l'inscription de la loi électorale parmi les lois constitutionnelles au même titre que celle portant élection des sénateurs, les discussions prirent une certaine hauteur d'analyse. Certes le souci de fermer la route du pouvoir à Gambetta demeure tapi dans l'ombre en raison de la probable dissolution à laquelle le président de la Chambre des députés procéderait s'il était porté à la présidence du Conseil mais les sénateurs ne manquent pas de pertinence lorsqu'ils prévoient le risque inhérent au scrutin départemental de liste dans un système qui autorise les candidatures multiples. Le mode de vote proposé par Gambetta rompait, à leur avis, l'équilibre des pouvoirs entre les deux Chambres. Celui-ci existe par le fait que le député est élu au suffrage universel direct par une partie du département et que le sénateur est l'élu de l'ensemble du département au suffrage universel indirect. De surcroît, le chef de file du parti qui aurait mené les élections dans plusieurs départements, aurait une autorité bien supérieure à celle du Président de la République :

> « Que deviendra son autorité si un chef de parti, un soldat heureux, un prétendant se faisait nommer dans de nombreux départements ? Lui serait-il possible de résister à une pareille pression, aurait-il la moindre liberté pour le choix de ses ministres, ne serait-il pas contraint de s'effacer et de céder la place à celui qu'on appellerait l'élu de la Nation ? »[54]

Pourquoi donc alors ces soucis légitimes s'évanouirent-ils quatre ans plus tard pour céder la place au scrutin départemental de liste ? L'ombre de Gambetta, mort prématurément en décembre 1882, planait sur une Chambre des députés qui regrettait d'avoir congédié Jules Ferry après l'incident de Lang-Son et qui se laissait mener par Clemenceau martelant le slogan : « Ferry, c'est la guerre ». Par ailleurs, la politique de laïcisation est conduite avec excès et elle ne fait que heurter un électorat soucieux d'une pause dans les réformes. Cette analyse de l'élu des Vosges va jusqu'à son terme : la France n'est pas affamée de solutions radicales et l'interdiction de l'usage des locaux scolaires au prêtre pour les cours de catéchisme ne pouvait que la blesser[55]. Dans le souvenir ému de l'avocat cadurcien, le scrutin de liste départemental à deux tours fut adopté par les deux Chambres le 16 juin 1885. Mais on était dans l'incertitude de savoir si des Républicains opportunistes

53. Marie-Claude Blais, *Au Principe*... op. cit. p. 273 et 274.

54. Odile Rudelle, *La République absolue*... op. cit. p. 80.

55. *Lettres de Jules Ferry*... op. cit. p. 384 Lettre CLXII à Auguste Scheurer-Kestner du 22 octobre 1885 ; p. 388 Lettre CLXIII au docteur Bard du 5 décembre 1885.

reporteraient effectivement leurs voix sur une liste radicale dans les départements où la conjoncture ferait s'affronter au deuxième tour une liste d'extrême droite et une liste d'extrême gauche.

La révision constitutionnelle du 14 août 1884

Étouffer la démocratie directe

Les Radicaux ont fait leurs les propos tenus à Marseille le 28 octobre 1880 par Clemenceau qui considère comme monarchiques les lois constitutionnelles de 1875.

La Présidence de la République, institution qui permit à Louis-Napoléon Bonaparte de restaurer l'Empire, et le Sénat, héritier des Chambres des pairs des monarchies constitutionnelles, sont les signes visibles de cette affirmation. Ne pouvant supprimer à la fois et la présidence dont le titulaire, Jules Grévy, avait défini l'autorité de façon limitative, et le Sénat, Clemenceau fit porter ses efforts contre ce dernier organe. Son réquisitoire du 31 mai 1881 avance que, par principe, le Sénat est un obstacle à toute idée de réforme. Par ailleurs, il est propre à soutenir toute tentative de coup d'État ; la dissolution du 16 mai 1877 n'est pas si lointaine. Les pouvoirs financiers du Sénat lui paraissent exorbitants comparés à ceux que possèdent les Chambres Hautes des autres États européens. En un mot, le Sénat est hostile à toute évolution ; il favorise par son existence même la Réaction et par voie de conséquence la Révolution[56].

Or cette deuxième chambre a été acceptée par les opportunistes. Émile Littré, dès 1876, se félicitait de la fonction temporisatrice de la Chambre haute qui conduit à la conciliation des classes rurale et ouvrière dans une société républicaine apaisée[57]. Ce « grand conseil des communes de France », Gambetta le défendit dans son discours du 26 janvier 1882 :

> « Je sais qu'une Assemblée unique, n'ayant ni contrepoids ni frein, livrée à l'expression de ses propres mouvements, est une doctrine encore caressée dans les rangs de la démocratie ; mais ce que je sais aussi, c'est que cette théorie succombe à l'expérience de chaque jour, celle que nous faisons depuis quinze jours démontre l'utilité, dans une démocratie, de l'existence d'une chambre haute, ne fût-ce que pour donner le temps de la réflexion à tout le monde. » [58]

56. Pierre Barral, *Les fondateurs*... op. cit. p. 308.
57. Émile Littré, *De l'établissement de la Troisième*... op. cit. p. 381.
58. Cité *in* Jean-Baptiste Duroselle, *Clemenceau*... op. cit. p. 204.

Clemenceau n'intervint pas dans le débat parlementaire de 1882, laissant à d'autres le soin d'arrêter les projets de Gambetta. Il reprit le même argumentaire contre le Sénat le 7 mars 1883 quand Jules Ferry mit une révision limitée des lois constitutionnelles à l'ordre du jour. La modération du projet est patente. Il ne s'agit plus de supprimer le Sénat mais de changer le mode d'élection des sénateurs qui relèverait désormais de la loi ordinaire. Le but est d'enlever à la Haute Assemblée la particularité des sénateurs inamovibles. Il était hors de question de rétablir le régime d'assemblée unique que revendiquaient les Radicaux. Le combat de Jules Ferry fut de barrer la route à « ces farceurs jouant à la Convention »[59] autrement dit à ceux qui exaltaient l'idéologie négative.

L'Assomption de la République

Si les Opportunistes voulaient éloigner le spectre de la pensée de Rousseau, ils n'en partageaient pas moins avec les Radicaux le rejet de la pensée « théologique ». Celle-ci revêt deux aspects : le retour à une organisation monarchique de l'État et le fondement religieux de la loi et de l'État. En 1883, le tiers de l'électorat français vit dans la nostalgie des régimes politiques défunts du XIXème siècle. Les anciennes dynasties ne sont pas inertes : le prince Jérôme-Napoléon, le prétendant de certains bonapartistes depuis le décès du Prince Impérial en 1879, a suscité les craintes des Républicains en faisant placarder, en 1883, sur les murs de Paris une affiche dénonçant la République parlementaire[60]. Cet incident fonde la volonté expresse de modifier le paragraphe 3 de l'article 8 de la loi du 25 février 1875 portant sur la révision constitutionnelle. En défendant le bien-fondé de ce projet, Jules Ferry en donne clairement le sens dans son discours du 24 mai 1884 à la Chambre des députés :

> « La procédure de révision organisée par l'article 8 pourrait-elle s'appliquer non seulement à tous les articles des lois constitutionnelles, mais à l'institution même qui en est l'essence et le support, à la forme républicaine du gouvernement ? La loi constitutionnelle n'a voulu ni l'affirmer, ni l'interdire : on a laissé sur ce point une obscurité qui n'était pas sans parti pris [...] S'il fallait en conclure qu'à tout moment, dans chacune des deux Chambres, la délibération régulière peut s'ouvrir sur la forme même du gouvernement, notre Constitution ne ressemblerait à aucune autre. Elle aurait proclamé elle-même son incurable précarité [...] Si la France qui aime le travail et la paix, a applaudi, a ratifié avec éclat l'élaboration constitutionnelle du mois de février 1875, c'est qu'elle y voyait la fin du provisoire et de l'incertitude, l'établissement d'une République définitive. Elle n'imaginait pas que le dernier mot de cette

59. *Lettres de Jules Ferry*... op. cit. p. 357 Lettre CXLVIII à madame Charras du 16 août 1884.
60. Jacques Chastenet, *Histoire de la Troisième République tome 2*... op. cit. p. 121.

> évolution si laborieuse pût être d'organiser dans les deux Chambres l'état révolutionnaire en permanence. »[61]

Le 11 août 1884, afin de rallier à la révision limitée les radicaux, Jules Ferry reconnaît explicitement que :

> « cette clause [...] était dans la pensée de ceux qui avaient élaboré cette Constitution une marque d'infériorité, et l'on peut dire que c'est la disposition la plus manifestement monarchique de cette Constitution... »[62]

Ce double souci conduit à l'adoption le 14 août 1884 de l'article deuxième de la loi portant sur la révision partielle des lois constitutionnelles. Il stipule ceci :

> « La forme républicaine du gouvernement ne peut faire l'objet d'une proposition de révision. – Les membres des familles ayant régné sur la France sont inéligibles à la présidence de la République. »[63]

La fondation constitutionnelle de la laïcité de l'État

Le paragraphe trois de l'article premier de la loi constitutionnelle du 16 juillet 1875 prévoyait pour le dimanche qui suit la rentrée parlementaire des prières publiques : « adressées à Dieu dans les églises et dans les temples pour appeler son secours sur les travaux des Assemblées. »[64] L'origine divine de l'Autorité dans la Société et le Droit naturel étaient admis dans la République.

Cette disposition constitutionnelle était honnie des Républicains et suscitait leurs sarcasmes. La pratique et le respect des fêtes concordataires irritaient Gambetta capable à ce sujet d'un humour grinçant. Il écrivait à Juliette Adam en 1874 :

> « Demain jeudi, Notre Seigneur est monté au ciel rejoindre Abraham et bien d'autres dans le sein de son père céleste. Nos versaillais vont à la messe, à vêpres, à complies ; nous sommes libres [...] »[65]

Invitant pour les fêtes de Pâques de 1877 un ami, il écrit :

> « Peux-tu venir déjeuner demain dimanche, nous célébrerons nos Pâques sous les espèces d'un chapon cadurcien mort en odeur de sainteté truffée. »[66]

61. Jules Ferry, *La République des citoyens, tome 2*... op. cit. p. 215 et 216.
62. Jules Ferry, *La République des citoyens tome 2*... op. cit. p. 223 et 224.
63. *Les Constitutions de la France depuis 1789 Présentation par Jacques Godechot* Paris, Garnier-Flammarion, 1970, p. 337.
64. *Ibidem* p. 334.
65. *Lettres de Gambetta*... op. cit. Lettre n° 189 à Juliette Adam datée du 13 mai 1874.
66. *Ibidem* Lettre 304 à un destinataire inconnu (Alphonse Pépheau ?) daté du 31 mars 1877.

Derrière cet humour digne de Rabelais se trouve la volonté de bâtir la société française en dehors des voies ouvertes par la tradition française des régimes antérieurs. Émile Littré avait déjà affirmé que l'Autorité avait été ramenée du ciel sur la terre[67]. La référence à Dieu n'était donc plus nécessaire sous quelque forme que ce soit. La République était mise en conformité avec la réforme que Frédéric Desmonds avait introduite le 13 septembre 1877 au Grand Orient de France.

La plus ancienne obédience maçonnique avait inséré ce texte comme premier article de sa Constitution le 10 août 1849 : « La franc-maçonnerie, institution essentiellement philanthropique, philosophique et progressive a pour base l'existence de Dieu et l'immortalité de l'âme. »[68] Cette profession de foi spiritualiste est conforme aux aspirations de la bourgeoisie provinciale de la fin de l'époque romantique. Dès 1868, ce texte fut combattu par certains frères convertis à la doctrine positiviste. A Nantes, le docteur Guépin avait transformé le rituel d'initiation. A la question : « Qu'est-ce que l'homme doit à Dieu ? », il substitua le commentaire symboliste de la règle, du compas et du levier « pouvant servir de fléau pour des balances » afin d'initier l'apprenti à l'Art royal : construire le Temple sur les espaces de la science et de l'économie de marché[69]. Dans cette logique positiviste, la référence au Grand Architecte de l'Univers devint superfétatoire. Dès 1870 commencèrent les tenues qui opposèrent sur ce sujet le docteur Marchal, frère spiritualiste de Nancy, au docteur Guépin. Ce dernier explicita clairement cette année-là son projet :

> « Il ne convient pas que la franc-maçonnerie professe aucune doctrine théologique, psychologique et aucun dogme de l'ordre spéculatif pour cette raison qu'elle n'est ni une religion, ni une école de philosophie. Elle est autre chose et mieux que cela : elle est le premier modèle de ce que sera un jour la société fondée sur le principe de solidarité dans la liberté. »[70]

Les mots de « solidarité » et de « liberté » doivent être compris dans la logique comtienne du primat de la société sur l'individu. La réception publique et concomitante d'Émile Littré et de Jules Ferry attestent s'il en était besoin

67. Émile Littré, *Conservation, Révolution*... op. cit. p. 65 Texte à la note 24.

68. Gérard Gayot, *La Franc-Maçonnerie Textes et pratiques (XVIIIème- XIXème siècles)* Paris, Julliard, 1980, p. 27. Le soulignement est le fait de l'auteur de ce livre.

69. *Ibidem* p. 230.

70. Gérard Gayot, *La Franc-Maçonnerie*... op. cit. p. 235. L'identification de la société maçonnique à la société en général est une constante. A la suite de scandales politiques et financiers mettant en cause des responsables politiques francs-maçons à la charnière du XXème et du XXIème siècle, il était possible de lire dans la presse les commentaires suivants : *« La justice maçonnique semble calquée sur son modèle profane. "Rien de plus logique, dit-on au Grand Orient de France. Ce sont largement des francs-maçons qui ont construit la Justice de la République, alors on se demande qui copie qui". »* *Le Point*, 12 janvier 2001.

cette nouvelle réorientation philosophique de la Franc-Maçonnerie. Depuis 1877, l'article premier de la Constitution du Grand Orient est rédigé ainsi :

> « La franc-maçonnerie, considérant les conceptions métaphysiques comme étant du domaine exclusif de l'appréciation individuelle de ses membres, se refuse à toute affirmation dogmatique. »[71]

Compte tenu des choix philosophiques des chefs républicains, il était nécessaire que le choix du Grand Orient, préfiguration de la société future, connut sa transposition dans le droit constitutionnel français. La suppression de la clause relative aux prières publiques fut présentée ainsi par Jules Ferry : « Nous croyons que cette clause est, par son caractère et sa nature, étrangère aux lois constitutionnelles, et qu'elle ne doit pas y figurer. »[72] Dans ce discours du 11 août 1884, Jules Ferry se montra très discret sur la finalité de la suppression. Le projet d'État laïque, il l'avait plus clairement explicité trois ans auparavant dans les débats qui ont accompagné l'amendement de Jules Simon sur l'enseignement des « devoirs envers Dieu » à l'école primaire. Le 4 juillet 1881, il déclarait à la Chambre des députés :

> « Les Assemblées ne sont pas faites pour promulguer des Credo théologiques, de quelque nature qu'ils soient. Ce n'est pas là votre rôle ; j'oppose donc à cette prétention une fin de non recevoir absolue [...] tirée de la nature, de l'essence même de notre société laïque, de l'esprit même de toute notre Révolution française, qui n'a pas d'autre but, qui ne veut pas atteindre d'autre résultat que de séparer nettement le domaine de la conscience du gouvernement terrestre et temporel. »[73]

Le Congrès supprima les prières par la loi constitutionnelle du 14 août 1884, fondant constitutionnellement la séparation stricte et irréversible du pouvoir temporel et du pouvoir spirituel.

En 1885 les Républicains ont accumulé des succès pour fonder les institutions publiques sur la philosophie positiviste. Par le maintien du Sénat, ils ont écarté le risque de la démocratie directe et par la suppression des prières publiques, ils ont évacué l'origine divine de l'Autorité dans la Société et l'idée de Droit naturel. Pourtant ils n'ont pas fermé la voie à toute dérive vers la démocratie directe en adoptant, en 1885, le scrutin départemental de liste à deux tours, malgré les remarques pertinentes du Sénat à ce sujet émises dès 1881[74].

L'affaire Boulanger est à ce point de vue révélatrice d'une contradiction interne de la pensée politique républicaine qui place la Société avant

71. http://godf.lorweb.com.
72. Jules Ferry, *La République des citoyens tome 2*... op. cit., p. 222.
73. *Ibidem* p. 70.
74. Cf. note 50.

l'individu, qui diminue l'autorité du Président de la République par le refus de Jules Grévy d'user des pouvoirs constitutionnels accordés à la fonction – en particulier le droit de dissolution de la représentation nationale – mais qui rejette la démocratie directe.

C'est donc la conception républicaine de la Société qu'il convient d'étudier. Émile Littré lui-même nous y invite quand il fonde la validité du suffrage universel sur sa conformité aux lois qui gouvernent l'Humanité[75].

75. Émile Littré, *Conservation, Révolution*… op. cit. p. 66. Texte à la note 25.

Chapitre 3
Une sociologie républicaine

Jules Ferry témoigne de l'importance de la sociologie dans la pensée politique républicaine. Le 9 août 1885, l'ancien président du Conseil définissait la mission de l'homme d'État ainsi :

> « Le devoir, la mission de l'homme de gouvernement, c'est de rechercher et de dégager la moyenne de l'opinion du pays ; c'est de pressentir les volontés du suffrage universel pris dans son ensemble, c'est de se préoccuper par dessus tout [...] du milieu social où doivent être appliquées les réformes que l'on réclame. »[1]

Sa sociologie n'est pas uniquement descriptive. Elle ne se limite pas à mettre en évidence et à conserver l'état social existant. Elle aspire à la connaissance du terrain qui doit recevoir les changements sociaux souhaités. Cette volonté réformatrice explique le désir de Jules Ferry d'organiser de façon scientifique les élections. Après l'échec du mouvement boulangiste, il écrit au député des Vosges Albert Ferry : « Les élections que nous avons longtemps pratiquées à la mode antique, deviennent de plus en plus une guerre scientifique et méthodique. J'espère que celle-ci fera école [...] »[2] Cette nécessité est d'autant plus forte à ses yeux qu'il considère, à l'instar d'Émile Littré, que le suffrage universel est soumis « aux lois qui gouvernent le développement historique »[3] et qu'il serait inconvenant qu'il régresse dans sa marche vers le Progrès.

Le goût pour la « physique sociale » n'est pas propre aux Républicains. Les Orléanistes libéraux avec Jean-Baptiste Say, Alexis de Tocqueville, Adolphe Blanqui et même les Bonapartistes avec Frédéric Le Play et Michel Chevalier ont usé de l'observation directe des faits sociaux pour asseoir une

1. Pierre Barral, *Les fondateurs*... op. cit. p. 135.
2. *Lettres de Jules Ferry*... op. cit. p. 524 Lettre CCXXXII à Albert Ferry du 7 juillet 1890.
3. Cf. chapitre 2 note 25.

politique[4]. La nouveauté républicaine gît dans l'adhésion à la hiérarchie des sciences d'Auguste Comte qui fait de la sociologie la connaissance suprême de la religion de l'Humanité. Celle-ci a « l'amour pour principe, l'ordre pour base, et le progrès pour but »[5] et se fait forte de rendre compte de l'existence personnelle et sociale « par une combinaison inaltérable entre le sentiment, la raison et l'activité »[6]. Vie personnelle et vie sociale convergent en raison de la primauté de la sociabilité sur la personnalité « car l'homme proprement dit n'existe que dans le cerveau trop abstrait de nos métaphysiciens. Il n'y a au fond de réel que l'humanité [...] »[7] Cette grande conception de l'Humanité définie comme l'espèce humaine, « vient éliminer irrévocablement celle de Dieu, pour constituer une unité définitive plus complète et plus durable que l'unité provisoire du régime initial. »[8]

Or, de 1880 à 1914, l'évolution démographique de la France d'une part, la permanence de la question sociale d'autre part, conduisent à conserver à la sociologie une place de choix d'autant plus grande que la classe dirigeante ne cesse de réfléchir sur les causes des désastres de 1870-1871 : la défaite devant la Prusse et la Commune de Paris. Cette réflexion conduit à la naissance de la psychologie des foules dont maints écrivains des années de fondation de la République avaient l'intuition. Cet engouement pour cette science issue de l'Idéologie ne cesse d'accroître les divisions théoriques de la classe politique dès lors qu'aucune école sociologique n'interprète les faits sociaux de la même façon.

A l'aube de l'âge des foules

La naissance de la France urbaine

La population française, pendant la période 1880-1914, stagne. La baisse du taux de natalité et le maintien, à un indice élevé, de la mortalité conduisent à un solde naturel égal ou inférieur à zéro. Le sentiment de l'« invasion barbare » n'est pas lié à une explosion démographique. Il est induit par le développement de la France urbaine à l'heure de la deuxième révolution industrielle fondée sur l'innovation de l'électricité et du moteur à explosion. En 1851, la population française est à vingt-cinq pour cent urbaine, c'est-à-

4. Bernard Kalaora et Antoine Savoye, *Les Inventeurs oubliés Le Play et ses continuateurs aux origines des sciences sociales* Seyssel, Champ Vallon, 1989, p. 95.
5. Auguste Comte, *Système de Politique*... op. cit. p. 321.
6. *Ibidem.*
7. *Ibidem* p. 324 et 334.
8. *Ibidem* p. 329.

dire résidant dans une agglomération de plus de deux mille habitants. En 1886, la proportion est proche de trente-six pour cent. En 1911, elle est de quarante-quatre pour cent. Ce sont les grandes villes qui absorbent les migrations intérieures auxquelles il faut joindre les cent trente mille Alsaciens et Lorrains qui ont opté pour la France en 1872 en application du traité de Francfort. La population de Paris augmente de soixante-deux pour cent de 1851 à 1911 ; le taux est identique pour Nancy pendant la même période. Lyon se distingue par une augmentation de soixante-six pour cent à la même époque[9].

La politique d'urbanisation commencée sous le Second Empire continue. Les grands boulevards sont construits sur les anciens remparts ; des rues larges bordées d'immeubles de rapport sont percées dans les centres villes. Les élites s'inquiètent du développement des faubourgs où s'installent les populations venus des campagnes lointaines : Bretons du quartier Montparnasse et « Bougnats » de la gare de Lyon à Paris. Aristide Bruant (1851-1925) chanta le monde interlope des faubourgs dans le style gouailleur en vogue à cette époque. Dans le chant *A la Bastoche*, il relève le désintérêt de cette population mal assimilée pour le régime politique :

« I' n' faisait pas sa société
Du géni' de la liberté,
I' n'était pas républicain,
Il était l'ami du Rouquin
Et le p'tit homme à la Méloche,
A la Bastoche. »[10]

Les gamins des faubourgs sont présentés de façon inquiétante. Dans *Les Loupiots*, ils portent, dès l'enfance, le venin de la révolte :

« C'est les petits des grandes villes,
Les petits aux culs mal lavés,
Contingents des guerres civiles
Qui poussent entre les pavés. »[11]

L'Œil des Barbares

Cette population transplantée inquiétait les classes dirigeantes qui s'effrayaient de leur présence en raison de la résurgence des questions sociales après 1880. Les débats qui ont accompagné l'amnistie des

9. Anthony Rowley, *Évolution économique de la France du milieu du XIXème siècle à 1914* Paris, S.E.D.E.S., 1982, p. 51 à 78. Yves Lequin, *Histoire des Français XIXème - XXème siècles tome 1 Un peuple et son pays* Paris, Armand Colin, 1984, p. 407 à 419.

10. *Les poètes du Chat Noir Présentation et choix d'André Velter* Paris, Gallimard, 1996, p. 112.

11. *Les poètes du Chat Noir*... op. cit. p. 117.

Communards effective par la loi du 11 juillet 1881, ont ravivé le souvenir des exactions du petit peuple en mai 1871.

Les réformateurs sociaux, depuis l'« Année terrible », ont souligné le caractère néfaste de la Commune dans l'effondrement de la France. Ernest Renan écrit dans l'introduction de la première partie de *La réforme intellectuelle et morale* ceci :

> « La légende même s'est vue blessée à mort [par les événements de 1871]. Celle de l'Empire a été détruite par Napoléon III ; celle de 1792 a reçu le coup de grâce de M. Gambetta ; celle de la Terreur (car la Terreur même avait chez nous sa légende) a eu son hideuse parodie dans la Commune [...] »[12]

Méditant dans la préface de la quatrième édition de *La Réforme sociale en France* sur les causes de la décadence française, Frédéric Le Play surévalue les désastres causés par la Commune. Il écrit en 1872 :

> « Le siècle des corruptions royales qui a précédé 1789 a été moins funeste à la France que le siècle de révolutions populaires qui lui a succédé. Revenue à ses institutions traditionnelles, la France souffrirait encore sous l'autorité de souverains qui oseraient de nouveau les violer. Toutefois, dans ce cas même, elle n'accumulerait pas, durant un nouveau siècle de mauvaises mœurs, la somme de hontes qu'une ville égarée lui a fait subir du 18 mars au 28 mai 1871. »[13]

De son coté, le romancier Paul Bourget exaltait le jeune homme de 1889 à faire vivre la Patrie française en lui rappelant le souvenir du printemps parisien de 1871 :

> « Et de l'horrible guerre civile tu ne connais guère que la ruine pittoresque de la Cour des comptes, où les arbres poussent leur végétation luxuriante parmi les pierres roussies qui prennent de poétiques allures de palais anciens, en attendant que cette trace aussi disparaisse. Nous autres, nous n'avons jamais pu considérer que la paix de 1871 eût tout réglé pour toujours... »[14]

La Semaine sanglante a conduit Georges Sorel (1847-1922) à méditer sur cet événement, lui qui savait se montrer inquiet de la vague égalitaire sur la société française menaçant ainsi la qualité humaine[15]. Répondant en 1908 au questionnaire de Georges Valois intitulé *L'enquête sur la Monarchie et la*

12. Ernest Renan, *La réforme intellectuelle et morale de la France* Paris, Union Générale d'Édition, 1967, p. 28.

13. Frédéric Le Play, *La Réforme Sociale en France déduite de l'observation comparée des peuples européens cinquième édition* Tours, Alfred Mame et fils ; Paris, Dentu, 1874, tome 1, p. XVIII.

14. Paul Bourget, *Le Disciple...* op. cit. p. 9 et 10.

15. Jean-Jacques Chevallier, *Les grandes œuvres politiques de Machiavel à nos jours* Paris, Armand Colin, 1970, p. 237.

question ouvrière, le théoricien du syndicalisme révolutionnaire répondit en partant de l'événement fondateur, la Commune :

> « Une assemblée royaliste a fait massacrer à Paris plus de trente mille hommes. Drumont a souvent appelé l'attention sur l'énormité de cet acte de fureur qui rappelle les atrocités chinoises : il y eut plus de tués que de combattants ! Les massacres de mai 1871 ont déterminé toute l'histoire de la IIIème République. »[16]

A l'orée des années 1890, les revendications sociales reprennent de l'ampleur. Elles se fondent sur la durée de la journée de labeur – en particulier pour les femmes et les enfants – et sur la mise en place d'une législation sur les accidents du travail. Le syndicalisme, légalement reconnu par la loi Pierre Waldeck-Rousseau d'août 1884, multiple les grèves revendicatives. En 1890, Le Congrès international ouvrier de Paris reprend à son compte l'idée du menuisier anarchiste Tortellier de faire du 1er mai une journée d'action ouvrière. L'année suivante, la grande grève des houillères du Nord bat son plein. La manifestation du 1er mai à Fourmies se transforme en une émeute durement réprimée par la troupe : neuf morts et soixante blessés[17].

La carte postale nourrit la peur sociale (collection et photographie de l'auteur)

16. Yves Guchet, *Georges Sorel 1847-1922 « Serviteur désintéressé du prolétariat »* Paris, L'Harmattan, 2001, p. 194. Sur la pensée de Sorel, se reporter au chapitre 5.
17. Jean Leduc, *L'enracinement de la République 1879-1918* Paris, Hachette, 1991, p. 144 à 146.

Le sentiment éprouvé par les élites de ce temps est celui de vivre une réelle implosion de la société. Les manifestations socialistes et anarchistes, sous la direction de la *passionaria* de la Commune, Louise Michel (1830-1905), du 14 juillet 1883, ravivent les craintes de la bourgeoisie. En ce jour de fête nationale, alors que le gouvernement inaugure la statue de la République au carrefour du Château d'Eau – devenu depuis la place de la République –, les drapeaux rouges et noirs se mêlent aux drapeaux tricolores ; des cris demandant l'amnistie totale des Communards se font entendre[18]. Les attentats anarchistes opèrent le même effet sur la génération de 1890. En 1891, François Claudius Koenigstein dit Ravachol (1859-1892) assassine les juges Benoit et Bulot. Condamné à mort, il est guillotiné en 1892. Pour venger son supplice, le 25 avril 1892, une bombe explose au restaurant Véry où avait été effectuée son arrestation. Au mois de décembre de la même année, Émile Henry dépose une bombe au siège des mines de Carmaux. Interpellé par la police, son arrestation devient un massacre : cet anarchiste tire sur les policiers au commissariat. Le 5 décembre 1893, Auguste Vaillant lance une bombe dans l'hémicycle de la Chambre des députés : cinquante-sept personnes sont blessées. Le 22 mai 1894, l'abbé Garnier, prêtre et député, est visé par un attentat anarchiste. Le 24 juin 1894, le président de la République Sadi Carnot est assassiné par Casério à Lyon[19].

Méditations sur la foule

La Foule devient ainsi un personnage de nouvelles et de romans. Philippe Villiers de l'Isle-Adam (1838-1889) fut un des premiers hommes de plume à la mettre en scène dans une nouvelle publiée dans *La République des Lettres* de juin 1876[20]. L'écrivain dépeint, dans *Impatience de la foule*[21], l'angoisse de la ville de Sparte massée, au crépuscule, sur les remparts à l'époque de l'invasion perse. Emmurée dans son angoisse, elle lapide, sans chercher à l'entendre, le dernier des Trois Cents qui, sur ordre de Léonidas, vient annoncer à la Cité la victoire des Thermopyles. Gustave Flaubert (1821-1880) goûta cette nouvelle mettant en évidence les réactions irrationnelles et stupides de la populace[22]. Ce romancier avait eu le pressentiment du rôle des foules dans les émeutes et révolutions. Frédéric Moreau, le héros de

18. Maurice Agulhon, *Marianne au pouvoir L'imagerie et la symbolique républicaine de 1880 à 1914* Paris, Flammarion, 1989, p. 74.

19. Jérôme Grondeux, *La France entre en République 1870-1893 in* Jean-François Sirinelli, *La France contemporaine* Paris, Le Livre de Poche, 2000, p. 144 à 155.

20. Philippe Villiers de L'Isle-Adam, *Contes Cruels* Paris, Le Livre de Poche, 1983, p. 369 [première édition : 1883].

21. *Ibidem* p. 119 à 127.

22. *Ibidem* p. 369.

L'Éducation sentimentale, est grisé par le « magnétisme des foules enthousiastes » :

> « Il humait voluptueusement l'air orageux, plein des senteurs de la poudre ; et cependant il frissonnait sous les effluves d'un immense amour, d'un attendrissement suprême et universel, comme si le cœur de l'humanité tout entière avait battu dans sa poitrine. »[23]

Guy de Maupassant (1850-1893) entend défendre de son coté son individualité des assauts de la foule. Il écrit en 1888 dans *Sur l'eau* :

> « Que de fois j'ai constaté que l'intelligence s'agrandit et s'élève, dès qu'on vit seul, qu'elle s'amoindrit et s'abaisse dès qu'on se mêle de nouveau aux autres hommes. Les contacts, les idées répandues, tout ce qu'on dit, tout ce qu'on est forcé d'écouter, d'entendre, de répondre, agissent sur la pensée. Un flux et reflux d'idées va de tête en tête, de maison en maison, de rue en rue, de ville en ville, de peuple à peuple, et un niveau s'établit, une moyenne d'intelligence pour toute agglomération nombreuse d'individus. Les qualités d'initiative intellectuelle, de libre arbitre, de réflexion sage et même de pénétration de tout homme isolé, disparaissent en général dès que cet homme est mêlé à un grand nombre d'hommes. »[24]

La foule interroge aussi Maurice Barrès qui est très influencé par la philosophie du *Wille*[25] d'Arthur Schopenhauer. Son héros, Philippe, candidat boulangiste à Aigues-Mortes, devise avec l'Adversaire, Charles Martin, candidat radical dans la même circonscription. Il explique à son commensal, positiviste étroit, l'élan vital des foules :

> « Les hommes réunis par une passion commune créent une âme, mais aucun d'eux n'est une partie de cette âme. Chacun la possède en soi, mais ne se la connaît même pas. C'est seulement dans l'atmosphère d'une grande réunion, au contact des passions qui fortifient la sienne, que, s'oubliant lui et ses petites réflexions, il permet à son inconscient de se développer. De la somme de ces inconscients naît l'âme populaire [...] Elle est analogue à chacun de ceux qui la composent, et n'est identique à aucun. Elle dépasse tout individu en énergie, en sagesse, en sens vital. Ce qu'elle décide spontanément, ce sont les conditions nécessaires de la vie [...] »[26]

Pour le théoricien de l'Énergie Nationale, la foule est un Être à part entière dont l'homme d'État ne doit que guider le développement.

23. Gustave Flaubert, *L'Éducation sentimentale Préfaces d'Albert Thibaudet et de Marcel Proust Notices et notes de S. de Sacy* Paris, Éditions Gallimard et Librairie Générale Française, « Le Livre de Poche », 1965, p. 329 [première édition : 1869] Serge Moscovici, *L'âge des foules Un traité historique de psychologie des masses* Paris, Fayard, 1981, p. 37 et 38.

24. Cité *in* Serge Moscovici, *L'âge des foules...* op. cit. p. 28.

25. Il s'agit plus de l'élan vital que de la volonté dans la philosophie de cet Allemand.

26. Maurice Barrès, *Le Jardin de Bérénice...* op. cit. p. 125 et 126.

> « Un arbre [ajoute-t-il], sans rien soupçonner des belles théories de l'École forestière, sait mieux qu'aucun garde général quand il doit se développer, dans quel sens et selon quelle forme. C'est le secret de la vie que trouve spontanément la foule. »[27]

De l'interrogation sur la spécificité des foules à l'acceptation de l'âge des foules en passant par le refus de la populace qui étouffe l'individu, la littérature française a étudié cette question sous de nombreux angles. A ce constat littéraire, il faut ajouter un constat historiographique. Jules Michelet (1798-1874) avait fait du Peuple un acteur positif de la geste historique nationale[28]. La notion de peuple disparaît de l'historiographie savante après 1871. La populace prend sa place et Hippolyte Taine (1828-1893) en dresse un portrait négatif dans *Les origines de la France contemporaine*. Positiviste, il récuse l'improbable dogme de la souveraineté populaire :

> « Qu'un spéculatif dans son cabinet ait fabriqué cette théorie, cela se comprend ; le papier souffre tout [...] Qu'un peuple surchargé d'impôts, misérable, affamé, endoctriné par des déclamateurs et des sophistes ait acclamé et pratiqué cette théorie, cela se comprend [...] Mais que des politiques, des législateurs, des hommes d'État [...] se soient attachés à cette théorie [...] cela est certes étrange ; une telle aberration d'esprit et un tel excès d'orgueil ne se rencontrent guère, et, pour les produire, il a fallu un concours de circonstances qui ne se sont assemblés qu'une seule fois. »[29]

Pour rendre compte de ce moment unique, Taine eut l'intuition des instincts qui traversent une foule et de leur effets décuplés par le caractère dogmatique et religieux des idées révolutionnaires[30]. Il n'eut pas l'idée de systématiser le phénomène des foules. Mais Gustave Le Bon vint qui eut le génie de le faire.

La psychologie des foules et sa vulgarisation

Gustave Le Bon (1841-1931)

Ce médecin, proche de Georges Clemenceau, est un fin observateur de la société dans laquelle il vit à telle enseigne que son œuvre se tient toujours sur la crête de l'actualité. Ce célibataire endurci qui a beaucoup de temps pour la

27. *Ibidem* p. 126.

28. Christian Amalvi (dir.), *Dictionnaire biographique des historiens français et francophones De Grégoire de Tours à Georges Duby* Paris, La Boutique de l'Histoire, 2004, p. 223.

29. Hippolyte Taine, *Les origines de la France contemporaine tome 2* cité *in* Catherine Rouvier, *Les idées politiques de Gustave Le Bon Préface d'Edgar Faure* Paris, Presses Universitaires de France, 1986, p. 47 et 48.

30. Catherine Rouvier, *Les idées politiques...* op. cit. p. 49.

lecture, les voyages, les travaux et la vie mondaine – il reçoit tous les mercredis – participe de la religion de la Science mais il n'est en rien un pâle émule de Bouvard et Pécuchet. Sa collaboration avec Édouard Branly, les lettres reçues de Pierre Curie et Albert Einstein attestent du sérieux de sa méthode scientifique. Positiviste, il extrapole du domaine de ses compétences scientifiques pour expliquer l'homme et surtout la société à partir des méthodes et des modèles empruntés aux sciences.

Gustave Le Bon a rédigé la première synthèse sur le comportement de l'homme en foule

De la phrénologie, il passe à l'anthropologie et enfin à la science sociale. En 1882, il écrit dans *L'homme et les sociétés* : « Une société se développe fatalement comme un organisme vivant et il n'est pas au pouvoir de l'homme de changer cette évolution à son gré. »[31] Au début du XIXème siècle, Claude-Henri de Saint-Simon que Gustave Le Bon a lu[32], établissait déjà l'assimilation du tissu social au tissu cellulaire sans l'ombre d'une quelconque métaphore :

> « Le domaine de la physiologie, envisagée d'une manière générale, se compose de tous les faits qui se passent chez les êtres organisés ; la physiologie examine l'influence des agents extérieurs sur l'organisation ; elle apprécie les modifications que ces agents déterminent dans l'exercice de nos fonctions. [...] Riche de tous les faits qui ont été découverts par des travaux précieux dans ces différentes directions, la physiologie générale se livre à des considérations d'un ordre plus élevé ; elle plane au dessus des individus qui ne sont plus pour elle que des organes du corps social dont elle doit étudier les fonctions organiques, comme la physiologie spéciale étudie celles des individus. [...] la réunion des hommes constitue un véritable ÊTRE dont l'existence est plus ou moins vigoureuse ou chancelante suivant que ses organes s'acquittent plus ou moins régulièrement des fonctions qui leur sont confiées. » [33]

L'inspiration de Le Bon est aussi comtienne. Le fondateur reconnu du Positivisme écrivait en 1848 à propos de l'inéluctable réorganisation finale de la société : « [Elle] doit s'opérer dans les idées, pour passer ensuite aux

31. Cité *in* Catherine Rouvier, *Les idées*...op. cit. p. 38.
32. *Ibidem*, p. 50.
33. Claude-Henri de Saint-Simon, *La Physiologie sociale* Paris, P.U.F., 1965, p. 56 et 57.

mœurs, et, en dernier lieu, aux institutions. »[34] Méditant cette phrase du philosophe, le médecin a réfléchi sur les moyens de changer les sentiments et les croyances d'une race historique. L'idée nouvelle : « doit d'abord être adoptée par un petit nombre d'apôtres auxquels l'intensité de leur foi ou l'autorité de leur nom confèrent un grand prestige. Ils agissent alors beaucoup plus par suggestion que par démonstration. » Certes l'idée nouvelle soulève d'emblée l'opposition des anciens mais « Les générations nouvelles qui la trouvent contestée tendent par l'adopter par le seul fait qu'elle est contestée. »[35] Pour comprendre cette acceptation, il faut prendre en compte le phénomène des masses.

La définition que Gustave Le Bon donne de la foule s'inscrit entièrement dans cette tradition positiviste. Le phénomène des foules est permanent – et en cela il se sépare de Taine qui pensait que la multitude révolutionnaire était un fait unique dans l'Histoire. Il est aussi un phénomène relatif indépendant du nombre :

> « Mille individus réunis au hasard sur une place publique sans aucun but déterminé, ne constituent nullement une foule psychologique. Pour en acquérir les caractères spéciaux, il faut l'influence de certains excitants dont nous aurons à déterminer la nature. » [36]

Ces excitants sont de fortes émotions réduites à des slogans simplistes où la puissance évocatrice des mots est plus efficace que leur acception savante. Anticipant sur les méthodes de manipulation des masses, Le Bon écrivait :

> « La puissance des mots est liée aux images qu'ils évoquent et tout à fait indépendante de leur signification réelle. Ceux dont le sens est le plus mal défini possèdent parfois le plus d'action. Tels, par exemple les termes : démocratie, socialisme, égalité, liberté, etc. [...] » [37]

Ces mots d'ordre cristallisent les sentiments des individus composant la foule. Il se forme ainsi son unité mentale dont l'homme d'État doit tenir compte pour « ne pas être trop complètement gouverné par [elle]. »[38] En effet, ces foules, par le jeu de la démocratie et du suffrage universel, ont le pouvoir. Il faut s'y résigner « puisque des mains imprévoyantes ont successivement renversé toutes les barrières qui pouvaient les contenir. »[39] En effet, écrivait Le Bon quelques paragraphes plus haut, : « Ce n'est plus

34. Auguste Comte, *Discours sur l'esprit positif* Paris, Vrin, 1995, p. 146.

35. Ces deux citations de l'ouvrage de Le Bon *Lois psychologiques de l'évolution des peuples* ont été empruntées André Bréjin, « Théories socio-politiques de la lutte pour la vie » in Pascal Ory (dir.) *Nouvelle histoire des idées politiques* Paris, Hachette, 1987, p. 325.

36. Gustave Le Bon, *Psychologie des foules Préface de Otto Klineberg* Paris, P.U.F., 1981, p. 9 [première édition : 1895].

37. Gustave Le Bon, *Psychologie...* op. cit. p. 60.

38. Gustave Le Bon, *Psychologie...* op. cit. p. 5.

39. *Ibidem*, p. 4.

dans les conseils des princes, mais dans l'âme des foules que se préparent les destinées des nations. »[40]

La destinée d'une œuvre

L'ouvrage de Le Bon connut un succès retentissant : traduit dans les principales langues européennes, il a connu treize éditions françaises de 1895 à 1913. Il n'est pas un écrivain qui n'aille faire son analyse de la multitude d'après *La psychologie des foules*. Maurice Barrès, déjà très sensible aux phénomènes créés par les masses, enrichit son œuvre littéraire et politique des conclusions de ce médecin. François Suret-Lefort, le héros qui est favorable à *L'Appel au soldat*, utilise les analyses de ce dernier sur l'usage des foules par un chef :

> « Agir, [...] c'est annexer à notre réflexion de plus vastes champs d'expérience. Il faut d'abord dénombrer les sentiments qui bouillonnent dans les êtres et les classer suivant la prise qu'ils offrent à un dominateur. Cela fait, nous pourrons placer des hommes dans des circonstances arrêtées d'avance, et en obtenir des effets prévus. C'est, en somme, soumettre à l'expérimentation des vérités psychologiques. Bel objet pour toi que passionne la science et pour moi qui me préoccupe de dépenser mon activité. »[41]

Anatole France place les conclusions de Gustave Le Bon dans la bouche de M. Bergeret. Ce dernier a noué des liens amicaux avec le recteur d'Académie qui partage un sentiment identique au sien sur l'Affaire Dreyfus. Mais il se trouve que les fenêtres de son appartement deviennent la cible secondaire d'une émeute anti-dreyfusarde, le jour même où le héros recevait son supérieur hiérarchique. Et M. Bergeret de philosopher sur l'incident de cette manière :

> « Cette troupe [...] va casser les carreaux d'un bottier. Elle y parviendra sans peine. Croyez-vous qu'un tel amas d'hommes réussirait aussi facilement à poser des carreaux ou des sonnettes chez le général Cartier de Chalmot [le chef de la Réaction] ? Non certes. L'enthousiasme populaire n'est pas constructif. Il est essentiellement subversif. Cette fois, c'est nous qu'il veut détruire. Mais il ne faut pas tenir trop compte de cette circonstance particulière. Et nous devons rechercher les lois auxquelles obéit sa pensée. »[42]

Ernest Psichari (1883-1914) est un auteur militaire issu d'une longue lignée de positivistes. Il est le petit-fils de Renan et le fils de Jean Psichari, un des fondateurs de la Ligue des Droits de l'Homme. Ce chantre de

40. *Ibidem*, p. 3.

41. Maurice Barrès, *Les Déracinés in Romans et Voyages*... op. cit. p. 603 [première édition : 1897].

42. Anatole France, *L'anneau d'améthyste*... op. cit. p. 467 et 468.

l'engagement total pour une cause sublime, ce disciple du vitalisme de la fin du XIXème et du début du XXème siècle, décrit dans *L'Appel des Armes*, cette conversation entre deux officiers : le capitaine Nangès et son cousin, le capitaine Grandier. La conversation porte sur les hommes et l'art du commandement. Les deux militaires observent une recrue qui, dans le civil, est mineur et qui est présenté comme un ancien meneur des grèves de Courrières en 1906 :

> « Voici textuellement ce qu'il m'a dit : "Quand j'étais au service du syndicat, je me battais pour le syndicat. Maintenant je suis au service de l'armée, je me battrai pour l'armée." [...] – Oh ! Oh ! dit Nangès, il lui importe peu qu'il se batte pour le syndicat ou pour l'armée, pourvu qu'il se batte ! Ah ! La belle brute ! Et ceci : "Il se battra pour l'armée" ! Mon cher cousin, voilà un mot qui fait rêver. – Mais ce n'est pas tout, continua Grandier. J'ai dit à mon brigadier : Et s'il y avait une grève et qu'on vous commandât de tirer ? Hypothèse affreuse, qui révolte la conscience de tout officier et, plus généralement, de tout bon citoyen, honnête homme et bourgeois. Eh bien ! Pas du tout ! Il me répond tranquillement : "Je tâcherais de tuer autant de grévistes que j'ai voulu tuer de soldats autrefois" »[43]

Cette idée que la masse cultive le goût de l'action pour elle-même est conforme aux conclusions de Le Bon. A celle-ci il faut un guide car « Les hommes en foule ne sauraient se passer de maître » avait inscrit en exergue de son livre le théoricien de la psychologie des foules.

Des définitions diverses de la Société

Le nœud de la question

Réunis devant le tombeau de Napoléon 1er, les sept Lorrains « déracinés » dissertent sur la nature de la société. L'un considère que la société est « une unité vivante ayant en elle-même son principe d'action. » L'autre y voit « un ensemble d'énergies indépendantes dont le concours produit l'harmonie universelle ». Un troisième la tient « pour une matière inerte mue par une volonté extérieure »[44]. Maurice Barrès décrit ainsi les trois grandes écoles sociologiques : la positiviste, la libérale, la traditionaliste. En effet il est patent que la lecture de la société est étroitement liée à la conception métaphysique des sociologues quand bien même empruntent-ils tous au fond commun d'images léguées par les Idéologues comme l'assimilation stricte du

43. Ernest Psichari, *L'Appel des Armes* Paris, G. Oudin et Cie, s.d., p. 64 et 65 [première édition : 1913].

44. Maurice Barrès, *Les Déracinés in Romans et Voyages*... op. cit. p. 615.

corps social au corps humain. Nous ne nous attarderons pas sur l'école sociologique traditionaliste que Barrès caricature beaucoup dans ses romans par mépris de la noblesse héréditaire. Pour Frédéric Le Play (1806-1882), la société est le regroupement des familles sous un même gouvernement qui est composé des autorités sociales héréditaires et qui doit reconnaître le Décalogue de Moïse comme principe de l'ordre social et juridique[45]. Ce modèle est trop éloigné de l'idéal républicain pour avoir trouvé grâce auprès des dirigeants de la Troisième République. Nous ne l'évoquerons pas plus longuement pour mieux différencier deux écoles sociologiques admises par la République : l'école libérale et l'école positiviste.

Une sociologie libérale

Deux théoriciens sont à prendre en compte pour ébaucher la sociologie libérale : Herbert Spencer (1820-1903) et Gabriel de Tarde (1843-1904). Pour ces deux auteurs, la société n'est pas une entité autonome supérieure à l'individu.

De l'avis de Spencer, la société n'est pas un être collectif mais une somme et une moyenne des éléments qui la composent[46]. Elle est soumise aux lois de l'évolution qui la conduisent à travers le temps des formes élémentaires de la sociabilité vers des systèmes sociaux très complexes :

> « Les sociétés une fois conçues comme les produits d'une évolution naturelle, commençant par des types petits et simples qui ont une courte existence et disparaissent ; s'avançant vers des types supérieurs, plus grands, plus complexes et de vie plus longue ; arrivant à des types encore plus élevés analogues au nôtre, très grands, très complexes et très durables ; promettant de donner, après la mort des sociétés existantes, des types surpassant ceux d'à présent »[47].

En outre, pour Spencer, la sociologie ne vise pas l'utopie d'une société parfaite[48]. Elle se limite à désigner le sens de l'évolution des modèles sociaux qui abandonnent, en raison de la loi de l'évolution, la coopération obligatoire entre les membres pour la coopération volontaire. Ce processus conduit à la limitation du rôle de l'État pour offrir la liberté d'action à l'individu. Le sociologue anglais dénonce la politique des nouveaux *Tories* à l'époque où Disraëli réglemente les logements et les loyers :

> « On ne se rappelle pas que d'une manière ou d'une autre tous ces changements vraiment libéraux ont diminué la coopération obligatoire

45. Frédéric Le Play, *La Réforme sociale en France déduite de l'observation comparée des peuples européens* Tours, Alfred Mame et Fils ; Paris, Dentu, 1874, trois volumes.

46. Catherine Rouvier, *Les idées politiques*… op. cit. p. 49.

47. Herbert Spencer, *Introduction à la Science sociale* Paris, Librairie Germer Baillère, 1875, p. 432.

48. *Ibidem* p. 16.

> dans la vie sociale et ont augmenté la coopération volontaire. On a oublié que, dans un sens ou dans un autre, ils ont diminué l'étendue de l'autorité gouvernementale et agrandi le champ d'action où tout citoyen peut agir en liberté. On a perdu de vue cette vérité qu'autrefois le libéralisme défendait habituellement la liberté individuelle contre la coercition de l'État. »[49]

Spencer se refuse à faire de l'État l'équivalent de ce qu'est le cerveau pour le corps humain car cette conception peut conduire les citoyens à renoncer à leur liberté. En conséquence, l'Autorité choisie par les citoyens ne peut pas être illimitée car :

> « de même que le vrai libéralisme dans les temps passés luttait contre le monarque qui prétendait exercer une autorité illimitée, de même de nos jours le vrai libéralisme luttera contre le parlement qui voudra s'emparer d'une pareille autorité. »[50]

L'individualisme d'Herbert Spencer ne conduit pas à un éclatement de la société car l'individu n'a pas une consistance propre qui pourrait le conduire à rompre le tissu social. Ses détracteurs signalent que, chez le sociologue anglais, « […] le moi ne saurait être libre puisqu'il n'existe pas ; que le moi, ce que nous appelons la personne humaine, n'est qu'une collectivité, une collection de sensations, de souvenirs, d'images, d'états de conscience. »[51]

Gabriel de Tarde, lui aussi, ne fait pas de la société une combinaison nouvelle, un être à part entière. Le juge de Sarlat la dit bien plutôt « une mutuelle détermination d'engagements ou de consentements, de droits et de devoirs, qu'une mutuelle assistance. »[52] A son avis, « [la] solidarité économique établit entre les travailleurs un lien plutôt vital que social […] »[53] En outre, il écarte le modèle social égalitaire. Toute société est hiérarchique et « l'égalité n'est qu'une transition entre deux hiérarchies, comme la liberté n'est qu'un passage entre deux disciplines. »[54] Pour faire bref, le fait social est le produit des interactions individuelles[55]. Cette sociologie est encore frappée au coin de l'individualisme du XVIIIème siècle. Preuve en est la définition du groupe social que donne Gabriel de Tarde :

49. Herbert Spencer, *L'individu contre l'État* Paris, Félix Alcan, « Bibliothèque de Philosophie Contemporaine », 1885, p. 6.

50. *Ibidem*, p. 21 et 22.

51. Adolphe Franck, *Philosophie du droit civil* Paris, Félix Alcan, 1886, p. 5.

52. Gabriel de Tarde, *Les lois de l'imitation Études sociologiques* Paris, Félix Alcan éditeur, 1890, p. 68.

53. *Ibidem*, p. 71.

54. *Ibidem*, p. 81.

55. Jean Ardoino, « Gabriel de Tarde » *in* Pierre Grimal, *Dictionnaire des biographies tome 2* Paris, P.U.F., 1958, p. 1414.

> « […] une collection d'êtres en tant qu'ils sont en train de s'imiter entre eux ou en tant que, sans s'imiter actuellement, ils se ressemblent et que leurs traits anciens sont des copies anciennes d'un même modèle. »[56]

Libéral classique, Gabriel de Tarde récuse les présupposés de la sociologie comtienne. C'est le motif pour lequel il ne cessa de ferrailler avec Émile Durkheim.

La sociologie positiviste

Certains auteurs ont tenté de prouver qu'Émile Durkheim (1858-1917) était étranger aux conceptions métaphysiques d'Auguste Comte et d'Herbert Spencer. Le sociologue lui-même a voulu accréditer cette idée pour faire de sa discipline une science ayant son propre objet interne : le fait social qui ne saurait se confondre avec des éléments psychologiques, historiques ou philosophiques. Il écrit, en 1895 :

> « D'abord, elle [la sociologie] est indépendante de toute philosophie. Parce que la sociologie est née des grandes doctrines philosophiques, elle a gardé l'habitude de s'appuyer sur quelque système dont elle se trouve ainsi solidaire. C'est ainsi qu'elle a été successivement positiviste, évolutionniste, spiritualiste, alors qu'elle doit se contenter d'être la sociologie tout court. […] En second lieu, notre méthode est objective. Elle est dominée tout entière par cette idée que les faits sociaux sont des choses et doivent être traités comme telles. Sans doute, ce principe se retrouve, sous une forme un peu différente, à la base des doctrines de Comte et de M. Spencer. Mais ces grands penseurs en ont donné la formule théorique, plus qu'ils ne l'ont mise en pratique. »[57]

Il est parfaitement vrai que la sociologie de Durkheim est aux antipodes de celle d'Herbert Spencer. La lecture de celui-là conduit au maintien ou au renforcement de la cohésion sociale ; celle de celui-ci mène à l'individualisme libéral. Par contre, il demeure impossible de croire Durkheim quand il s'affirme étranger à la philosophie de Comte. Le sociologue a abandonné une école philosophique : celle du néo-criticisme de Charles Renouvier qui était enseigné à l'École Normale Supérieure de la rue d'Ulm où il fut le condisciple d'Henri Bergson et d'Alfred Baudrillart[58]. Il demeure, malgré ses dénégations, redevable de la loi des trois états d'Auguste Comte quand il conclut, en 1893, sa thèse sur cette remarque :

> « On a dit avec raison que la morale, […], traversait une crise redoutable. Ce qui précède peut nous aider à comprendre la nature et les causes de cet état maladif. Des changements profonds se sont produits, et

56. Gabriel de Tarde, *Les lois de l'imitation…* op. cit. p. 75.

57. R. Gilbert, *Durkheim* Éditions Labor, Collection Problèmes, s.d., p. 45. Émile Durkheim, *Les règles de la méthode sociologique* Paris, P.U.F., 1999, p. 139 et 141 [Première édition : 1895].

58. Marie-Claude Blais, *Au principe de la République…* op. cit., p. 394 et 395.

en très peu de temps, dans la structure de nos sociétés ; elles se sont affranchies du type segmentaire avec une rapidité et dans des proportions dont on ne trouve pas un autre exemple dans l'histoire. Par suite, la morale qui correspond à ce type social a régressé, mais sans que l'autre se développât assez vite pour remplir le terrain que la première laissait vide dans nos consciences. »[59]

L'avènement de l'âge positif explique le changement de morale. En effet, Auguste Comte prévoyait dès 1851 : « Ces mœurs industrielles ayant ainsi commencé à prévaloir, le sentiment de fraternité a pu s'appuyer sur une activité vraiment raisonnable. »[60] Fort de cette révélation, Durkheim a peaufiné la problématique de sa thèse qu'il présente ainsi dans la préface de la première édition :

> « Quant à la question qui a été à l'origine de ce travail, c'est celle des rapports de la personnalité individuelle et de la solidarité sociale. Comment se fait-il que, tout en devenant plus autonome, l'individu dépende plus étroitement de la société ? Comment peut-il être à la fois plus personnel et plus solidaire ? Car il est incontestable que ces deux mouvements, si contradictoires qu'ils paraissent, se poursuivent parallèlement. Tel est le problème que nous nous sommes posé. Il nous a paru que ce qui résolvait cette apparente antinomie, c'est une transformation de la solidarité sociale, due au développement toujours de la division du travail. Voilà comment nous avons été amené à faire de cette dernière l'objet de notre étude. »[61]

Les conclusions sont conformes au schéma de la pensée comtienne. Partant du principe que « la division du travail devient la source éminente de la solidarité sociale » et que, par voie de conséquence, « elle devient du même coup la base de l'ordre moral »[62], il en conclut à la supériorité de la société sur l'individu. A son avis, la sophistication de l'organisation sociale au cours de l'Histoire a changé la nature du lien social :

> « Les sociétés supérieures ne peuvent se maintenir en équilibre que si le travail y est divisé ; l'attraction du semblable pour le semblable suffit de moins en moins à produire cet effet. »[63]

Ayant ainsi congédié les principes de la sociologie de Tarde, il peut récuser la notion classique de conscience individuelle ; elle « est un mauvais juge de ce qui se passe au fond de l'être, parce qu'elle n'y pénètre pas. »[64] Il en arrive à cette définition de l'éthique :

59. Émile Durkheim, *De la division du travail social* Paris, P.U.F., 1998, p. 404 et 405 [Première édition : 1893].

60. Auguste Comte, *Système de Politique*… op. cit. p. 336.

61. Émile Durkheim, *De la division du travail social*… op. cit. p. XLIII et XLIV.

62. *Ibidem*, p. 396.

63. *Ibidem*, p. 392.

64. *Ibidem*, p. 394.

> « Nous pouvons donc dire d'une manière générale que la caractéristique des règles morales est qu'elles énoncent les conditions fondamentales de la solidarité sociale. »[65]

Et le sociologue de renchérir plus avant dans son texte :

> « Les devoirs de l'individu envers lui-même sont, en réalité, des devoirs envers la société ; ils correspondent à certains sentiments collectifs qu'il n'est pas plus permis d'offenser, quand l'offensé et l'offenseur sont une seule et même personne, que quand ils sont deux êtres distincts. »[66]

Cherchant la synthèse entre le positivisme et le néo-criticisme, il affirme que le sentiment de respect pour la dignité humaine est l'essentiel de la morale individuelle et qu'il est le fruit de l'évolution de la division du travail social. Plus l'individu est solidaire, plus il éprouve le sentiment de sa dignité car la société y trouve ainsi sa cohérence et sa stabilité. L'idée de personne est exclue car elle est un concept « métaphysique ». Il s'agit, là encore, d'un dogme de la religion de l'Humanité.

Sociologie et politique : l'affaire Boulanger

Pouvoir personnel ou pouvoir impersonnel ?

L'historiographie a étudié avec précision l'engouement populaire en faveur du général Georges Boulanger (1837-1892)[67]. Cette question politique prend tout son sens replacé dans le débat qui sépare les écoles issues de l'Idéologie sur la nature de l'Autorité dans la Société. Celui-ci se résume dans ce dilemme : le pouvoir est-il personnel ou anonyme ? Par opposition au comtisme, Charles Renouvier a souligné, dès 1869, le caractère personnel du pouvoir[68]. A l'opposé, Auguste Comte explique que les hommes politiques n'exercent plus une autorité arbitrale et qu'ils sont des gestionnaires de la chose publique, elle même soumise aux lois scientifiques :

> « Sans doute, il faut surmonter le vain orgueil, aussi irrationnel qu'immoral, qui dispose les chefs temporels de la société moderne à se regarder comme les créateurs et les arbitres de la puissance matérielle fondée par l'ensemble de leurs contemporains et de leurs prédécesseurs.

65. *Ibidem*, p. 393.

66. *Ibidem*, p. 395.

67. Parmi une multitude de titres : Adrien Dansette, *Le Boulangisme* Paris, Fayard, 1946, 413 p. Fresnette Pisani-Ferry, *Le Général Boulanger* Paris, Flammarion, 1969, 295 p. Philippe Levillain, *Boulanger, fossoyeur de la monarchie* Paris, Flammarion, 1982, 224 p. Jean Garrigues, *Le Général Boulanger* Paris, Olivier Orban, 1991, 378 p.

68. Marie-Claude Blais, *Au principe de la République*... op. cit. p. 273 et 274.

> Mais, en les érigeant désormais en vrais fonctionnaires publics, chargés de l'administration des capitaux et de la direction des travaux matériels, il faut honorer et consolider leur précieux office, au lieu de le dégrader et de le comprimer. »[69]

Le choix des Républicains opportunistes

Cette conception impersonnelle du pouvoir est celle des Républicains opportunistes. Jules Ferry est certes socialiste dans la mesure où il fonde la politique sur la sociologie. Toutefois celle-ci demeure classique et refuse de prendre en compte la nouveauté de la société de masse qui perturbe la marche des Vosges vers le Progrès dans l'Ordre. Au début de la période boulangiste, il écrit au « pape » de l'Église positiviste, Pierre Lafitte, ce constat :

> « Nos populations rurales sont de plus en plus la base solide de la République. Les ouvriers du cru, la démocratie stable et vraiment domiciliée, nous restent fidèles. Mais nous rencontrons des difficultés inattendues dans la masse flottante que le développement rapide de deux industries de date récente à Saint-Dié, la bonneterie et le tissage de la laine, a amené depuis peu d'années dans notre corps électoral. Ces nouveaux venus subissent des directives diverses : celles des centres syndiqués de Troyes et de Reims, où domine, comme vous le savez, le socialisme révolutionnaire, et celle des groupes boulangistes-révolutionnaires, de nuance blanquiste, qui sont organisés dans la Meuse et dans la Meurthe. »[70]

Tenant d'une vision hiérarchique et ordonnée du social, Jules Ferry appelle, le 17 août 1886, à la formation d'un grand parti conservateur pour ce motif que :

> « le suffrage universel… est désormais parvenu à sa grande majorité. Essentiellement conservateur… plus éloigné que jamais dans ses masses profondes, des utopies révolutionnaires, le suffrage universel estime en même temps que la politique de restauration monarchique est la pire des utopies. »[71]

Un an auparavant, le 30 août 1885, à Bordeaux, il avait décrit ce régime républicain parlementaire « solide, agissant et délibérant au grand jour » et repoussant toute personnification du pouvoir : régime césarien ou monarchie constitutionnelle[72].

69. Auguste Comte, *Système de Politique…* op. cit. p. 373.
70. Cité *in* Louis Legrand, *L'influence du Positivisme dans l'œuvre scolaire de Jules Ferry…* op. cit. p. 252 et 253.
71. Cité *in* Odile Rudelle, *La République absolue…* op. cit. p. 172.
72. Jules Ferry, *La République des citoyens tome 2…* op. cit. p. 356.

Les divers partisans du pouvoir personnel

Ce caractère impersonnel du pouvoir irrite les diverses nuances du conglomérat boulangiste. Philippe Villiers de L'Isle-Adam qui se pique de légitimisme par mépris du parlementarisme, adhère en 1888 au comité central de la Ligue des Patriotes, association nationaliste créée par le poète Paul Déroulède. Au mois de novembre de cette même année, il publie, dans *Le Figaro*, la nouvelle intitulée « L'amour du naturel »[73]. Il se moque du Président de la République, Sadi Carnot, dont le port et les tenues ne le distinguent guère d'un touriste officiel et qui, sur cette apparence bonhomme, est accueilli chez Daphnis et Chloé, vivant dans la forêt de Fontainebleau, en quête du « naturel » chassé par le Progrès scientifique et technique. Daphnis, en mal d'un revenu régulier et stable, entend devenir député pour faire octroyer à Chloé deux ou trois bureaux de tabac. Devant le chef de l'État, le naïf dépeint les qualités nécessaires pour être député :

> « Or, que faut-il, de nos jours, aux yeux de la majorité des électeurs, pour mériter la médaille législative ? Savoir se garder, tout d'abord, d'écrire – ou d'avoir écrit – le moindre beau livre ; savoir se priver d'être doué, en aucun art, d'un immense talent ; affecter de mépriser comme frivole tout ce qui touche aux productions de pure Intelligence : c'est-à-dire n'en parler jamais qu'avec un sourire protecteur, distrait et placide ; savoir, habilement, donner de soi l'impression d'une saine médiocrité. »

Blessé par de tels propos, Sadi Carnot qui, sous son vêtement de touriste, porte le Grand Cordon de la Légion d'Honneur, exhibe cet insigne de son pouvoir à ses deux hôtes qui le prennent pour le roi. Il déclare : « Jeunes gens, il n'y a plus de roi ! [...] cependant j'ai les pouvoirs d'un roi... quoique... »[74] La réserve présidentielle n'est pas vaine. La coutume constitutionnelle élaborée par Jules Grévy a consisté à ne pas utiliser les pouvoirs d'action accordés par les lois constitutionnelles de 1875 : droits de dissolution, de seconde lecture et de nomination. Sadi Carnot exerce une fonction de représentation[75]. Bien qu'ignorant la teneur de la « Constitution Grévy », l'ingénu Daphnis conclut cette conversation ainsi : « J'entends ! [...] vous n'êtes pas, non plus, un roi... naturel ? »[76]

Cette nouvelle manie l'ironie et l'humour pour déprécier le pouvoir anonyme de la République. De façon plus austère, les saint-simoniens ralliés à l'Empire de Napoléon III par le discours de Bordeaux de 1852, continuent

73. Philippe Villiers de l'Isle-Adam, *Contes cruels*... op. cit. p. 380.

74. *Ibidem*, p. 334.

75. Odile Rudelle, « La Troisième République Projets d'élargissement électoral 1870-1944 » *in* Léo Hamon et Guy Lobrichon (éd.) *L'élection du Chef de l'État en France De Hugues Capet à nos jours* Paris, Beauchesne, 1988, p. 142.

76. Philippe Villiers de l'Isle-Adam, *Contes cruels*... op. cit. p. 334.

de penser sous la République, derrière Frédéric Le Play, que le combat contre les faux dogmes de la révolution de 1789 passe par le recours à un tyran au sens antique du terme :

> « La première règle à suivre est celle qui est indispensable au succès de tous les régimes de contrainte : l'attribution de l'autorité supérieure à un homme pénétré de la loi morale, dévoué sans réserve à l'intérêt public, ayant le libre choix de ses collaborateurs, responsable envers le souverain et son premier ministre. »[77]

Ce sociologue regrettait que la France n'ait pas fait le choix d'un « homme providentiel » après la catastrophe de 1870 et 1871 :

> « Dans l'état de souffrance où elle [la France] se trouvait, en février 1871, en présence des fléaux déchaînés sur elle par la guerre et surtout par la onzième révolution [la Commune], la France n'aurait pu être promptement guérie que par l'un de ces sages auxquels les petites nations ont parfois demandé le salut. Malheureusement, privée de tout moyen de se concerter pour choisir un sauveur, elle a dû recourir de nouveau à l'un de ces pouvoirs collectifs et élus, dont l'impuissance est démontré par notre histoire révolutionnaire, comme par celle des Etats-Unis d'Amérique. »[78]

La quête de l'homme providentiel se double d'un millénarisme[79] certain dans les milieux socialistes ouvriers qui se rallient au général Boulanger. Jules Ferry d'une part, Maurice Barrès d'autre part[80], ont donné une grande place aux blanquistes dans le mouvement boulangiste : le premier croit toujours retrouver ses éternels adversaires depuis le 4 septembre 1870 ; le second en a côtoyé lors de son engagement auprès du « Général Revanche ». Les héritiers d'Auguste Blanqui (1805-1881) dit « L'Enfermé » estiment nécessaire, comme leur maître spirituel, l'étape de la dictature pour atteindre le communisme. Dans la *Critique sociale*, recueil d'articles du théoricien publié en 1885, il est possible de lire cette pétition qui, a priori, n'exclut pas le recours au « sabre sauveur » :

> « L'État social étant gangrené, pour passer à un État sain, il faut des remèdes héroïques : le peuple aura besoin pendant quelque temps d'un pouvoir révolutionnaire. Il faut exterminer la royauté et toutes les aristocraties, substituer à leur place la République, c'est-à-dire le gouvernement de l'égalité ; mais pour passer à ce gouvernement employer

77. Frédéric Le Play, *La Réforme Sociale en France déduite de l'observation comparée des peuples européens tome troisième*... op. cit. p. 355 (livre VII, 2ème partie, chapitre 62).

78. Frédéric La Play, *La Réforme sociale... tome troisième*... op. cit. p. 661 (Épilogue de 1874, chapitre 69 § III).

79. Le millénarisme est l'attente de l'avènement prochain d'un nouvel état social parfait qui comblera les besoins de l'Humanité.

80. Se reporter à la note 62 ; Maurice Barrès, *L'Appel au Soldat in Romans et Voyages*... op. cit. p. 755 à 1058.

> un pouvoir révolutionnaire qui mette le peuple à même d'exercer ses droits. »[81]

Les socialistes proudhoniens attendent eux aussi le messie social à l'instar de leur prophète qui, un temps bref, mit son espérance dans l'Empereur Napoléon III. Pierre-Joseph Proudhon (1809-1864) avait écrit dans *La révolution sociale démontrée par le coup d'État du 2 décembre* :

> « Louis-Napoléon est, de même que son oncle, un dictateur révolutionnaire, mais avec cette différence que le Premier Consul venait clore la première phase de la Révolution tandis que le président ouvre la seconde. »[82]

A sa manière, le général Boulanger ouvre les espoirs d'une société plus juste. Au cours de la grande grève des mineurs de Decazeville (Aveyron) qui a duré cent neuf jours à partir du 26 janvier 1886, l'armée est dépêchée dans les mines de la Société des houillères et fonderies de l'Aveyron après la molestation par les grévistes du sous-directeur Watrin. Le général Boulanger, à cette date ministre de la Guerre du gouvernement Charles de Freycinet, répond, le 11 février 1886, à la question du député socialiste Basly cette phrase qui a frappé les imaginations : « A l'heure qu'il est, chaque soldat est peut-être en train de partager avec un mineur sa soupe et sa ration de pain. »[83] Romain Rolland qui était élève de l'École Normale Supérieure à cette époque, raconte ce fait qui atteste de l'attachement sincère de certains ouvriers au général Boulanger :

> « Je garde l'image de ces bonnes gueules consternées, sur le passage d'une manifestation d'étudiants qui conspuaient l'idole, au quartier latin. Un vieil ouvrier en bourgeron bleu criait, en leur montrant le poing : « Ce sont tous des fils de garces – les fils à ceusses qui sont au pouvoir – ceux qui crient : A bas Boulanger ! » Et de grosses larmes roulaient sur ses joues. »[84]

Le boulangisme, un mode de gouvernement des masses

Georges Boulanger avait perçu les premiers signes de la société de masse aux États-Unis d'Amérique. En 1881, il avait représenté la France aux cérémonies commémoratives du centenaire de la bataille de Yorktown. Il avait été le témoin des élections présidentielles de cette année-là dans cette démocratie où le Chef de l'État est élu au suffrage universel indirect. Il avait

81. Cité *in* Jacques Droz, *Histoire Générale du Socialisme tome 1 : Des origines à 1875* Paris, P.U.F., 1972, p. 514.

82. Cité *in* Jacques Droz, *Histoire générale*... op. cit. p. 516.

83. Michel Winock, *La fièvre hexagonale Les grandes crises politiques 1871-1968* Paris, Calmann-Lévy, 1986, p. 111.

84. Michel Winock, *La fièvre hexagonale*... op. cit. p. 96.

constaté la nouveauté des méthodes de propagande américaine[85]. Qui plus est, ce militaire est ouvert à la modernité technique. Ministre de la guerre, il fit remplacer le fusil Chassepot par le fusil Lebel aux qualités balistiques meilleures ; il modernisa le service de transmission des armées par l'introduction du téléphone ; il créa un service de presse qui envoya l'ordre du jour quotidien aux armées pour maintenir le moral. Un certain nombre de mesures qu'il prit vise à exercer le commandement par la fascination à l'égard du chef : création des Cercles militaires, autorisation du port de la barbe, régime des permissions nocturnes assoupli pour les sous-officiers, guérites du poste de garde peintes en tricolore, etc. Son plus proche collaborateur, Arthur Dillon (1834-1922), cultivait certes un goût certain pour des fastes obsolescents en s'attribuant le titre nobiliaire de comte mais c'est bien la seule concession au passé que fit ce monarchiste de cœur. Camarade du général Boulanger à l'École Spéciale Militaire de Saint-Cyr, il avait quitté l'armée après la guerre de 1870-1871 et était devenu un homme d'affaires. En association avec l'américain Mackay, il avait créé en 1881 la *Commercial Cable Company* pour exploiter les câbles télégraphiques transatlantiques[86]. Trésorier du « Parti national », Arthur Dillon a usé de toutes les méthodes de la réclame pour créer la popularité du général Boulanger : chansons, affiches, vignettes... et des premières techniques d'encadrement des masses pour faire élire le général Boulanger. Le personnage de Fanfournot, dans le roman de Maurice Barrès *L'Appel au soldat*, reprend celui de Ratapoil créé par Honoré Daumier à la fin de la Seconde République. Leur mission est identique : entraîner la masse, scander les slogans favorables à l'« Homme providentiel », faire le coup de poing contre d'éventuels contradicteurs.

L'école vitaliste acquise à l'idée d'une vie propre et autonome de la Société vit dans le général Boulanger le moyen pour la nation de s'épurer et de régénérer « la discipline de la race » car « Il faut toujours une traduction plastique aux sentiments des Français qui ne peuvent rien éprouver sans l'incarner dans un homme. »[87] Or la massification de la société française commence. L'exode rural et les migrations intérieures y participent. Le déclassement des petits commerçants parisiens et des grandes villes de province est provoqué par le développement des magasins modernes : en 1881, *Le Bon Marché* avoue le chiffre d'affaires mirifique de un million de francs germinal[88]. Il avive le phénomène de massification. L'« Homme

85. Odile Rudelle, *La République absolue*... op. cit. p. 165.
86. Maurice Barrès, *Romans et voyages*... op. cit. p. 1417 note 98 et p. 1426 note 180.
87. Maurice Barrès, *L'Appel au Soldat in Romans et voyages*... op. cit. p. 775 et 780.
88. Michel Winock, *La fièvre hexagonale*... op. cit. p. 95.

providentiel » cristallise tous les mécontentements multiples et variés d'une société qui en attend le miracle. Maurice Barrès synthétise ce rêve ainsi :

> « Toutes les classes de la société y [chez le général Boulanger] multipliaient les témoignages de leur folle confiance. Les royalistes attendaient de Boulanger leur roi ; les républicains, leur république ; les césariens, leur César ; les patriotes, Metz et Strasbourg ; les gens paisibles, l'ordre : et tous les inquiets, une aventure où leur cas se liquiderait. »[89]

L'écrivain lorrain a théorisé ce mode de gouvernement des masses après l'échec du boulangisme, dans ce roman du Culte du Moi, *Le Jardin de Bérénice* :

> « Si vous marchez avec la partie forte, avec l'instinct du peuple, qu'avez-vous à craindre ? Vous n'avez qu'à suivre les secousses de l'opinion ; toujours la vérité en sort et le succès. Les mouvements que fait instinctivement la femme qui enfante sont précisément les plus sages et qui peuvent le mieux l'aider. Que vous inquiétez-vous tout à l'heure de savoir si le général Boulanger a du génie ! L'essentiel, c'est de ne pas contrarier l'enfantement et de laisser faire l'instinct populaire. [...] Je veux dire qu'à Boulanger, non vainqueur en dépit de ses excellentes performances, succédera Boulanger II ; je veux dire que jamais une force ne se perd, simplement elle se transforme. »[90]

L'écho de cette théorie se retrouve même dans l'enseignement de quelques ecclésiastiques comme l'évêque d'Angers, François-Désiré Mathieu. Ce Lorrain, lecteur d'Alexis de Tocqueville et ami de Taine[91], attendait l'« Homme providentiel » capable de faire cesser la politique anticléricale de la République. Il participait à ancrer, par cette incidente de sa lettre de Carême de 1894, un réflexe politique dont la greffe a pris dans les milieux catholiques angevins au moyen de la lecture du théoricien du culte du Moi :

> « Qu'il vienne donc, l'homme de caractère qui, possédant, à défaut de la foi chrétienne, le sens politique de Tocqueville ou d'un Taine, saura s'imposer à nos assemblées, malgré les sectaires, et leur dire : "Il est temps d'en finir avec les persécutions mesquines et les défiances injustes ! Il est temps de ne plus traiter en ennemi la plus grande force morale qui nous reste, la plus grande école de travail, de tempérance, de résignation et d'assistance mutuelle. Il est temps d'accepter la main loyale que nous tend l'Église ! La France est perdue si elle s'obstine à mettre Dieu contre elle". »[92]

89. Maurice Barrès, *L'Appel au Soldat*... op. cit. p. 838.

90. Maurice Barrès, *Le Jardin de Bérénice*... op. cit. p. 43 et 44.

91. Jean-Louis Clément, « La propagation de la doctrine sociale de l'Église dans le diocèse de Toulouse (1891-1956) » *Revue d'Histoire de l'Église de France* tome 84, n° 203, juillet-décembre 1993, p. 322.

92. S. E. le cardinal Mathieu, *Œuvres oratoires tome 1 Lettres pastorales et discours académiques* Paris, H. Champion, 1910, p. 40.

Le boulangisme : le projet d'une démocratie rationalisée ?

La mémoire collective n'a retenu de l'aventure politique du général Boulanger que l'aspect extérieur formé d'agitations de rue, d'effets oratoires. Le boulangisme a pourtant eu son théoricien dans la personne du sénateur de Vaucluse, Alfred Naquet (1834-1916), demeuré célèbre pour avoir légalisé le divorce par la loi de 1884. Il fut admiré par ceux qui emboîtèrent le pas du fringant général comme Maurice Barrès[93]. Cet écrivain résume la pensée constitutionnelle de cet homme politique averti qui pensait faire du général Boulanger l'homme de la révision constitutionnelle.

Le but ultime d'Alfred Naquet est de créer une présidence d'action et de rompre avec la « Constitution Grévy » de la présidence de représentation. Pour atteindre cet objectif, il entend séparer le pouvoir exécutif du pouvoir législatif pour asseoir la continuité de l'action politique et administrative. Maurice Barrès présente ainsi le projet constitutionnel du sénateur de Vaucluse :

> « Le mal gît dans les institutions parlementaires. Un régime qui place les ministres dans les Chambres stérilise celle-ci ; nous ne discutons jamais ce qui semble à l'ordre du jour, mais la chute ou la conservation du cabinet. [...] Comment les députés seraient-ils libres lorsque les ministres les placent entre un vote déterminé ou une crise ministérielle ? Et qui donc refuserait sa voix à un ministre dont il sollicite des perceptions et des bureaux de tabac ? [...] Il faut séparer les pouvoirs. Dégager ceux qui administrent de ceux qui légifèrent, cantonner les Chambres dans le travail législatif, et les ministres dans l'administration, ce serait mettre un terme à cet état de choses déplorable [la gabegie], et voilà, messieurs, ce que nous devons faire avec le général Boulanger. Ce grand patriote a bien vu que ce régime, en paralysant toute action administrative, toute tradition politique, toute direction suivie dans les négociations internationales et dans le perfectionnement de notre armée, ne tarderait pas à compromettre gravement le parti républicain et la patrie. »[94]

Maurice Barrès traduit d'autant mieux la pensée du sénateur de Vaucluse qu'il résume un discours que ce dernier a fait devant les Républicains boulangistes de Marseille[95]. Il en déforme malgré tout la pensée en laissant accroire qu'Alfred Naquet désire remettre le pouvoir à un chef providentiel. L'élu radical rallié au général Boulanger a une pensée politique plus nuancée. Certes, il refuse le parlementarisme et il le justifie ainsi :

> « C'est qu'en effet *Parlementarisme* est un mot qui désigne une forme particulière, spéciale, du régime représentatif – la forme imaginée par les

93. Maurice Barrès, *Romans et Voyages*... op. cit. p. 1414 note 73.

94. Maurice Barrès, *L'Appel au Soldat in Romans et voyages*... op. cit. p. 824 et 825.

95. Alfred Naquet, *Discours prononcé le vendredi 28 septembre 1888 au cercle révisionniste de Marseille* Avignon, Imprimerie Gros, 1888, 96 p.

> anglais et importée chez nous d'Angleterre, – mais qui ne désigne nullement le régime représentatif lui-même. La Suisse et l'Amérique ne sont pas des Républiques parlementaires. Et cependant l'un et l'autre ont un Parlement tout aussi puissant et plus indépendant que le nôtre, parce que les ministres ne pèsent jamais sur sa volonté. »[96]

Le parlementarisme, pour être efficace, présuppose un régime aristocratique ou le bipartisme. Ces éléments disparaissant, il ruine l'autorité et l'indépendance du pouvoir exécutif, l'autonomie du pouvoir législatif par la confusion du mandat de député et la fonction de ministre. Alfred Naquet de conclure :

> « Chez nous, avec le suffrage universel, ces inconvénients prennent un tel développement qu'on peut, sans crainte, déclarer le parlementarisme incompatible avec la démocratie républicaine. »[97]

Les solutions qu'il adopte pour fonder une constitution républicaine qui ne doive rien au parlementarisme de la monarchie constitutionnelle, sont les suivantes : incompatibilité du mandat législatif avec la fonction ministérielle ; initiative des lois pour le pouvoir exécutif qui aurait un droit de *veto* sur les lois d'initiative parlementaire[98]. Si Naquet penche personnellement pour le régime monocaméral, il n'érige pas la suppression du système bicaméral en question de principe.

La faiblesse du projet constitutionnel de Naquet réside dans l'organisation du pouvoir exécutif. Le modèle collégial de cinq membres a sa faveur ; il ressuscite, pour le qualifier, le mot de Directoire. Il le voudrait élu au suffrage universel indirect comme aux États-Unis, avec un renouvellement par cinquième chaque année. Toutefois il ne voit pas ou ne veut pas voir l'illogisme de son projet avec la campagne très personnalisée en faveur de l'« Homme providentiel ». Naquet ne se prononce pas en effet sur la nature de la société : est-elle une addition de citoyens autonomes ou est-elle un être à part entière qui se personnifie dans le Chef ? L'ambiguïté du boulangisme réside dans cette absence de choix car les deux acceptions du mot Société coexistent dans la vie brève du boulangisme.

Au Moyen Âge, la théologie couronnait l'ensemble des connaissances dont la finalité ultime était de conduire à l'émerveillement devant la grandeur de Dieu et de son Salut. Auguste Comte consacra la sociologie science reine car elle seule pouvait trouver les lois permettant de marcher vers le Progrès dans l'Ordre pour le bonheur de l'espèce humaine.

96. Alfred Naquet, *Discours prononcé...* op. cit. p. 6 et 7.
97. Alfred Naquet, *Discours...* op. cit. p. 11.
98. *Ibidem*, p. 19, 35, 40-42.

Il ne serait venu à l'idée de personne de contester la place prise par la sociologie dans l'arbre des connaissances. D'Honoré de Balzac à Paul Bourget en passant par Yves Le Querdec alias George Fonsegrive, toute une littérature a œuvré pour révéler le Social aux classes dirigeantes.

La sociologie se devait de tout expliquer. Maurice Barrès place dans l'esprit d'Henri Gallant de Saint-Phlin ces réflexions à propos de la théorie du Droit :

> « Il eût voulu que l'enseignement du droit fût historique, c'est-à-dire qu'au lieu de présenter les codes comme un assemblage de règles arbitraires, on essayât de découvrir les origines des institutions, de comprendre leur vie et même de prévoir leur avenir : il faut reconnaître dans l'étude du droit un chapitre de la sociologie. »[99]

Il n'est pas nécessaire de commenter ici la confusion entre histoire et sociologie qui démontre l'influence profonde du positivisme dans la pensée française. En effet, Auguste Comte faisait de l'étude du passé la quête des lois d'un déterminisme strict[100]. Relevons seulement le fondement théorique nouveau donné au Droit : la sociologie.

99. Maurice Barrès, *Les Déracinés in Romans et voyages...* op. cit. p. 559.

100. *« Sous le second aspect, il envisage toujours l'état présent comme un résultat nécessaire de l'ensemble de l'évolution antérieure, de manière à faire constamment prévaloir l'appréciation rationnelle du passé pour l'examen actuel des affaires humaines* [...]" Auguste Comte, *Discours sur l'esprit...* op. cit. p. 152.

Chapitre 4
Le Droit nouveau

La formule de « Droit nouveau » est de la plume du pape Léon XIII. Il le dénonce, le 1er novembre 1885, pour sa prétention à « être le fruit d'un âge adulte et le produit d'une liberté progressive [...] »[1]. Et de rappeler que : « [...] les lois ont pour but le bien commun, dictés non par la volonté et le jugement trompeur de la foule, mais par la vérité et la justice. »[2] C'est donc le principe du fondement de la loi qui est critiqué.

Cette interrogation qui est concomitante d'une seconde portant sur la nature et la finalité de l'État, s'est posée dans la décennie 1880. Un fin juriste a d'ailleurs constaté, voici une quarantaine d'années, qu'en dépit des soubresauts révolutionnaires qui ont émaillé l'histoire politique de la France depuis 1815, une conception individualiste du droit s'était maintenue jusqu'à l'arrivée au pouvoir des Républicains[3]. Au même moment, la pensée sociologique envahit l'ensemble du domaine des vieilles Humanités. Elle ruine l'individualisme. Un des déracinés n'a-t-il pas cette remarque : « Mais ne sens-tu pas que l'individu n'est rien, et la société tout ?... »[4] Et Maurice Barrès vaticine quelques pages plus loin de ce même roman :

> « D'ailleurs, l'évolution sociale dans le sens du « collectivisme » se fera fatalement et s'accomplit déjà sous nos yeux, avec le concours de ceux mêmes qui en combattent les formules [...] »[5]

Retracer l'histoire de cette révolution du Droit est complexe dans la mesure où les changements ont été apportés lentement selon la méthode de la politique opportuniste. Par ailleurs, ce domaine est connexe de celui de son

1. http://www.vatican.va/ Lettre encyclique de S.S. le Pape Léon XIII *Immortale Dei* p. 1.
2. *Ibidem*, p. 5.
3. Michel Halbecq, *L'État, son autorité, son pouvoir 1880-1962* Paris, Librairie générale de droit et de jurisprudence, R. Pichon et R. Durand-Auzias, 1965, p. 6.
4. Maurice Barrès, *Les Déracinés*... op. cit. p. 615.
5. *Ibidem*, p. 619.

enseignement d'une part et de la réforme de l'appareil judiciaire d'autre part. C'est dans ce contexte dont les interactions n'apparaissent pas toujours avec évidence que s'élabore la doctrine républicaine du Droit sous la houlette du « juriste philosophe »[6] Léon Duguit. L'application de ce Droit nouveau est la cause de la revendication néokantienne en faveur des droits du capitaine Alfred Dreyfus.

La réorganisation de la Justice

Une interprétation traditionnelle lénifiante

Charles Seignobos (1854-1942) a présenté l'épuration de l'appareil d'État par les Républicains comme un fait anodin et insignifiant sur le fond. Cette interprétation fut reprise ultérieurement par tous les historiens, comme René Rémond et Jean-Marie Mayeur. Seul Georges Dupeux, en 1972, remarque les épurations drastiques auxquelles se sont livrés les Républicains opportunistes[7]. L'étude de Jean-Pierre Machelon[8] lève un pan du manteau de Noé jeté par la tradition républicaine sur des actes répréhensibles du point de vue de la déontologie démocratique. La Justice a cessé d'être un pouvoir. Elle fut regardée comme une autorité administrative et les juges ne furent pas mieux traités que les préfets et les officiers supérieurs[9]. Toutefois, aucun de ces auteurs ne pose la question des motivations profondes de ce chamboulement de la Justice.

La cause immédiate de l'épuration

Le fait est que la réorganisation de la Justice fit l'unanimité des dirigeants républicains. Léon Gambetta, le 18 septembre 1878, avait prononcé à Romans un discours qui prévoyait des changements radicaux. Le prétexte en était le système des dépouilles pratiqué par le président Mac-Mahon après la dissolution du Seize Mai 1877. Préfets et sous préfets, fonctionnaires des Finances, professeurs des lycées et des facultés furent concernés par les mesures prises par le duc de Broglie en vue d'orienter les élections de

6. La formule est empruntée à Paul Cuche, *En lisant les juristes philosophes* Paris, J. de Gigord, 1919, 123 p. .

7. Jean-Pierre Machelon, *La République contre les libertés ? Les restrictions aux libertés publiques de 1879 à 1914* Presses de la Fondation nationale des Sciences Politiques, 1976, p. 300 note 96.

8. *Ibidem*, 461 p.

9. Nicolas Rousselier, « L'horizon de l'État » *in* Serge Berstein et Michel Winock (dir.) *L'invention de la Démocratie 1789-1914* Paris, Seuil, 2002, p. 340.

l'automne 1877. La Justice n'avait pas fait l'objet de la vindicte de ce gouvernement, d'autant plus qu'elle apparaissait comme une victime du précédent, présidé par le républicain modéré Jules Simon. Celui-ci avait obtenu du maréchal de Mac-Mahon une épuration de la seule magistrature « debout » aux mois de janvier et février 1877[10]. Le tribun républicain la considéra comme coupable, dans son ensemble, de collusion avec l'Ordre Moral. Certes, à Romans, Gambetta se déclare attaché aux grands principes fondamentaux de la Justice : l'indépendance et l'inamovibilité des juges. Mais il s'empresse vite de faire l'exception suivante :

> « Mais quand un corps tout entier est légué par un gouvernement rival, par un gouvernement qui est tombé sous le mépris public ou qui a glissé dans la honte et la boue, par un gouvernement reconnu criminel et corrompu, il n'est pas acceptable, il n'est pas juste qu'un gouvernement sorti de la souveraineté nationale ne puisse pas examiner ce corps et le soumettre à une nouvelle investiture. Ce serait contraire au bon sens de laisser un principe d'hostilité contre le gouvernement établi dans le fondement même de l'institution en question [salve d'applaudissements. – Bravos prolongés] »[11]

Le sentiment que l'appareil judiciaire était viscéralement hostile à la République, guide Jules Ferry dans la défense du projet de loi portant sur la réforme de l'organisation judiciaire qui n'était qu'une discrète chasse aux sorcières. Le jour même du vote de cette loi, il écrit à son épouse :

> « On peut considérer la loi judiciaire comme votée, et c'est une immense satisfaction pour le parti républicain provincial, qui souffre depuis si longtemps des insolences et des excès des magistrats antirépublicains. »[12]

Émile Littré, pour sa part, jugea avec sévérité ces projets d'épuration qu'il assimila à un « Seize Mai »[13] mais il continua d'apporter son soutien au gouvernement. Sur le fond, la réforme lui convenait.

La fin de la conception spiritualiste du Droit

L'épuration du Conseil d'État laisse percevoir la raison exacte de cette politique. La presse républicaine l'a justifiée par le motif de la lutte contre le cléricalisme. *Le Réveil*, dans son édition du 30 avril 1879, affirmait que la haute juridiction administrative était « tout à la dévotion du cléricalisme. » *La*

10. Jean-Pierre Machelon, *La République contre...* op. cit. p. 282 et 283 note 4. La « justice debout » composée de magistrats plaidant dans cette position, sont membres du ministère public : ils sont procureurs de la République, substituts, avocats généraux.

11. Pierre Barral, *Les fondateurs de la Troisième République* Paris, Armand Colin, 1968, p. 325.

12. *Lettres de Jules Ferry...* op. cit. p. 337 Lettre CXXXIX à madame Jules Ferry du 30 août 1883.

13. Émile Littré, *De l'établissement de la Troisième République* Paris, Aux Bureaux de *La Philosophie positive*, 1880, p. 557.

Révolution française du 28 avril 1879 estimait que « le clergé [...] fait marcher les conseillers d'État. » *La Lanterne* d'Henri Rochefort, datée du 11 mai 1879, enfonçait ce clou en parlant des conseillers « dont le cléricalisme seul a motivé la nomination. »[14] L'accusation de cléricalisme est vraie dans la mesure où une acception précise est donnée à ce mot à partir des indices retrouvés.

Les conseillers d'États épurés ont eu le sentiment d'être victimes d'un différend idéologique. Léopold de Gaillard-Lavaldène écrivait dans sa lettre de démission :

> « L'unique raison qui me détermine, c'est de voir, sous prétexte de République, revenir aux affaires des hommes et des idées que tout gouvernement doit combattre et dont j'ai été l'adversaire toute ma vie. »[15]

Un maître des Requêtes, démissionnaire comme le précédent, explicite mieux les motifs de son départ souhaité par les Républicains. Amable-Charles Franquet, comte de Franqueville (1840-1919), est classé « légitimiste » par les nouveaux maîtres de l'État sans que cela ait quelque rapport avec la réalité. Auditeur au Conseil d'État en 1859, promu maître des Requêtes en 1872, cet homme converti au catholicisme à l'entrée de l'âge adulte, est de cœur un bonapartiste qui a œuvré dans le sillage de Frédéric Le Play pour la préparation de l'Exposition universelle de 1862 à Londres[16]. Bien que rallié un temps au principe de la restauration monarchique, il est un libéral au sens où l'entendait Émile Ollivier (1825-1913). L'ancien ministre de Napoléon III définissait le libéralisme comme « l'école des amis de la liberté politique, de cette liberté qui fait participer une nation à son propre gouvernement par les institutions communales, provinciales et générales. »[17] Cette liberté politique a deux aspects : l'*habeas corpus* et le consentement de l'impôt[18]. Charles Franquet de Franqueville, prenant en 1880 fait et cause pour les Congrégations expulsées, explicite mieux le motif philosophique de l'épuration :

> « Pour la première fois, depuis l'origine du monde, on voyait les représentants officiels d'une nation proclamer qu'il n'existe au-dessus de

14. Articles cités *in* Vincent Wright, « L'épuration du Conseil d'État en juillet 1879 » *Revue d'histoire moderne et contemporaine* tome XIX, octobre - décembre 1972, p. 626 et 627.

15. *Ibidem*, p. 626.

16. Comte de Franqueville, *Souvenirs 1840-1919* Paris, Drivond, 1922, p. 22, 45 et 110. Sa fidélité bonapartiste le conduit à être présent aux obsèques du Prince Impérial en 1879 à Chislehurst (p. 129).

17. Émile Ollivier, *Commentaire de l'Encyclique de Léon XIII sur la Constitution chrétienne des États (Immortale Dei) – Appendice au manuel de droit ecclésiastique* Paris, Garnier Frères, s. d., p. 92.

18. *Ibidem*, p. 117.

> l'homme aucune autorité supérieure à laquelle on doit obéissance ou, tout au moins, respect. »[19]

En effet, le Conseil d'État légué par l'Empire et la République d'Ordre moral, prenait des arrêts inspirés par une philosophie spiritualiste du droit. En 1874, suivant l'avis de Charles Franquet de Franqueville, il avait reconnu aux diocèses catholiques la personnalité civile leur permettant d'acquérir, de recevoir et de posséder. Ce même Conseil d'État s'apprêtait à recevoir les pourvois des Congrégations contestant leur éviction de l'enseignement primaire[20]. Ces arrêts ou ces projets d'arrêts sont conformes à l'enseignement du droit tel que le dispensait le juriste officiel du Second Empire, Adolphe Franck (1809-1893).

Ce Mosellan de Lioncourt était le fils d'un commerçant juif de cette petite ville. Adolphe Franck demeura fidèle à la foi de ses ancêtres et participa activement à la vie de la communauté juive de Paris. Après avoir suivi les cours de l'école rabbinique d'Alaincourt et l'enseignement du collège de Nancy, il se préparait à devenir médecin quand la Révolution de 1830 leva l'interdit qui fermait l'enseignement universitaire aux Juifs. Il suivit les cours de Victor Cousin et fut reçu à l'agrégation de Philosophie en 1832. Après un temps d'enseignement dans différents lycées de province et une année de repos en Italie pour raison de santé, il revint à Paris où il est élu membre de l'Académie des Sciences Morales et Politiques en 1844. Il dispensa un enseignement à la Sorbonne jusqu'en 1854, date à laquelle il fut élu à la chaire de la nature et du droit des gens au Collège de France[21].

Sa conception de la loi est spiritualiste. Ce juif libéral n'hésite pas, dans un livre paru en 1864, au moment où le Deuxième Empire et l'Église catholique entretenaient des relations aigres-douces à propos de la Question romaine, à la définir ainsi :

> « Les lois de la société, quand elles sont conformes à leur destination, quand elles émanent de la justice et de la raison, ne sont pas autre chose que les lois mêmes de la conscience appliquées aux rapports de l'homme avec ses semblables. [...] Mais les lois de la conscience, à quelque sphère de la vie humaine qu'elles puissent se rapporter, sont inséparables de l'idée de Dieu [...] Les lois civiles prennent leur source dans la morale, et la morale n'a pas d'interprète plus respecté, pas de sanction plus auguste et plus infaillible que la religion. Sans la religion [...] les lois civiles, mêmes les plus parfaites ne seront jamais autre chose, pour le plus grand

19. Comte de Franqueville, *Souvenirs...* op. cit. p. 131.
20. Vincent Wright, « L'épuration... » op. cit. p. 627 et 628 ; Comte de Franqueville, *Souvenirs...* op. cit. p. 129.
21. M. Prévost et Roman d'Amat, *Dictionnaire de biographie française* Paris, Letouzey et Ané, tome 14, colonnes 991 et 992.

> nombre, qu'une servile contrainte à laquelle, dès qu'on le peut, il est permis de se soustraire. »[22]

En 1880, ce juriste écrivait encore dans un ouvrage destiné au grand public que : « la société n'est possible que par le respect de la loi morale » inscrite au fond des consciences[23]. 0r c'est avec cette conception de la loi que veulent rompre les Républicains. Dans l'émoi provoqué, dans les rangs des Conservateurs et des Monarchistes, par l'épuration du Conseil d'État, *Le Journal des Débats* s'entremit pour relever le sens exact de cette mesure d'exception que cet organe de presse, favorable à la République, approuvait. Il écrit, dans son édition du 26 juillet 1879, cette explication éclairante :

> « Le tapage un peu théâtral que l'on fait à propos de la réorganisation du Conseil d'État prouve que bien des gens n'ont pas encore pu se mettre dans la tête qu'il y avait eu en France une révolution, un changement de gouvernement, un changement d'état politique. »[24]

Pierre Waldeck-Rousseau (1846-1904), député de Rennes depuis avril 1879, fut le rapporteur du premier projet de loi portant sur la réorganisation de l'appareil judiciaire. Dans le discours qu'il prononça à la Chambre des députés en novembre 1880, il expliqua le projet politique qui a inspiré le plan de réforme. Celui-ci :

> « voudrait que chaque jour, sans précipitation, avec quelque fermeté, on s'efforçât de faire passer enfin la République du domaine des abstractions dans le domaine des réalités. »[25]

De façon polémique, s'appuyant sur des témoignages d'hommes de la droite libérale, il justifia la levée de l'inamovibilité des juges en soulignant combien celle-ci était contournée sous l'Empire et la République d'Ordre moral[26].

Une réorganisation de toute la haute fonction publique permit aux Républicains d'introduire des juges acquis par avance à la nouvelle conception du Droit. Deux méthodes furent employées : la révocation pure et simple pour quarante-deux pour cent des procureurs généraux, pour trente et un pour cent des avocats généraux et des substituts et la création de nouveaux postes pour noyer dans la masse des nouveaux venus les anciens[27].

22. Adolphe Franck, *Philosophie du Droit ecclésiastique Des rapports de la religion et de l'État* Paris, Baillière, 1864, p. 39 et 40.

23. Adolphe Franck, *La morale pour tous* Paris, Hachette, 1880, p. 40 et 131.

24. Vincent Wright, « L'épuration... » op. cit. p. 635 et 636.

25. Pierre Waldeck-Rousseau, *L'État et la liberté* Paris, Bibliothèque Charpentier, Eugène Fasquelle éditeur, 1906, Première série : 1879-1883, p. 19.

26. *Ibidem*, p. 27.

27. Vincent Wright, « L'épuration... » op. cit. p. 650 et 651.

Le Droit républicain

L'idée de Droit est-elle positiviste ?

Il est surprenant de parler de Droit compte tenu des propos tenus par Auguste Comte à son sujet. Cet idéologue qui mène le naturalisme dans ses conséquences extrêmes, ne rêve que d'éliminer cette notion « métaphysique » dans son projet de réorganisation de la société. La citation suivante est longue, mais elle éclaire le paradoxe où se trouvent les Républicains :

> « Cette régénération décisive consiste surtout à substituer toujours les devoirs aux droits, pour mieux subordonner la personnalité à la sociabilité. Le mot droit doit être autant écarté du vrai langage politique que le mot cause du vrai langage philosophique. De ces deux notions théologico-métaphysiques, l'une est désormais immorale et anarchique comme l'autre irrationnelle et sophistique. Également incompatibles avec l'état final, elles ne convenaient, chez les modernes, qu'à la transition révolutionnaire, par leur action dissolvante sur le système antérieur. Il ne put exister de droits véritables qu'autant que les pouvoirs réguliers émanèrent de volontés surnaturelles. Pour lutter contre ces autorités théocratiques, la métaphysique des cinq derniers siècles introduisit de prétendus droits humains qui ne comportaient qu'un office négatif. Quand on a tenté de leur donner une destination vraiment organique, ils ont bientôt manifesté leur nature anti-sociale, en tendant toujours à consacrer l'individualité. Dans l'état positif qui n'admet plus de titres célestes, l'idée de droit disparaît irrévocablement. Chacun a des devoirs, et envers tous ; mais personne n'a aucun droit proprement dit. Les justes garanties individuelles résultent seulement de cette universelle réciprocité d'obligations, qui reproduit l'équivalent moral des droits antérieurs, sans offrir leurs graves dangers politiques. En d'autres termes, nul ne possède plus d'autre droit que celui de toujours faire son devoir. »[28]

Émile Littré qui fut l'interprète autorisé de cette forme de l'Idéologie, ne renie en rien son maître quand il invite ses fidèles à tout réorganiser sur la base de la science. Il les exhorte par ces mots qui visent toutes les sciences politiques et donc le Droit :

> « Quant à nous, disciples de la philosophie positive, notre rôle est tracé : insister sur l'influence sociale de la science généralisée. C'est par elle qu'on peut le plus efficacement augmenter la puissance et les convictions de cet esprit moderne qui, aimant la tolérance, la justice et la liberté, se persuade de plus en plus qu'il faut demander à de tout autres

28. Auguste Comte, *Système de Politique Positive* Paris, Au siège de la Société positiviste, 1929, p. 361– les soulignements sont le fait de Comte lui-même–. Auguste Comte, *Discours sur l'ensemble du positivisme* Paris, Garnier-Flammarion, 1998, p. 385 et 386.

sources que la théologie et la métaphysique, les forces qui secondent les sociétés dans leur évolution. »[29]

La réforme de l'enseignement du droit

Elle fut menée à bien, à l'école de Droit de Paris, par le professeur Charles Beudant (1829-1895). Au terme d'une longue carrière qui le mena de Strasbourg à Toulouse, il fut nommé en 1878 dans la capitale. Il introduisit, en lieu et place de la philosophie du Droit, la science politique et l'économie[30]. Cet enseignement est ouvert à toutes les écoles de sociologie. Toutefois, treize ans après, ce juriste qui a été formé à la philosophie spiritualiste du Droit mais qui, personnellement, semble avoir été un voltairien, est contraint d'établir le constat de la disparition des principes qui fondait le Droit individualiste depuis le 26 août 1789 :

> « De nos jours une tendance opposée à l'individualisme se manifeste. L'individu, ou alarmé de l'isolement ou doutant de ses forces abandonnées à elles-mêmes, tend à se rattacher davantage aux groupes sociaux, dût-il, pour avoir leur appui, y sacrifier son indépendance, la propension étant à faire prédominer de nouveau l'action de l'État sur l'initiative individuelle, et même sur les droits de la personne humaine. »[31]

Ce même juriste constate que la Déclaration des Doits de l'Homme et du Citoyen n'a aucune autorité dans la République. Preuve en est l'ensemble des lois frappant les congrégations religieuses[32]. Cet état des lieux étant fait, il importe de savoir la nature de la sociologie qui fonde le droit républicain par l'étude de la philosophie de son théoricien.

Léon Duguit (1859-1928)

Ce Girondin est natif de Libourne. Aucune notice biographique n'indique son milieu social, l'éducation ou les influences reçues. Il fait des études de droit à Bordeaux. Il les achève en 1882. Cette année-là, il soutient, en juin, sa thèse et, en octobre, il est reçu au concours d'agrégation des facultés de Droit. Le 1er janvier 1883, il est nommé à celle de Caen où il exerce jusqu'en 1886. Le 23 octobre de cette année-là, il prend ses fonctions à Bordeaux. Il enseigne dans cette ville jusqu'à sa mort. Il y inaugure la chaire de droit constitutionnel et administratif le 4 avril 1892. Non seulement Léon Duguit gravit le *cursus honorum* universitaire – nommé assesseur du doyen le 9

29. Émile Littré, *De l'établissement de la Troisième*... op. cit. p. 392.
30. M. Prévost et Roman d'Amat, *Dictionnaire de biographie française tome 6* Paris, Letouzey et Ané, 1951, colonne 358.
31. Charles Beudant, *Le droit individuel et l'État. Introduction à l'étude du droit* Paris, Librairie nouvelle de droit et de jurisprudence Arthur Rousseau, 1891, p. 1.
32. *Ibidem*, p. 279.

février 1901, il devient le doyen le 23 avril 1919 –, mais encore il se risque dans la vie politique active. Le 3 mai 1908, il est élu conseiller municipal radical-socialiste à Bordeaux. Il tente, sans succès, de se faire élire député radical à Libourne aux élections législatives du 26 avril 1914. Il se présente sans l'appui de la Fédération des Gauches du département de la Gironde qui, prenant ombrage de ce cavalier seul d'un homme qui fait sien le programme du parti, répand la rumeur qu'il est susceptible de regrouper sur son nom « l'ensemble des voix réactionnaires »[33]. L'hypothèse est hautement improbable compte tenu de ses principes philosophiques.

La philosophie du Droit de Léon Duguit

La doctrine juridique du maître bordelais est difficile à analyser si on prend pour référence les travaux des seuls juristes. Tel éminent professeur avance qu'il a rejeté le positivisme juridique puisqu'il a toujours distingué le droit de l'État et qu'il a toujours refusé de faire du droit une pure création de l'État[34]. Cette interprétation laisse entendre que la théorie de ce juriste naquit un jour parfaitement bien agencée d'une seule et même pièce. Il est préférable de suivre l'élaboration de cette doctrine juridique pas à pas comme le soulignaient déjà certains analystes[35]. Les césures chronologiques proposées par ces auteurs accréditent encore trop facilement l'idée que la doctrine de Léon Duguit s'est construite à partir d'un commentaire strictement interne du Droit dans l'ignorance des graves événements politiques intérieurs capables d'exercer leur influence sur la pensée du juriste. C'est la raison pour laquelle nous analyserons la doctrine juridique du maître de Bordeaux jusqu'à l'affaire Dreyfus uniquement.

Il est incontestable que la tournure d'esprit de Léon Duguit est comtienne. Son refus du droit naturel qui est susceptible d'introduire les germes du désordre dans la société, est directement emprunté au prophète de l'Âge positif. Cette longue citation, extraite d'un article analysant le lien entre le droit constitutionnel et la sociologie, le prouve amplement :

> « Dans une école que j'appellerai l'école métaphysique, on apporte à l'étude des sciences sociales en général, du droit et du droit public en particulier, les procédés de la méthode purement déductive : on formule

33. Roger Bonnard, « Léon Duguit. Ses œuvres. Sa doctrine » *Revue du Droit public et de la Science politique en France et à l'étranger* tome quarante-sixième, XXVIe année, mars 1929, p. 5. Evelyne Pisier-Kouchner, *Le service public dans la théorie de l'État de Léon Duguit* Paris, Librairie générale de droit et de jurisprudence, 1972, p. 5.

34. André de Laubadère, « Les doyens Maurice Hauriou et Léon Duguit » *Annales de la Faculté de Droit et des Sciences économiques de Toulouse tome XVI*, 1968 collationné *in* André de Laubadère, André Mathiot, Jean Rivero, Georges Vedel, *Pages de doctrine* Paris, L.G.D.G., 1980, tome 1, p. 15.

35. Roger Bonnard, « Léon Duguit... » op. cit. p. 6. Evelyne Pisier- Kouchner, *Le service public...* op. cit. p. 8.

> quelques principes a priori, qu'on dit être de droit naturel ; et on essaie de déduire logiquement toutes les conséquences de ces principes ; on ignore les faits, on veut les faire entrer de force dans ces cadres arrêtés d'avance. Méthode déplorable qui a trouvé et trouve encore en France des adeptes plus nombreux et plus fervents que partout ailleurs. Ils s'inspirent de cet esprit classique qui tient aux deux qualités de l'intelligence française, la clarté et la précision, mais dont l'exagération, par un contraste singulier, a conduit successivement notre pays à l'immobilité théocratique et à la révolution jacobine. »[36]

Cette profession de foi positiviste conduit à récuser l'idée de droit naturel dont les principes « sont le produit des idées, des mœurs, de l'éducation, des nécessités sociales », lesquels principes « vrais aujourd'hui seront faux demain comme ils l'étaient hier ». « [La] notion et l'expression de droit naturel sont elles-mêmes le produit d'une conception momentanée de l'esprit humain. »[37] Débarrassé de tous les *a priori*, le droit peut se fonder solidement sur la science sociologique que Léon Duguit assimile, à l'exemple d'Herbert Spencer, à une science biologique :

> « [Les phénomènes sociaux] doivent être soumis à des lois immuables ; eux aussi doivent se succéder et coexister suivant des rapports fixes. De même qu'il y a un déterminisme physique, un déterminisme biologique, de même il doit y avoir un déterminisme social. »[38]

Le juriste bordelais demeura fidèle à ce schéma explicatif jusqu'à l'Affaire Dreyfus. En 1894, il écrit :

> « L'association est une loi générale du monde biologique. La société humaine n'est qu'une application de cette loi. Elle est donc un fait naturel et primordial [...] Elle est soumise dans son développement à la grande loi de la différenciation, la loi du passage de l'homogène à l'hétérogène. »[39]

Cette défense et illustration de la sociologie s'appuie sur des auteurs très divers : François Guizot, Friedrich-Karl von Savigny et principalement Herbert Spencer dont le premier vulgarisateur en France fut Charles Alfred Bertauld (1812-1882) professeur à la faculté de Droit de Caen où Léon Duguit passa ses premières années d'agrégé[40].

36. Léon Duguit, « Le droit constitutionnel et la sociologie » tiré-à-part de la *Revue Internationale de l'Enseignement*, 15 novembre 1889, Paris, Armand Colin, p. 4 et 5.

37. *Ibidem*, p. 6.

38. *Ibidem*, p. 7.

39. Léon Duguit, « Des fonctions de l'État moderne. Étude de sociologie juridique » tiré-à-part de la *Revue Internationale de Sociologie* 2ème année, n° 3, mars 1894, p. 4.

40. M. Prévost et Roman d'Amat, *Dictionnaire de biographie française tome 6...* op. cit. colonnes 174 et 175. Charles Alfred Bertauld, « De la Philosophie sociale et de l'introduction à la "Science sociale" de Herbert Spencer » tiré-à-part des *Mémoires de l'Académie nationale des Sciences, Arts et Belles-lettres de Ca*en Caen, Imprimerie F. Le Blanc-Hardel, 1876, 52 p.

L'État selon Léon Duguit

Sur cette société, incréée et soumise naturellement à la loi de l'évolution, vient se greffer l'État. Celui ci « est toujours le produit d'une différenciation entre un ou plusieurs individus qui commandent et les autres individus qui obéissent »[41]. Constatant que l'État moderne, en raison de l'étendue de son territoire et du grand nombre de ses sujets, diffère de la tribu primitive par la multiplication des sous-organes qui émanent de lui, il n'en continue pas moins à défendre sa thèse initiale :

> « Entre l'autorité chancelante et précaire d'un chef de horde sauvage et la puissance souveraine d'un gouvernement moderne, il y a sans doute une différence considérable de degrés, y a-t-il une différence de nature ? Non. L'État moderne, comme l'État primitif, est toujours composé de un ou plusieurs individus qui donnent des ordres aux autres. L'État est toujours le produit d'une différenciation sociale entre gouvernants et gouvernés. »[42]

Léon Duguit évacue de son système le problème de l'origine de l'Autorité dans la Société, question traditionnelle de la philosophie classique, par l'hypothèse de l'antériorité de la conscience sociale sur la conscience individuelle. Refusant les doctrines que Jean-Jacques Rousseau a émises dans le *Discours sur les Origines de l'inégalité* et dans le *Contrat social*, le juriste bordelais avance :

> « De ces deux consciences, c'est assurément la conscience sociale qui est née la première. L'homme naturel, isolé, indépendant, tel que le conçoit le philosophe du XVIIIème siècle, n'a jamais existé ; c'est une pure entité métaphysique ; la conscience primaire de l'humanité n'a pu avoir qu'une réalité pour objet. La première pensée humaine n'a donc pu être une pensée individuelle [...] »[43]

Cette conscience individuelle est apparue le jour où les conditions matérielles de vie furent suffisantes. De nature, cette conscience individuelle est égoïste[44], thème pessimiste commun à tous les positivistes.

L'État intervient alors pour établir l'équilibre entre la vie sociale et la vie individuelle au moyen de la loi. Celle-ci n'est ni bonne ni mauvaise ; elle est seulement conforme à l'état social. Léon Duguit l'explique ainsi :

> « Ce n'est point le législateur qui fait le droit ; le droit existe en dehors de toute loi écrite ; le législateur le constate et sa mission est de rédiger des lois écrites qui répondent aux besoins sociaux de son époque, en dehors de principes a priori et de programmes préconçus. Toute loi qui est

41. Léon Duguit, « Des fonctions de l'État moderne... » op. cit. p. 5.
42. Léon Duguit, « Des fonctions de l'État... » op. cit., p. 9.
43. *Ibidem*, p. 12.
44. *Ibidem*, p. 13.

> contraire aux tendances sociales est arbitraire, reste sans effet, ou peut même amener à une crise grave. »[45]

Léon Duguit, intimement convaincu de la validité de son organicisme, assimile la société à un être biologique. En conséquence, il a tendance à faire de l'État l'équivalent de la tête dans le corps humain :

> « Le droit constitutionnel est donc une partie de la sociologie dans laquelle on cherche à déterminer les lois qui régissent les phénomènes relatifs à la formation, au développement et au fonctionnement de l'État considéré comme centre nerveux cérébro-spinal de l'organisme social. »[46]

Herbert Spencer, lui, refuse cette assimilation[47]. Il subordonne l'État à l'individu. Fidèle à Comte, Léon Duguit pense différemment par dépréciation de l'idée « métaphysique » d'individu : les juristes libéraux eurent conscience de cette déformation[48]. En conséquence, l'État doit faire prévaloir le droit objectif qui est « d'assurer pleinement la cohésion et la conservation sociale. »[49] Le droit de l'individu ou « droit subjectif » est second. Le droit individuel de propriété est particulièrement menacé par cette doctrine[50]. A ce sujet, Léon Duguit fait siennes, de fait et sans jamais citer son auteur, les conclusions du philosophe positiviste Alfred Fouillée (1838-1912).

Ce penseur officiel de la République s'est efforcé de définir la fonction sociale de la propriété qui récuse le *ius uti et abutendi* et le collectivisme. Il démontre que la propriété moderne qui crée la richesse, est collective : les sociétés anonymes par action et même la propriété intellectuelle et scientifique compte tenu des nouvelles conditions de la recherche. La solution réside dans l'éducation sociale du citoyen qui doit avoir conscience de son appartenance au grand Pan social[51]. Toute la démonstration repose sur les principes comtiens de primauté du collectif sur l'individuel. Auguste Comte n'écrivait-il pas à propos du droit héréditaire de propriété :

> « Malgré les récriminations métaphysiques contre la transmission héréditaire des richesses matérielles, cette discipline morale [le positivisme] contiendra presque toujours les principaux abus de ce mode naturel. En substituant les devoirs aux droits, on s'inquiète peu des possesseurs actuels d'une force quelconque, pourvu que l'exercice en soit bien réglé. »[52]

45. Léon Duguit, « Le droit constitutionnel et la sociologie... » op. cit. p. 21.
46. Léon Duguit, « Le droit constitutionnel et la sociologie... » op. cit. p. 19.
47. Cf. chapitre 3.
48. Charles Beudant, *Le droit individuel...* op. cit. p. 232 et sq. Evelyne Pisier-Kouchner, *Le service public...* op. cit. p. 11.
49. Léon Duguit, « Le droit constitutionnel et la sociologie... » op. cit. p. 21.
50. Roger Bonnard, « Léon Duguit... » op. cit. p. 16.
51. Alfred Fouillée, *La propriété sociale et la démocratie* Paris, Hachette, 1884, 294 p.
52. Auguste Comte, *Système de politique...* op. cit. p. 374.

Le Parlementarisme selon Léon Duguit

Quant à la forme constitutionnelle que doit revêtir la République, le choix de Léon Duguit est conforme aux vœux des Opportunistes et des Radicaux ainsi qu'à la doctrine comtienne. Il adhère à l'idée que le pouvoir est impersonnel. Il estime aussi que la séparation des pouvoirs est une forme d'organisation constitutionnelle contraire à la *« nature des choses »*[53]. En effet, l'exercice du pouvoir nécessite la collaboration des organes aux différentes fonctions de l'État. Le parlementarisme qui place les assemblées au cœur de l'organisation de l'État, permet la meilleure collaboration des fonctions législatives et administratives. Léon Duguit déduit ces maximes constitutionnelles pratiques d'une étude qu'il a consacrée, en 1893, au sujet suivant : *La séparation des pouvoirs et l'Assemblée nationale de 1789*[54]. L'année suivante, il explique ainsi la genèse des pouvoirs dans l'État : la fonction gouvernementale est apparue la première qui consiste à donner directement un ordre à un individu. Puis vient la fonction législative qui permet de commander un ensemble de sujets. Enfin apparaît la fonction exécutive qui fait appliquer un ordre législatif à une fraction des sujets. Cette généalogie abroge la séparation classique des pouvoirs[55].

L'organisation de ce pouvoir républicain anonyme a désarçonné les contemporains habitués, jusqu'en 1880, à une personnification du pouvoir. Le très sceptique et très désabusé M. Bergeret n'hésite pas à dire devant le cercle des intellectuels qui se réunit chez le libraire de la ville, ces paroles lourdes de sens en pleine Affaire Dreyfus :

> « Nous n'avons point d'État. Nous avons des administrations. Ce que nous appelons la raison d'État, c'est la raison des bureaux. On nous dit qu'elle est auguste. En fait, elle permet à l'administration de cacher ses fautes et de les aggraver. »[56]

53. Montesquieu, *De l'Esprit des Lois tome I Édition de R. Derathé* Paris, Garnier, 1973, p. 7 [première édition 1748] Première partie, Livre premier, Chapitre premier.

54. Roger Bonnard, « Léon Duguit... » op. cit. p. 7.

55. Léon Duguit, « Des fonctions de l'État moderne... » op. cit. p. 10 et 14.

56. Anatole France, « L'anneau d'améthyste » *Histoire contemporaine*... op. cit. p. 439.

Droit objectif et droit subjectif dans l'Affaire Dreyfus

La trame de l'Affaire

A l'origine, il s'agit d'une opération d'espionnage allemand sur le territoire français. Celle-ci a été mise au jour par une femme de ménage travaillant à l'ambassade d'Allemagne à Paris. Cette madame Bastian qui était en réalité un agent du contre-espionnage français, avait dérobé, en octobre 1894, dans les locaux de cette représentation, un bordereau sur lequel était mentionnée la liste de certains documents secrets fournis à l'attaché militaire allemand par un officier français : le redéploiement des régiments d'artillerie, les caractéristiques du nouveau mortier de cent vingt millimètres... L'opportunité d'une enquête approfondie avait été discutée entre le ministre des Affaires Étrangères, Gabriel Hanoteaux, qui aurait aimé classer cette question pour ne pas créer un nouvel incident avec l'Allemagne et le ministre de la Guerre, le général Mercier. Celui-ci décida de faire une enquête sur ce délit d'espionnage qui s'inscrit dans une série déjà longue de « fuites » similaires : affaire Millecamps, affaire Boutonnet.

L'instruction est confiée au lieutenant-colonel du Paty de Clam. Il limite sa recherche aux seuls officiers de l'artillerie de l'État-Major. Il croit découvrir une similitude d'écriture entre celle qui est écrite sur le bordereau et celle d'Alfred Dreyfus. Les graphologues divergent dans leurs expertises. Le capitaine incriminé est alors convoqué par l'officier instructeur. Il est sommé de se soumettre au test de la dictée. Le capitaine Dreyfus, interloqué, se trouble. Cette perte d'assurance est interprétée comme un aveu indirect. Il est mis en état d'arrestation sur le champ.

Par des voies qui n'ont pas encore été découvertes, la presse a été informée de cette affaire d'espionnage. Les journaux nationalistes, en particulier *La Libre Parole* dirigée par le député d'Alger Édouard Drumont, somment le ministre de la Guerre de sanctionner vigoureusement le traître. En effet, les nationalistes cultivent le préjugé fallacieux que la défaite de 1870-1871 a été préparée par le travail de sape des espions. Ceux-ci agissent encore et toujours pour empêcher la Revanche[57]. Comme l'ambassade d'Allemagne dément tout contact avec le capitaine Dreyfus, la presse

57. Claude Digeon, *La crise allemande de la pensée française* Paris, P.U.F. 1959, p. 80 L'espion prussien joue un rôle essentiel dans le roman d'Alexandre Dumas fils, *La femme de Claude* paru en 1873. Raoul Girardet, *Le nationalisme français* Paris, Armand Colin, 1966, p. 49.

nationaliste accuse le ministre de compromission avec cette puissance ennemie.

Dans ce contexte délétère, le Conseil de Guerre de Paris condamne le capitaine Dreyfus sur la foi d'un dossier secret communiqué par le général Mercier aux juges militaires. Il contient une lettre de l'attaché militaire italien à son homologue allemand dans laquelle il est question de *« cette canaille de D. »* En dépit de la loi, la défense n'a pu, au cours de ce procès de décembre 1894, avoir accès à cette charge pour l'analyser et préparer une défense. Reconnu coupable, Alfred Dreyfus est dégradé sur la place publique et relégué à perpétuité à l'île du Diable en Guyane[58].

Une sentence conforme à la philosophie républicaine du Droit

La raison d'État est inhérente à la pensée juridique républicaine dès l'instant où « l'individu n'existe que comme cellule composante du corps social ; la vie individuelle dérive de la vie sociale ; l'intérêt supérieur sera toujours l'intérêt collectif. »[59] Léon Duguit, au mois de mars 1894, fonde l'absolutisme de l'État par ces phrases :

> « Or quelque soit le degré de développement social, quelque claire que soit la vision des intérêts individuels, il peut se présenter et il se présente souvent dans la vie d'une société des circonstances où l'intérêt collectif est si considérable et si prenant qu'il absorbe l'intérêt individuel. La société moderne se trouve alors placée dans une situation identique à celle des sociétés primitives ; la fonction de l'État doit être par suite ce qu'elle était à l'âge primitif : un ordre spécial donné uniquement en vue d'assurer la vie et le développement du corps social. [...] Disons seulement, qu'à notre avis, dans le droit positif public français, les actes du gouvernement sont légaux, toutes les fois qu'ils sont rendus nécessaires par la sûreté intérieure et extérieure de l'État. »[60]

Partant, le souci de la sécurité extérieure du pays étant, en apparence du moins, au cœur de l'Affaire, la sentence frappant Alfred Dreyfus est juste. L'intérêt national, la cohésion de la société autour de l'Armée prime sur toutes les autres considérations.

Une logique identique est au cœur de la théorie sociale de Léon Bourgeois (1851-1925). Ce juriste entre, en 1882, dans la carrière préfectorale en devenant préfet du Tarn puis, en 1887, préfet de Police de Paris. En janvier 1888, ce républicain radical s'engage dans la politique

58. La bibliographie traitant de l'Affaire Dreyfus est pléthorique. Pour ce bref résumé, nous avons utilisé : Maurice Baumont, *Aux sources de l'affaire Dreyfus d'après les archives diplomatiques* Paris, Les Productions de Paris, 1959, 291 p. Pierre Miquel, *L'Affaire Dreyfus* Paris, P.U.F. collection « Que sais-je ? » n° 867, 1964, 126 p.

59. Léon Duguit, *Des fonctions de l'État moderne*... op. cit. p. 17.

60. *Ibidem* p. 17 et 18.

active pour faire barrage à la vague boulangiste. Il est élu député de la Marne, département dont il fut le représentant jusqu'à sa mort. Il accède vite aux fonctions ministérielles. Dans les prodromes de l'Affaire, il est président du Conseil à la tête d'un ministère radical homogène de novembre 1895 à avril 1896. Au cœur de l'Affaire, proprement dit, en 1898, il est ministre de l'Instruction Publique[61]. Ses actes sont conformes à sa doctrine de la Solidarité.

Cette doctrine sociale radicale cherche, certes, à laisser sa place au néokantisme enseigné officiellement dans les lycées et les facultés de Lettres[62]. Mais l'essentiel de sa pensée est empruntée à la philosophie comtienne. Le « solidarisme » doit, à son avis, clore l'époque de la pensée négative et favoriser le Progrès dans l'Ordre[63]. L'intuition de la loi de solidarité qui est au cœur de la pensée de Léon Bourgeois, est issue de la méditation de cette réflexion d'Auguste Comte sur le Grand Être qu'est l'Humanité :

> « L'activité continue du Grand Être se rapporte ou à sa condition extérieure ou à sa propre nature. Quoique chacune de ces deux grandes fonctions concerne à la fois l'ordre et le progrès, la première est surtout relative à la conservation, et la seconde au perfectionnement. Cet immense organisme doit d'abord, comme tout autre, agir sans cesse sur le milieu correspondant. [...] Cette élaboration perpétuelle tend bientôt à dépendre davantage du concours successif des générations que du concours simultané des individus. Même dans ces fonctions grossières, mais indispensables, nous travaillons surtout pour nos successeurs, et nos principales satisfactions proviennent de nos prédécesseurs. »[64]

Léon Bourgeois justifie l'existence de la société par le quasi-contrat d'association par cette maxime du penseur du positivisme. Il le définit ainsi :

> « Il y a donc pour chaque homme vivant, dette envers les générations suivantes à raison des services rendus par les générations passées. A l'obligation de concourir aux charges de l'association actuelle, pour l'entretenir et la conserver, s'ajoute en effet l'obligation de l'accroître, et de concourir, dans les mêmes conditions d'équitable répartition, aux charges de cet accroissement. La cause de cette obligation est, elle aussi, dans la nature des choses. Le capital commun de l'association humaine est un dépôt confié aux hommes vivants, mais ce dépôt n'est pas le dépôt d'une chose immobile et morte, qu'il s'agit de conserver dans l'état où elle est livrée. C'est une organisation vivante en voie de perpétuelle

61. Jacques Éloy, « Relire Léon Bourgeois Préface » *in* Léon Bourgeois, *Solidarité* Villeneuve-d'Ascq, Presses Universitaires du Septentrion, 1998, p. 7 et 8.

62. Léon Bourgeois, *Solidarité*... op. cit. p. 15, 31. Pour le néokantisme officiel, voir le chapitre 6.

63. Léon Bourgeois, *Solidarité*... op. cit., p. 54.

64. Auguste Comte, *Système de Politique positive*... op. cit. p. 370.

> évolution et dont l'évolution ne peut se poursuivre sans la continuité de l'effort constant de tous. »[65]

Certes, Léon Bourgeois demeure individualiste dans la mesure où il ne considère pas la Société comme formant un Être supérieur à l'individu mais, comme ce dernier est un perpétuel débiteur de la société qui a sur lui une créance[66], son autonomie est limitée. En effet, « L'homme n'est plus une fin pour lui et pour le monde : il est à la fois fin et moyen. Il est une unité, et il est la partie d'un tout. » Au préalable, il avait posé l'axiome que l'homme « n'est [plus] le but et la fin du système du monde. »[67] Cette inféodation de l'individu à la Société se justifie par cette conception négative de la nature humaine propre à tous les positivismes[68].

Cette vision de la société et des rapports sociaux rend compte de la sanction que Léon Bourgeois a infligée au doyen de la faculté des Lettres de Bordeaux, Paul Stapfer (1840-1917). Le 23 juillet 1898, dans l'oraison funèbre qu'il a prononcée sur la tombe d'un collègue tourmenté par l'iniquité faite au capitaine Dreyfus, le professeur de Littérature a signalé « l'éclipse de l'idée de justice » qu'avait constaté le défunt. Léon Bourgeois suspendit de ses fonctions le doyen le 27 juillet 1898[69]. De tels propos favorisaient la sédition de l'individu contre l'espèce.

La peur de l'implosion sociale tout autant que l'antisémitisme guide la pensée et l'action des antidreyfusards et les font adhérer à une conception objective et non subjective du Droit. Ferdinand Brunetière ne fut pas un antisémite. En 1888, il avait sévèrement critiqué *La France juive* d'Édouard Drumond [70]; il n'adhère pas à la théorie des races dont il attribue l'origine à Ernest Renan[71]. Mais il récuse l'individualisme dont la notion demeure, dans sa pensée, d'autant plus floue que ce catholique néophyte n'a pas perçu l'idée de personne inhérente à sa Foi. L'individu nie le groupe car il « n'a confiance qu'en [lui], s'érige en juge souverain de tout, n'admet même pas que l'on discute l'opinion qu'il s'est faite. »[72] Il ruine la société en jetant l'opprobre sur l'Armée à l'ombre des armes de laquelle prospèrent le commerce et l'industrie[73].

65. Léon Bourgeois, *Solidarité*... op. cit. p. 49.

66. *Ibidem*, p. 35 et 38.

67. *Ibidem*, p. 34 et 23.

68. *Ibidem*, p. 29.

69. Marie-Claude Blais, *Au principe de la République*... op. cit. p. 408.

70. Antoine Compagnon, *Connaissez-vous Brunetière ?*... op. cit. p. 38 à 48.

71. Ferdinand Brunetière, « Après le procès » *Revue des Deux Mondes* CLXVI° volume, Quatrième période, LXVII° année, livraison du 15 mars 1898, p. 432 et 433.

72. Ferdinand Brunetière, « Après le procès »... op. cit. p. 445.

73. *Ibidem*, p. 440.

L'idée de Droit des dreyfusards

Si les néokantiens sont nombreux dans les facultés des Lettres[74], ils sont absents des facultés de Droit. Ils n'en ont pas moins une doctrine du Droit que Charles Renouvier a composé dans sa retraite du Pont, sous le Second Empire.

La doctrine du contrat d'association est conservée mais avec une acception différente de celle qui lui fut donnée par Jean-Jacques Rousseau et, par opposition à celui-ci, par les positivistes. Dans *Essais de critique générale Deuxième essai* paru en 1859, Renouvier en donnait la compréhension suivante :

> « Toute société suppose un contrat social ; je donne ce nom à l'ensemble des droits et des devoirs qui informe les consciences, c'est-à-dire à cette convention, claire ou explicite, expresse ou tacite, explicite ou implicite, réfléchie ou instinctive, qui règle les rapports des hommes dans une communauté quelconque. »[75]

Ce contrat est social dans la mesure où il associe des personnes, « êtres ayant déjà, en eux-mêmes, accompli un travail d'unité et de permanence »[76]. Le principe de la liberté, laquelle n'est pas un droit naturel car il n'existe pas de droits dans l'état de nature, permet à la personne de se percevoir comme sujet contractant. En effet avant de contracter avec autrui, la personne a contracté avec elle-même pour créer l'unité de sa personne et la possibilité d'un lien avec les autres. Ce contrat personnel précède le contrat social. Dans l'esprit du néokantisme, le contrat social n'est pas un acte primitif repoussé dans un lointain passé ; il est un processus permanent, actuel et soumis à la volonté en acte des personnes associées[77]. En conséquence, c'est la personne qui est objet de droit. Elle possède un droit de défense quand elle subit un déni de justice portant sur son devoir de travail ou son droit de conservation de soi[78].

Ces principes guident l'action des intellectuels néokantiens qui, dans l'Affaire Dreyfus, donnent le pas au droit subjectif par rapport au droit objectif. L'exemple le plus explicite est donné par Félix Pécaut (1828-1898). Ce fils d'un commerçant calviniste de Salies-de-Béarn, membre des « ayant-droits » exploitant, depuis 1589, la saline de la ville, fit des études de théologie à Montauban, Berlin, Bonn et Genève. Très vite, il récuse toute autorité aux Églises instituées : « Nous ne te connaissons point. Nous avons

74. Se reporter au chapitre 6.

75. Cité *in* Marie-Claude Blais, *Au principe de la République*... op. cit., p. 130.

76. Marie-Claude Blais, *Au principe*... p. 131.

77. Marie-Claude Blais, *Au principe*... p. 131 et 133.

78. *Ibidem*, p. 156.

charge de nous-mêmes. »[79] En 1869, il est invité par Ferdinand Buisson à rallier l'Église libre et libérale « sans dogme ni miracle » à Neuchâtel. En 1872, il participe au synode protestant de Poitiers. Il y écrit, pour le journal *Le Temps*, des « Lettres de Province » où il se montre favorable à une République d'inspiration néokantienne qui serait l'organisation politique nécessaire au développement de la responsabilité morale personnelle[80]. Cette conception individualiste et morale de la République avait guidé son attitude de clémence à l'égard des Communards. Il écrivit, le 23 mai 1871 – pendant la Semaine Sanglante qui mit fin à la Commune –, à Edmond Scherer, membre de l'Assemblée nationale cette lettre où on relève ces mots :

> « Nous avons pour nous le droit légal et la plus invincible des nécessités sociales, mais comment ne pas nous dire que nous sommes tous pour quelque chose dans cet effroyable malentendu [...] Nous les punissons aujourd'hui de leur attentat contre l'ordre social, et c'est justice, mais nous les punissons aussi de notre égoïsme imprévoyant, de notre goût de la vie facile, de notre oubli des conditions supérieures de la solidarité sociale et nationale. »[81]

C'est ce même néokantisme qui guide sa plume quand, à la veille de son agonie, il prend la défense d'Alfred Dreyfus par une sévère critique du solidarisme de Léon Bourgeois, ministre de l'Instruction Publique, à qui il envoie le 29 mai 1898, la lettre suivante :

> « Il y a de votre part, de la part des chefs républicains, dans cette affaire Dreyfus, une erreur de morale fondamentale. Vous avez sacrifié l'homme à la collectivité... Vous avez laissé pâlir et se voiler la face auguste de l'Individu, et par conséquent le Droit... Vous vous êtes laissé abuser par la solidarité, qui n'est qu'un mot, le plus vain des mots, quand elle cesse d'exprimer l'accord conscient et spontané des volontés personnelles en pleine possession de leur droit et de leur liberté... Solidarité ! Cette idée séduit l'imagination des foules, parce qu'elle n'évoque, elle n'implique aucun effort, nul labeur ; l'individu n'a qu'à s'abandonner, se fondre dans le tout. L'individualisme, au contraire, qui condamne chacun, vous, moi, à valoir quelque chose, à juger juste, à penser vrai, à être enfin, à ses risques et périls, l'individualisme vous est suspect et insupportable... Et je m'émerveille de votre aveuglement ! Vous avez cru, vraiment cru, sauver la République et le pays en perdant l'individu ; sauver le navire, en jetant à l'eau, en abandonnant à la fureur des vagues le pauvre homme innocent, mais écrasé, mais seul, sans valeur

79. Félix Pécaut, *Pages choisies et fragments inédits... publiées par le docteur Élie Pécaut avec une lettre préface de F. Buisson* Paris, Librairie Fischbacher, 1906, p. VII.

80. André Encrevé (dir.) *Dictionnaire du monde religieux dans la France contemporaine tome 5 Les protestants* Paris, Beauchesne, 1993, p. 377 et 378.

81. Félix Pécaut, *Pages choisies*... op. cit. p. 113 et 114.

> à vos yeux, déjà sacrifié, relégué, à demi mort… Vous n'avez pas compris qu'il vous devait être sacré […] »[82]

Toute la doctrine des principes du droit des néokantiens est contenue dans cet article : primauté de l'individu ayant contracté avec lui-même et les autres et qui, partant, est l'unique objet de droit.

Un disciple de Renouvier, Henry Michel (1857-1904) qui est chargé de cours à la faculté des Lettres de Paris, se montre très sévère à l'égard de la doctrine positiviste de l'État et du Droit. En abandonnant l'idée naturelle de Droit, les positivistes ressuscitent « l'étatisme sans mesure et sans limite »[83]. Ce philosophe milite pour défendre l'autonomie de la conscience individuelle et de la philosophie par rapport aux sciences sociales. Le sociologisme induit une philosophie « nécessitaire » qui nie la liberté de l'individu.

> « Libre au sociologue de combiner le roman de nos origines, pourvu qu'il n'ait pas la prétention de nous lier à l'imitation indéfinie des procédés qu'il suppose avoir régné durant ces périodes embryonnaires [des origines de la Société] »[84]

Une résurgence d'un certain droit « naturel » dans le droit républicain ?

Le 20 février 1898, pendant le procès d'Émile Zola poursuivi en justice pour son article « J'accuse » qui avait paru dans *L'Aurore* du 13 janvier 1898, Ludovic Trarieux (1840-1904) qui avait été garde des Sceaux, ministre de la Justice en 1895, invita à son domicile parisien, rue de Logelbach, certaines personnalités pour créer une association placée sous l'égide de la « Déclaration des Droits de l'Homme ». Elle se proposait de défendre les principes de liberté, d'égalité et de fraternité contenus dans ce texte. Les hommes qui répondent à l'invitation sont issus des milieux les plus divers d'un point de vue philosophique : des positivistes comme Jean Psichari, le gendre d'Ernest Renan, Yves Guyot, Arthur Ranc, le républicain radical ami de Léon Gambetta, mais encore des catholiques libéraux comme Paul Meyer et Paul Viollet. Après une campagne de recrutement qui vit le nombre de militants passer de 269 en avril 1898 à 800 en mai de la même année, la « Ligue pour la défense des Droits de l'Homme et du Citoyen » tient son assemblée constitutive le 4 juin 1898 à l'Hôtel des Sociétés savantes à Paris.

82. *Le Siècle* jeudi 2 juin 1898 p. 1. Les points de suspension et le soulignement appartiennent au texte original. Joseph Reinach, *Histoire de l'Affaire Dreyfus tome IV Cavaignac et Félix Faure* Paris, Librairie Charpentier et Fasquelle, Eugène Fasquelle, éditeur, 1904 p. 133 et 134. Marie-Claude Blais, *Au principe*… op. cit. p. 408.
83. Henry Michel, *L'idée de l'État Essai critique sur l'histoire des théories sociales et politiques en France depuis la Révolution* Paris, Librairie Hachette, 1898, p. 570 et 571.
84. Henry Michel, *L'idée de l'État*… op. cit. p. 633 et 634.

La constitution du Comité central de trente six membres montre la limite exacte à donner à la défense des droits de l'Homme. La ligue milite essentiellement en faveur de la révision du procès d'Alfred Dreyfus, mais elle n'entend pas donner une large compréhension à la notion des droits de l'Homme. Elle laisse le champ libre à l'éradication de tout élément théologique dans la société et le droit français. C'est la raison pour laquelle le catholique libéral Paul Viollet, juriste dreyfusard, quitta très vite le Comité central de la ligue devant l'impossibilité à laquelle il se heurta, pour faire reconnaître le droit des congrégations et des religieux à enseigner. Cette revendication était inhérente à la tradition juridique libérale et spiritualiste[85].

Les positivistes, dans leur majorité, firent, après l'Affaire, de l'individu une valeur absolue née de l'évolution du social et particulièrement de la division du travail social[86]. Ils suivirent essentiellement Émile Durkheim. Le sociologue considérait que la seule foi qui peut unir, en ce moment, les esprits, est la foi en l'individu car elle est un fait social. La société ne peut se mettre en contradiction avec ce fait en le sacrifiant à des intérêts supérieurs peut-être illusoires[87].

Léon Duguit emboîta le pas à ce mouvement de la société. Il n'adhéra pas entièrement aux analyses d'Émile Durkheim. Il lui reprochait de faire de l'engouement social en faveur de l'individu un jugement de réalité alors que, à ses yeux, il n'est qu'un jugement de valeur non fondé sur une réalité[88]. Cette réalité, le juriste bordelais la voyait dans la solidarité sociale qui :

> « est ainsi le tout de l'homme. Par conséquent, si l'homme se veut lui-même, il doit vouloir la solidarité sociale. S'il y a une solidarité sociale, elle ne peut être qu'une loi des buts, c'est-à-dire une règle de conduite, parce qu'elle s'applique à des volontés. Elle se résume toute entière à cette formule : Veux la solidarité. »[89]

L'assouplissement apportée au déterminisme sociologique strict par ce concept de solidarité qui ne peut exister que dans la conscience privée de l'individu et non dans « la prétendue conscience sociale »[90], le conduit à atténuer l'omnipotence de l'État par rapport à ses écrits de 1894[91]. En 1901, Léon Duguit enseignait à ses étudiants ceci :

85. Louis Capéran, *L'anticléricalisme et l'Affaire Dreyfus 1897-1899* Toulouse, Imprimerie Régionale, 1948, p. 108, 109, 198, 199. Charles Beudant, *Le droit individuel et l'État*... op. cit. p. 279.

86. Marie-Claude Blais, *Au principe*... op. cit. p. 398.

87. *Ibidem*, p. 407.

88. Roger Bonnard, *Les idées de Léon Duguit sur les valeurs sociales (avec des inédits de Duguit)* Paris, Librairie du recueil Sirey, 1932, p. 3.

89. Léon Duguit, *L'État, le droit objectif et la loi positive Préface de Franck Moderne* Paris, Dalloz, 2003, p. 615 [première édition : 1901].

90. *Ibidem*, p. 92 et 93.

91. Se reporter au texte de la note 58.

> « La force des gouvernants n'est point légitime en soi, mais seulement lorsqu'elle est employée à sanctionner le droit, c'est-à-dire à garantir toute coopération à la solidarité sociale [...] [L'État] est la force consciente devant protéger la solidarité sociale, synthèse féconde de l'intérêt individuel et de l'intérêt collectif. »[92]

Le juriste bordelais acceptait de faire de la Déclaration des Droits de l'Homme et du Citoyen du 26 août 1789 une sorte de loi fondamentale. Elle n'est pas un succédané de la loi naturelle que le positivisme récuse par principe. Elle est un texte de droit positif postérieur à la création du lien social dont dérive toute vie individuelle. Il conserve toute sa valeur normative tant qu'il répond à la norme sociale[93]. Or, après l'Affaire Dreyfus, ce texte fondateur de la pensée négative selon les critères d'Auguste Comte montrait encore sa vitalité.

Au mitant du Second Empire, des observateurs de l'évolution de la pensée politique française remarquaient le caractère très contraignant de la pensée positiviste. Le premier à le faire fut l'anglais John Stuart Mill (1806-1873) qui écrivit dans son livre *La liberté* cette remarque :

> « Quelques uns de ces réformateurs modernes, qui ont attaqué le plus violemment les religions du passé, ne sont nullement restés en arrière ni des églises, ni des sectes, dans leur affirmation du droit de domination spirituelle ; nous citerons en particulier M. Comte, dont le système social, tel qu'il l'expose dans son traité de Politique positive, vise à établir (plutôt, il est vrai, par des moyens moraux que par des moyens légaux) un despotisme de la société sur l'individu, surpassant tout ce qu'ont pu imaginer les plus rigides disciplinaires, parmi les philosophes de l'Antiquité. »[94]

Le rappel incessant de la religiosité du positivisme revient toujours sous la plume des critiques contemporains. Adolphe Franck souligne que :

> « Ceux qui ont essayé de changer les termes du problème [les relations entre l'État et la religion], les utopistes qui ont tenté de créer une nouvelle société et une nouvelle religion, n'ont pas réussi à imaginer entre elles de nouveaux rapports. Les rêves de Campanella, de Saint-Simon et même d'Auguste Comte, répondent à l'idée d'une pure théocratie. »[95]

92. Léon Duguit, *L'État, le droit objectif...* op. cit. p. 616.

93. Claude Nicolet, *L'idée républicaine en France Essai d'histoire critique* Paris, Gallimard, 1982, p. 352.

94. John Stuart Mill, *La liberté Traduction de M. Dupont-White* Paris, Guillaumin, 1864, p. 24 et 25.

95. Adolphe Franck, *Philosophie du Droit ecclésiastique Des rapports de la religion et de l'État* Paris, Baillière, 1864, p. 114.

Cette religion de l'Humanité cherche à s'imposer par un pouvoir spirituel dont Auguste Comte lui-même a brossé les grands principes[96]. Certes la politique scolaire des Républicains entrent parfaitement dans ce projet. Mais il n'en demeure pas moins vrai que des principes comtiens ont guidé l'œuvre législative des Opportunistes en matière économique et sociale. L'école libérale en a contesté le principe tandis que les écoles plus radicales ont cherché à renouveler le projet républicain en cherchant des bases plus solides que la sociologie officielle des Opportunistes.

96. Auguste Comte, *Science et politique Les conclusions générales du Cours de philosophie positive Fin de la cinquante-septième leçon Les conclusions des leçons de sociologie : la théorie du pouvoir spirituel* Paris, Pocket, 2003, p. 253-369 [première édition : 1854 à partir d'un opuscule de 1825].

Chapitre 5
La République en débat, 1888-1914

En 1888, *L'État moderne et ses fonctions,* livre signé par un économiste de renom, Paul Leroy-Beaulieu, paraît en librairie. Cet ouvrage qui, en 1911, en est à sa quatrième édition, semble avoir ouvert la voie à une réflexion nouvelle sur la finalité de l'État républicain. Le 26 octobre 1895, le député Paul Deschanel (1856-1922) affirmait devant un parterre de Républicains marseillais :

> « Pendant quinze ans, la France a voté sur des idées simples : pour ou contre la monarchie, pour ou contre la république (sic) ; à présent qu'il s'agit, non plus de fonder ou de défendre, mais d'organiser le régime, elle doit se prononcer sur des questions de plus en plus complexes, parfois ardues, et le premier devoir des hommes publics est de les exposer avec précision. »[1]

Le 4 février 1900, Pierre Waldeck-Rousseau, dans un discours prononcé devant la Chambre consultative des Associations ouvrières de production, reprenait le même thème en le précisant :

> « il faudra reconnaître que le souci supérieur de la conservation des institutions républicaines ne nous a pas fait perdre de vue cette autre vérité qu'on ne conserve bien qu'en progressant, et qu'il n'est pas suffisant de placer la République au-dessus de certaines atteintes, qu'il faut savoir la rendre féconde pour savoir la faire aimer. »[2]

Cette réflexion sur la finalité de l'État a animé toutes les sensibilités politiques attachées, de multiples façons, à l'idée républicaine. Les conclusions de celle-ci n'émeuvent pas le grand public dont l'attention est fixée sur les rebondissements de l'Affaire Dreyfus. Ce débat n'en est pas moins fondamental dans la mesure où il reflète les mille et une interprétations

1. Paul Deschanel, *La République nouvelle* Paris, Calmann-Lévy, 1898, p. 173.
2. Pierre Waldeck-Rousseau, *Questions sociales* Paris, Bibliothèque Charpentier, Eugène Fasquelle éditeur, 1900, p. 372.

possibles des théories politico-sociales issues de l'Idéologie du Premier Empire. Libéraux influencés par la tradition saint-simonienne, socialistes proudhoniens se démarquent du modèle opportuniste dont Pierre Waldeck-Rousseau est censé avoir posé les premiers fondements avec la loi syndicale de 1884. Au cours de ce débat se met en place une nouvelle doctrine du droit apparemment plus apte à favoriser la marche vers le Progrès. A la théorie du maître bordelais vient s'ajouter celle du maître toulousain Maurice Hauriou.

La politique économique et sociale des Opportunistes

Principes républicains et réalité sociologique républicaine

Les nouveaux principes du droit tels que Léon Duguit les a théorisés, place la Société au dessus de l'Individu à telle enseigne que la propriété cesse d'être un droit personnel pour devenir une fonction sociale. Toutefois, entre la pureté de la doctrine positiviste et la réalité politique et juridique, il existe un écart important dont il convient de rendre compte.

La différence entre les principes énoncés dans l'éther de leur absolu et la politique concrète menée au jour le jour par les Opportunistes, tient partiellement à la nature de la composition sociologique des Orients des différentes obédiences maçonniques qui forment l'« Église de la République »[3]. L'épais secret dont s'entourent ces cercles de philosophie, ne permet pas une étude statistique précise. Il est habituel d'avancer des approximations. En mêlant les effectifs des deux grands rites : Grand-Orient et Grande Loge qui devient autonome en 1903, le nombre de Maçons aurait été de dix mille en 1862, de vingt mille en 1889, de trente-deux mille en 1908[4]. Les Frères sont issus de milieux urbains et sont en plus grand nombre dans la région bordelaise – Gironde, Lot-et-Garonne, Dordogne, Charente et Charente-Inférieure –, dans la vallée de la Seine – de Paris à Rouen –, dans la région lyonnaise, la basse vallée du Rhône – Vaucluse et Bouches-du-Rhône – et dans le Languedoc – Haute-Garonne, Tarn, Hérault[5]. L'étude de la composition socioprofessionnelle des quatre loges du Tarn – deux à Albi, une à Castres et une à Gaillac – montre la prédominance des petits patrons et des fonctionnaires en particulier les

3. Pierre Chevallier, *Histoire de la Franc-Maçonnerie française tome 3 La Maçonnerie : Église de la République (1877-1944)* Paris, Fayard, 1975, 479 p.

4. *Ibidem*, p. 28.

5. Gérard Gayot, *La franc-maçonnerie française*... op. cit. p. 44.

enseignants. La loge de Saint-Geniès (Gard) dont Frédéric Desmons fut le Vénérable, a une composition sociologique identique à celles du Tarn[6].

Ces groupes sociaux cultivent le mythe de la République des Égaux d'où les « gros » sont exclus. La mouvance républicaine que mène Léon Gambetta reflète parfaitement l'opinion des loges maçonniques par sa méfiance à l'égard des financiers, des grands industriels, des brasseurs d'affaires et de la haute bourgeoisie en général[7]. Mais il n'en demeure pas moins vrai que les Frères sont mus par la volonté d'organiser l'Humanité sur le principe positiviste de l'altruisme qui aboutit, en dernière analyse, à corseter l'initiative personnelle au moyen de la loi. Ils demeurent attachés au principe de la propriété individuelle, hormis le cas de l'exploitation minière et de la mise en valeur des richesses naturelles comme l'hydroélectricité. Ils veulent résoudre les inégalités sociales par l'impôt progressif sur le revenu. Dans le domaine des réalisations concrètes, ils retrouvent les idées de caisses mutuelles d'entraide et de compensation qui ont aussi germé dans d'autres mouvances comme la libérale ou la catholique sociale. En conséquence, la finalité ultime de leur action n'apparaît pas clairement aux yeux de ceux qui se font une idée différente de la personne[8].

Cette action économique et sociale apparaît d'autant plus innocente que les Républicains, à la différence des Socialistes, n'ont pas le projet de culbuter, en apparence du moins, l'ordre capitaliste libéral. L'économie, qui plus est, en est encore à ses balbutiements et certaines écoles positivistes lui refusent le statut scientifique. Maurice Barrès se moque ainsi de cette nouvelle connaissance :

> « L'économiste, c'est un peu un artiste comique, ou plus exactement une coquette : il ne se suffit pas à soi-même ; il n'a pas le goût de la réflexion ; il attend toujours l'occasion de placer un propos fin, une interprétation heureuse des statistiques, un paradoxe délié et malin à l'usage des riches ; son impatience, son habitude de bavarder sont si fortes que, dans ses silences, son menton marche tout seul, comme il arrive à ceux qui n'ont pas de dents. »[9]

La première génération de Républicains, celle des fondateurs, ne connaît rien à l'économie politique. Cette discipline était ignorée des programme des écoles de Droit jusqu'en 1863, date à laquelle Victor Duruy (1811-1894) a créé une chaire libre d'économie politique à celle de Paris à la demande d'industriels. Elle fut confiée au libéral Anselme-Polycarpe Batbie (1828-1887) dont le manuel fit autorité. C'est en 1877 seulement que l'économie

6. Jean Faury, *Cléricalisme et anticléricalisme dans le Tarn (1848-1900)* Toulouse, Association des Publications de l'Université de Toulouse-Le Mirail, 1980, p. 370 à 377.

7. Pierre Sorlin, *Waldeck-Rousseau*... op. cit. p. 229.

8. Pierre Chevallier, *Histoire de la Franc-Maçonnerie*... op. cit. p. 142 à 147.

9. Maurice Barrès, *Les déracinés*... op. cit. p. 630.

politique devient une matière obligatoire pour l'obtention de la licence en droit[10]. La résolution des questions financières et économiques n'est donc pas technique. La politique agricole de Jules Méline et la politique sociale de Pierre Waldeck-Rousseau en donnent la preuve.

La politique agricole des Opportunistes

Cette politique est certes commandée par le problème des importations de blé et de viande en provenance des pays neufs dans le contexte de libre-échange instauré par le « Coup d'État » douanier de 1860. Cette concurrence mène à une stagnation et à une baisse tendancielle des prix de gros. Parallèlement, des conditions météorologiques mauvaises et des maladies nouvelles, comme le phylloxéra, maintiennent vive la mauvaise humeur des campagnes.

Or le monde paysan n'est pas acquis définitivement à la République. Certes les lois municipales du 4 mars 1882 puis du 5 avril 1884 se succèdent pour instaurer une démocratie municipale qui ferme la charge de maire aux élites traditionnelles des campagnes. Dès 1879, le village de Mazières-en-Gâtine (Deux-Sèvres) ne renouvelle plus sa confiance au maire des époques antérieures, lequel était le hobereau. Il en est de même dans le Tarn où les élections se font contre les nobles représentés par les Solages et Reille-Soult[11]. Les grands propriétaires fonciers, exploitants directs ou rentiers du sol, regroupés dans la Société nationale d'agriculture de France, ne sont guère favorables aux Républicains et gardent, sur le monde paysan, une autorité morale liée à de réelles compétences agronomiques et à la pratique du métayage. L'économie agricole interfère très vite avec les questions de politique générale portant sur l'organisation des pouvoirs publics et la politique de laïcité. Les interventions maladroites de certains évêques dans ces sujets ne pouvaient que susciter des aigreurs et des difficultés nouvelles. Ainsi Mgr Delannoy, évêque d'Aire et Dax, rendit publique, en octobre 1885, cette lettre pastorale qui confond le plan temporel et le plan spirituel. Après avoir évoqué « une crise économique qui va chaque jour en s'aggravant » et « des maladies jusqu'ici inconnues » sur la vigne, « fléaux mystérieux qui se succèdent sous nos yeux, semblables aux plaies d'Égypte », le prélat conclut : « Quand Dieu est nié, est-il étonnant qu'il s'affirme ? [...] quand sa religion est traitée en ennemie, est-il étonnant qu'il se venge ? »[12]

10. Pierre Sorlin, *Waldeck-Rousseau...* op. cit. p. 90.

11. Roger Thabault, *Mon village, ses hommes, ses routes, son école Préface d'André Siegfried* Paris, Presses de la F.N.S.P., 1983, p. 125 [première édition : 1943] ; Jean Faury, *Cléricalisme et anticléricalisme...* op. cit. p. 105.

12. Pierre Barral, *Les agrariens français de Méline à Pisani* Paris, Presses de la F.N.S.P., 1968, p. 82.

La politique des Opportunistes a consisté à affranchir le monde paysan des élites traditionnelles. Gambetta favorisa la création et l'audience de la Société nationale d'encouragement à l'agriculture qui cherchait l'appui de « la moyenne et petite culture, toujours sacrifiées jusqu'ici à la grande propriété territoriale »[13]. Sous la République d'Ordre moral, la tactique des Républicains avait été, dans les campagnes, de faire miroiter aux yeux du prolétariat rural l'accès au faire-valoir direct. Le 14 juillet 1872, exaltant l'œuvre de la Grande Révolution devant les banqueteurs réunis à la Ferté-sous-Jouarre (Seine-et-Marne), le chef républicain déclama :

> « Eh bien ! que s'est il passé après l'émancipation légale des citoyens, après ce don magnifique de joyeux avènement de la Révolution française, qui prend dans son sillon, où il croupissait comme une bête de somme, le paysan, qui le redresse et lui fait figure humaine – que dis-je ? qui lui fait figure civile et politique et qui lui dit : Cette terre est à toi, c'est ta passion dominante, tu l'aimes, tu la travailles, tu la fécondes ; [...] chaque jour tu ornes cette maîtresse, tu la surveilles avec des soins jaloux, ne permettant d'empiétements à personne, mais cherchant toujours à l'agrandir [...] eh bien, ce travail de chaque jour, ce travail accumulé, ce travail associé à ta personne, c'est ton bien, c'est ta propriété, il est à toi. »[14]

Le tribun concluait le discours en esquissant des projets de financement pour permettre l'accession à la propriété du prolétariat rural : « car la Révolution a fait de l'acquisition de la propriété une condition morale autant que matérielle de la liberté des sociétés et de la dignité des citoyens. »[15]

Le protectionnisme fut choisi pour favoriser le maintien de la petite exploitation agricole au détriment des grandes exploitations de monoculture céréalière et de vins fins. La décision fut prise pour des raisons politiques. En effet, Gambetta lui-même était encore favorable en 1878 à :

> « une politique commerciale reposant sur la liberté qui rapproche les peuples par l'échange des produits et qui ouvre l'ère de la paix et du travail en lui donnant pour base l'harmonie des intérêts du monde »[16]

Le monde paysan lui-même n'est pas acquis spontanément et en masse au protectionnisme. Une enquête de 1879 montre que quarante-quatre départements sur quatre-vingt-huit demeurent attachés à la législation commerciale libérale du Second Empire. La Seine-Inférieure avance que des lois protectionnistes « seraient particulièrement nuisibles aux progrès de

13. Pierre Barral, *Les agrariens*... op. cit. p. 80.

14. *Discours et plaidoyers politiques de M. Gambetta publiés par M. Joseph Reinach Tome 2 deuxième partie 19 février 1871-24 juillet 1872* Paris, G. Charpentier éditeur, 1881, p. 373-374.

15. *Discours et plaidoyers*... op. cit. p. 392.

16. Pierre Barral, *Les agrariens*... op. cit. p. 84.

l'agriculture, qui ne trouverait en elles qu'un privilège en faveur de la routine. »[17]

A partir de 1879-1880, ce sont par des arguments politiques que les Opportunistes arrivent à faire accepter au monde agricole la nécessité d'un relèvement des droits de douane. Le 29 septembre 1879, Waldeck-Rousseau s'exprimait ainsi devant les agriculteurs de Cesson (Ille-et-Vilaine) :

> « Il est vrai que de profonds politiques disent partout que si les saisons sont pluvieuses, les récoltes insuffisantes, c'est la faute de la République [...] Je cherche lequel de ses actes peut être incriminé. Les traités de 1862 [de libre échange des produits agricoles] sont-ils son œuvre ? »[18]

Cette politique d'éviction des anciennes élites rurales hérités des régimes politiques antérieurs, conduisit au vote des droits de douane de 1881, 1884, 1887 et de 1892 bien que leur effet « compensateur » fut toujours mitigé par les traités de commerce assortis de la clause de la nation la plus favorisée[19].

Cette politique n'est individualiste qu'en apparence. Émile Littré avait fait évoluer le positivisme des solutions globales vers une rénovation des mœurs par touches successives. En l'occurrence, il s'agit de développer « l'altruisme » chez les paysans français. La politique de modernisation des campagnes relève de cette éducation à l'interdépendance.

La création du ministère de l'Agriculture, le 14 novembre 1881, répond à cette visée. Jules Méline (1838-1925) qui fut le titulaire le plus glorieux de ce nouveau ministère, nourrissait de grandes ambitions à ce propos. Devant les députés siégeant ce 11 février 1885, il expliquait que : « l'agriculteur français a de très grandes qualités de ténacité et de persévérance, mais il n'a peut-être pas, à un degré suffisant, l'esprit d'association. »[20] Toute la politique de modernisation du monde agricole se fit sous la forme de l'association tant pour le crédit – loi Méline de 1894 – que pour l'organisation des mutuelles d'assurances agricoles – loi Viger de 1900 – ou les travaux d'aménagement ruraux. Le Service des améliorations créé en 1903 et qui devint par la suite le Génie rural, avait pour mission d'aider pour toute entreprise qui dépassait les possibilités techniques et financières du grand propriétaire et du syndicat agricole. Face à cette politique qui, en réalité, encadrait fortement le droit de propriété selon la compréhension romaine de celui-ci, les grands exploitants libéraux se contentaient de demander des dégrèvements d'impôts et des économies budgétaires sur les grands travaux[21].

17. Georges Duby et Armand Wallon, *Histoire de la France rurale tome 3* Paris, Seuil, 1976, p. 409.

18. Pierre Waldeck-Rousseau, *L'État et la liberté Première série : 1879-1883* Paris, Bibliothèque Charpentier, Eugène Fasquelle éditeur, p. 4.

19. Georges Duby et Armand Wallon, *Histoire de la France rurale...* op. cit. p. 410 et 411.

20. Cité *in* Pierre Barral, *Les agrariens...* op. cit. p. 91.

21. Pierre Barral, *Les agrariens...* op. cit. p. 89 à 92 ; Georges Duby et Armand Wallon, *Histoire de la France rurale...* op. cit. p. 415 à 420.

La politique ouvrière des Opportunistes

Il est habituel de citer à ce sujet les propos tenus au Havre le 18 avril 1872 par Léon Gambetta. Il n'est retenu qu'une simple phrase lapidaire de ce discours fleuve qui brosse l'ensemble des projets politiques des Républicains. Celle-ci tendrait à prouver que la Société n'existe pas – c'est la critique qu'en donne Maurice Barrès qui, pour sa part, estime qu'elle est mue par un élan vital propre – ou qu'elle n'était, aux yeux du chef républicain, qu'un Tiers État dressé contre les derniers privilégiés[22]. La substantifique moelle de la longue tirade de Gambetta sur la question sociale est plus nuancée :

> « Donnons à la France un gouvernement capable d'assurer la sécurité de la génération qui travaille actuellement, et de léguer à celle qui monte le couronnement de vos efforts qui leur permettront de poursuivre les conséquences les plus extrêmes du principe de la solidarité humaine. Je m'explique : ce n'est pas que je nie en aucune manière les misères, les souffrances, les douleurs légitimes d'une partie de la démocratie. Ce n'est pas moi qui méconnaîtrai jamais ce qu'il y a de puissant dans ce monde du travail, fruit de la science, de l'esprit d'association et aussi de l'apparition des merveilles de la mécanique et de l'industrie. C'est tout un monde nouveau insuffisamment connu, qu'il faut étudier, et qui, depuis trop longtemps, souffre et gémit. Oh ! il faut se pencher de ce coté, jeter là à pleines mains la liberté et la clarté. Mais tenons-nous en garde contre les utopies de ceux qui, dupes de leur imagination ou attardés dans leur ignorance, croient à une panacée, à une formule qu'il s'agit de trouver pour faire le bonheur du monde. Croyez qu'il n'y a pas de remède social parce qu'il n'y a pas une question sociale. Il y a une série de problèmes à résoudre, de difficultés à vaincre, variant avec les lieux, les climats, les habitudes, l'état sanitaire, problèmes économiques qui changent dans l'intérieur d'un même pays ; eh bien ! ces problèmes doivent être résolus un à un et non par une formule unique. C'est par le travail, par l'étude, par l'association, par l'effort toujours constant d'un gouvernement d'honnêtes gens que les peuples sont conduits à l'émancipation. Il n'y a pas, je le répète, de panacée sociale, il y a tous les jours un progrès à faire, mais non pas de solution immédiate, définitive et complète. »[23]

L'ensemble du discours s'inscrit dans cette logique positiviste. Il magnifie la science, l'industrie et la solidarité. Gambetta insiste d'autant plus sur ce dernier point que, depuis la répression de la Commune, le mouvement ouvrier, quoique timide, vit sous l'influence de publicistes comme Joseph Barberet (1837-1920) ou Louis Pauliat (1845-1915). Le premier est une énigme. Rallié à Gambetta depuis 1869, il tente d'orienter le mouvement ouvrier pendant huit ans vers la collaboration harmonieuse entre patrons et ouvriers. Après 1880, il demeure un conseiller de l'ombre des Opportunistes.

22. Maurice Barrès, *Les déracinés...* op. cit. p. 631 et 632. Pierre Sorlin, *Waldeck-Rousseau...* op. cit. p. 253.

23. *Discours et plaidoyers politiques...* op. cit. p. 262 et 263. Le soulignement met en valeur la phrase toujours citée de ce discours.

Le second, historien de formation, est un franc-maçon qui devint sénateur du Loir-et-Cher de 1887 à sa mort [24]. La collaboration entre le capital et le travail est leur thème politique. Louis Pauliat écrit, en 1873, dans une logique gambettiste que ne renierait ni Émile Littré ni Pierre Lafitte, successeur du premier à la tête de la Société positiviste :

> « Patrons et ouvriers ne demandent qu'à s'entendre et à vivre en bonne harmonie. Les ouvriers comme les patrons sont directement intéressés à ce que la production double au lieu de se ralentir et de cesser tout à fait. »[25]

L'altruisme n'est pas obligatoirement la motivation majeure qui conduit les Opportunistes à se pencher sur la question ouvrière et à militer pour peaufiner une politique sociale qui rendrait la grève obsolète ainsi que toutes les solutions radicales de refonte de la société. Ils se refusent à voir le monde ouvrier retomber dans l'âge théologique sous la conduite du comte Albert de Mun. Ce dernier, aristocrate catholique, cherche à réunir les ouvriers dans des cercles où ils entrent en contact avec les élites de l'économie et de la société. L'harmonie sociale doit découler de l'identité établie entre le lien social et le lien religieux. C'est dans le culte du Sacré Cœur de Jésus que sont censés communier patrons et ouvriers[26]. Pierre Waldeck-Rousseau a suivi de près l'éclosion de ces cercles à Rennes qui regroupent, en 1880, deux cent cinquante travailleurs alors que le principal syndicat de la capitale bretonne, celui des menuisiers, ne compte que trente membres[27].

Par ailleurs, les Opportunistes redoutent l'attirance exercés par les socialismes qui font de l'antagonisme des classes leur clef de lecture de la marche vers le Progrès. Si Gambetta, à partir de 1880, reconnaît le fait de l'antinomie irréductible des classes puisqu'il présente le capital et le travail comme « des duellistes acharnés et haineux », il cherche, malgré tout, à « dénouer la guerre des classes »[28].

La loi du 21 mars 1884 qui abolit l'article 419 du Code civil interdisant les coalitions professionnelles, est votée dans ce contexte qui refuse tout autant la société hiérarchisée et religieuse rêvée par le comte de Mun qu'une société qui ferait de l'opposition des classes un moteur de Progrès. Le rôle de Pierre Waldeck-Rousseau fut mineur dans le processus parlementaire de vote de ce texte législatif qui porte son nom. Par contre il partage la philosophie

24. Pierre Sorlin, *Waldeck-Rousseau...* op. cit. p. 237 note 11.

25. Louis Pauliat, *Les associations et les Chambres syndicales* p. 57 cité *in* Pierre Sorlin, op. cit. p. 238.

26. Philippe Levillain, *Albert de Mun. Catholicisme français et catholicisme romain du Syllabus au Ralliement* Paris, Bibliothèque des Écoles Françaises d'Athènes et de Rome, fascicule 247, 1983, p. 281.

27. Pierre Sorlin, *Waldeck-Rousseau...* op. cit. p. 241.

28. *Ibidem*, p. 253 note 151.

sociale qui sous-tend ce texte fondateur du syndicalisme français : asseoir la marche vers le Progrès dans l'Ordre[29].

L'attention au sort des ouvriers par l'octroi de la liberté syndicale n'est qu'une facette de la politique économique des Opportunistes. Celle-ci a une portée plus large que Jules Ferry explicite devant les ouvriers de l'usine de laine du Thillot (Vosges) le 19 octobre 1891, deux ans après l'échec du boulangisme :

> « Messieurs, il ne manque pas de gens qui vous disent à l'oreille ou dans les journaux : le régime parlementaire est mauvais, il ne fait rien pour le peuple, pour l'ouvrier [...] Enfin, tandis que nous nous trouvons ici, le Sénat se réunit. Savez-vous ce que porte son ordre du jour : les Sociétés de secours mutuels, dont vous connaissez l'importance et les services ; puis la loi sur le travail, une loi qui assure l'hygiène des ateliers – car toutes les manufactures ne sont pas, malheureusement, établies comme celle-ci, avec une préoccupation ingénieuse de l'aération des salles, de la santé des travailleurs –, une loi qui règle les heures de travail pour les femmes et les enfants, qui supprime le travail de nuit dans l'intérêt de la vie de famille... Et voilà comment il est vrai de dire "que le Parlement ne s'occupe pas de la classe ouvrière" ! »[30]

Propos qui ne sont pas resté lettres mortes. Les premières législations sur la réglementation du travail, la création en 1892 d'un corps des inspecteurs du travail en sont la preuve. Arthur Fontaine en fut un des principaux maître d'œuvre. Il travailla à la réglementation de l'autorité patronale sur les ouvriers après la création de la Direction du Travail au ministère du Commerce et de l'Industrie. Sous sa houlette, l'État fait adopter les textes régissant le repos hebdomadaire en 1906 ; la codification des lois sociales en 1910 est son fait ; c'est lui qui fit interdire les économats d'entreprise qui permettaient à l'employeur de récupérer la quasi totalité du salaire de l'ouvrier au détriment du commerce indépendant de la ville[31]. Maurice Barrès a donné une description de cette pratique fréquente dans la grande sidérurgie. Deux de ses héros « déracinés » visitent à bicyclette la Lorraine pour faire connaître au général Boulanger la situation réelle du pays. A Custines (Meurthe-et-Moselle) où sont implantés des hauts fourneaux, ils interrogent l'aubergiste :

> « – Elles [les usines] doivent mettre beaucoup d'argent dans le pays, dit Saint-Phlin.
> – De l'argent ! répond le patron, nous n'en voyons pas.
> – Mais les ouvriers dépensent chez vous, chez l'épicier !

29. Pierre Sorlin, *Waldeck-Rousseau...* op. cit. p. 293 à 297.

30. Jules Ferry, *La République des citoyens tome 2...* op. cit. p. 429 et 430.

31. André Gueslin, *L'État, l'économie...* op. cit. p. 104 et 105. François Chaubet, *Paul Desjardin et les Décades de Pontigny* Villeneuve-d'Ascq, Presse universitaire du Septentrion, 2000, p. 67.

– On vous dit qu'ils n'ont pas d'argent. L'usine leur fournit tout, épicerie, viande, habillement, chaussures et le vin. Ici, pour les commerçants, rien à faire. Même la fête du pays est un désert. Charretiers, puddleurs, employés, tous, ils disposent d'un crédit à l'économat ; l'usine les règle en jetons, elle diminue ainsi leurs salaires du bénéfice qu'elle fait sur les marchandises et, d'autre part, elle les garde à l'attache par leur dette. »[32]

La politique économique des Opportunistes

L'œuvre des Républicains en matière économique est importante. Dans l'industrie et le commerce comme dans l'agriculture, elle est guidée par le souci de préserver un ordre social fondé sur la petite industrie et le petit commerce par défiance à l'égard des grandes entreprises. Ces dernières donnaient l'impression d'avoir été les piliers du Second Empire par la loi portant création des sociétés anonymes par actions de 1867[33]. La loi de 1889 sur les liquidations judiciaires diminue la responsabilité personnelle du failli qui passe du statut de coupable à celui de maladroit ou de malchanceux. Mais, partant, elle favorise la survie et le maintien des petites entreprises. La loi sur les syndicats permet aussi de créer des groupements d'achats. Certes, il s'agit d'une infraction à la libre concurrence mais la compréhension de la justice à l'égard de ceux-ci permet à des entreprises commerciales ou industrielles de taille moyenne de diminuer leurs frais généraux et d'éviter la ruine. A rebours, cette jurisprudence freine la concentration commerciale et industrielle[34].

L'intervention de l'État républicain dans le domaine du crédit est réelle par rapport à la politique libérale du Second Empire. Le Crédit foncier avait bénéficié en 1859 d'une grande liberté de placement de ses fonds à l'initiative du ministre de Napoléon III, Eugène Rouher. Les années 1879-1882 marquent un nouveau contrôle de l'État sur les investissements par la nomination de hauts fonctionnaires à sa tête. La Banque de France est un établissement de droit privé. Il n'en demeure pas moins que les Opportunistes ont accru le pouvoir de l'État sur elle à la faveur du renouvellement du privilège de 1802 – droit d'émission de billets de banque. Celle-ci a dû multiplier les succursales de province et aider financièrement la politique agricole. En 1889, l'État avait exigé d'elle une aide au Comptoir d'escompte. Mais surtout, les Opportunistes, par la création de la Caisse Nationale d'Épargne, drainent vers le service des Postes, directement administré par

32. Maurice Barrès, *L'appel au soldat*… op. cit. p. 916.

33. François Caron, *Histoire économique de la France XIXème- XXème siècle* Paris, Armand Colin, 1981, p. 49.

34. *Ibidem*, p. 50.

l'État, l'essentiel de l'épargne française dont la gestion est remise à la Caisse des Dépôts et Consignation[35].

Par contre l'intervention directe de l'État dans le monde de la production et des transports est faible. En dépit de cela, l'accroissement de ce rôle, pendant la période 1880-1914, fut jugé intolérable. A la gestion des arsenaux, des manufactures de luxe comme les Manufactures de Sèvres et des Gobelins, l'État ajoutait l'administration directe, depuis Colbert, de l'industrie du tabac à laquelle vient s'adjoindre, en 1889, la fabrication et la vente des allumettes. Le transport ferroviaire conduisit l'État à intervenir dans un domaine régi, depuis 1844, par le principe de la concession emphytéotique. Les difficultés financières de petites sociétés, comme la Compagnie des Charentes et Vendée, l'avait contraint à les racheter en 1875-1877. La République gérait directement deux mille six cents kilomètres de voies ferrées sur les trente quatre mille que comptait la France. Le risque de faillite de la Compagnie de l'Ouest, société ferroviaire de taille moyenne, alarma dans la mesure où l'État fut le repreneur par la loi du 13 juillet 1908. Dans ce domaine, aucune motivation idéologique de la part des Républicains. Ce sont les circonstances et la nécessité de maintenir ouverte des voies de communication qui ont guidé leur action[36]. Beaucoup ne firent pas la même lecture. Cela tend à prouver l'ignorance des principes d'action des Républicains par ceux-là même qui se pensent comme l'opposition tant aux Opportunistes qu'aux Radicaux.

La critique libérale de la République

Les lieux de l'opposition libérale

Académies, salons et lignages constituent la triade des lieux où est pensée la doctrine d'opposition à la politique des Opportunistes. L'Académie des Sciences morales et politiques est le premier de ces lieux. Les grands noms, héritiers de toutes les traditions libérales, siègent dans cette assemblée érudite : Léon Say (1826-1896), économiste et homme d'État ; Léon Aucoc (1828-1910), juriste et administrateur de sociétés ; Henri Baudrillart (1821-1894), assistant de l'économiste Michel Chevalier au Collège de France ou Georges Picot (1838-1906), secrétaire perpétuel de cette Académie, publiciste, juriste et haut fonctionnaire.

35. André Gueslin, *L'État, l'économie et la société française XIXème- XXème siècle* Paris, Hachette, 1992, p. 80 à 84.

36. André Gueslin, *L'État, l'économie…* op. cit. p. 78 et 79. Richard F. Kuisel, *Le capitalisme et l'État en France Modernisation et dirigisme au XXème siècle* Paris, Gallimard, 1982, p. 39.

Ce groupe forme la quintessence de grandes lignées unies par les liens familiaux, amicaux et intellectuels. Les mariages croisés dans les milieux libéraux de centre gauche et de centre droit sont nombreux. La famille Say peut s'appuyer sur un vaste lignage qui compte la famille Bertin, fondateur du *Journal des Débats*, la famille Lannes de Montebello, la famille Caillaux qui put compter sur l'appui de Léon Say pour aider la carrière politique de Joseph (1863-1944), un cousin au troisième degré[37]. Paul Leroy-Beaulieu (1843-1917) est représentatif de cette tradition libérale issue de la mouvance saint-simonienne qui connut son apogée sous le Second Empire. Cet économiste, né à Saumur (Maine-et-Loire), enseigna les finances publiques à l'École Libre des Sciences politiques avant de devenir le suppléant de Michel Chevalier, professeur titulaire de la chaire d'Économie du Collège de France. En épousant la fille de ce dernier, il devenait le beau-frère du fils de Frédéric Le Play dont la sociologie était prisée par la droite traditionnelle française[38].

Un libéral moderne : Joseph Caillaux, collection et photographie de l'auteur

L'ouverture vers les milieux de la petite bourgeoisie est rare bien que réelle. Un Rastignac de Normandie s'agrégea à ce groupe après une longue marche d'approche. Charles Benoist (1861-1936) est issu d'un milieu de marchands et de marins de Courseulles-sur-Mer (Calvados). Après le baccalauréat et deux années d'étude de droit à Caen, il était appelé à l'exercice de la profession de clerc de notaire quand Alfred Baudrillart, le fils de l'économiste et l'arrière petit-fils de l'orientaliste Sylvestre de Sacy, vint professer au lycée de cette ville. Charles Benoist n'eut de cesse d'obtenir du jeune agrégé d'histoire une lettre de recommandation pour être le secrétaire particulier du professeur d'économie, membre de l'Académie des Sciences morales et politiques. Il obtint gain de cause et il travailla, de 1882 à 1884, auprès d'Henri Baudrillart par l'intermédiaire duquel il tissa des liens avec le monde politique et intellectuel libéral.

37. Jean Garrigues, *La République des hommes d'affaires...* op. cit. p. 56 à 58.
38. G. Vapereau, *Dictionnaire universel des contemporains* Paris, Hachette, 1893, p. 983.

Il écrivit des études pour la *Revue Bleue,* dirigée dans un premier temps par Eugène Yung puis par Alfred Rambaud (1842-1905). Fort de ces introductions, il est nommé, en 1895, professeur de droit constitutionnel à l'École Libre des Sciences Politiques avant d'entamer une carrière politique dans le VIème arrondissement de Paris dont il fut l'élu de 1902 à sa mort[39].

Cohérence de la critique libérale de la République

La dénonciation du socialisme guide la pensée et la plume de ces publicistes. Léon Aucoc ne fait pas mystère de ce but dans une séance de l'Académie des Sciences morales et politiques de 1886[40]. Toute la question gît dans la définition du mot socialisme. Les néokantiens, derrière Charles Renouvier et par la voix de Paul Janet, reconnaissent à l'État le droit de tempérer l'antinomie irréductible entre l'idée de justice qui doit idéalement guider l'action libre de tout homme et la réalité des faits, par une législation en faveur de la mutualité. Il s'agit là, à leurs yeux, du bon socialisme qui, à la différence du mauvais, ne dissout pas la liberté de l'individu dans l'omnipotence du groupe[41]. Les libéraux classiques refusent toutes les formes de socialisme et récusent donc la position criticiste :

> « Il [Paul Janet] a distingué en effet le bon et le mauvais socialisme et il n'a vu le mauvais socialisme que dans les systèmes qui paralysent et absorbent l'individu au profit de l'État. Il ne redoute pas assez les systèmes qui, avant de paralyser l'individu, l'engourdissent et épuisent lentement ses forces. Le socialisme est la doctrine qui cherche à faire, en toute occasion et sans mesure, le bonheur de tous les citoyens ou du plus grand nombre, avec les forces sociales et la bourse communes. Qu'il vienne d'en haut ou d'en bas, à mon sens, il est toujours mauvais. »[42]

Ce refus du socialisme ne se fonde pas pour autant sur une philosophie de la personne mais sur une lecture sociologique qui place l'individu comme acteur principal du processus social. Le juriste et économiste libéral Jean-Gustave Courcelle-Seneuil (1813-1892) établit le principe du Droit dans la science sociale. Son fondateur est, à son avis, Turgot dont les idées sont reprises par Auguste Comte. Toutefois, pour ce penseur du libéralisme, la science sociale est seconde par rapport à la science économique. L'évidence demeure que, dans son système, il récuse les critiques néokantiennes à

39. M. Prévost et Roman d'Amat, *Dictionnaire de biographie française tome 5…* op. cit. Jean Jolly, *Dictionnaire des parlementaires français tome 2* p. 533 à 535. *Les carnets du cardinal Baudrillart 20 novembre 1935-11 avril 1936 Texte présenté, établi et annoté par Paul Christophe* Paris, Cerf, 1996, p. 726.

40. Léon Aucoc, *Des limites de l'intervention de l'État dans la question ouvrière* Paris, A. Picard, 1886, p. 4 (extrait du *Compte rendu de l'Académie des Sciences morales et politiques*).

41. Marie-Claude Blais, *Au principe de la République…* op. cit. p. 168 à 174.

42. Léon Aucoc, *Des limites de l'intervention…* op. cit. p. 4.

l'égard du déterminisme strict de ces nouvelles sciences – lequel déterminisme nuit à l'idée de liberté – par refus de la transcendance contraire au principe d'une science fondée sur l'observation des faits[43]. La justification qu'il échafaude, de l'inégalité des conditions sociales s'inspire de Montesquieu. Il démontre que l'observation détruit le dogme de l'égalité des conditions sociales. Il ignore l'idée de nature humaine et il exalte l'inégalité comme élément dynamique du progrès : « [...] elle est une cause d'émulation et de progrès [...] L'inégalité est une source d'efforts et d'actes féconds, utiles à tous. »[44]

Enfermé dans cette logique de la philosophie des Lumières qui veut tout expliquer par la « nature des choses », les libéraux ne voient pas l'insuffisance de leur théorie qui échoue à trouver le point d'équilibre entre les droits de l'individu et ceux de la société. La façon dont ils définissent le droit de propriété, prouve ce défaut de cohérence. Jean-Gustave Courcelle-Seneuil le fait dériver de la liberté de travail et de la responsabilité du père de famille. Cette genèse lui permet, à son avis, de dépasser la vieille définition romaine du droit d'user et d'abuser :

> « Considérée à ce point de vue, la propriété est plutôt l'ensemble des conditions d'existence du citoyen que le simple droit qu'il a d'user des biens qui lui appartiennent et de les aliéner. Le droit de propriété, tel que le connaissent et le définissent les jurisconsultes, n'est qu'une partie des droits qui constituent la propriété. »[45]

Cette définition peut ouvrir la voie à la conception sociale du droit de propriété. Plus modérée, celle que propose Frédéric Passy (1822-1912), un économiste qui obtient le prix Nobel de la paix en 1901, n'en ouvre pas moins la porte à une forme modérée de socialisme dans la mesure ou elle minore le lien réel entre la personne et l'objet possédé :

> « La propriété est donc sacrée, puisqu'elle est la représentation de l'activité libre et responsable, l'incarnation de la liberté humaine dans la matière qu'elle transforme. »[46]

43. Jean-Gustave Courcelle-Seneuil, *Préparation à l'étude du droit : étude des principes* Paris, Guillaumin, 1887, p. 4 et 5.

44. Jean-Gustave Courcelle-Seneuil, *Préparation à l'étude du droit...* op. cit. p. 153.

45. Jean-Gustave Courcelle-Seneuil, *Préparation à l'étude du droit...* op. cit. p. 274.

46. *Séances et Travaux de l'Académie des Sciences Morales et Politiques Compte rendu par M. Ch. Vergé sous la direction de M. Jules Simon 46° année- nouvelle série tome vingt-cinquième 1886 premier semestre* Paris, Alphonse Picard, 1886, p. 384 .

Un libéral ancienne mode : Frédéric Passy, collection privée

Seul Adolphe Franck maintient vive l'idée philosophique de personne pour défendre le droit de propriété. Par le fait que la personne humaine est libre et responsable et qu'elle est antérieure à la société, le droit de propriété ne peut donc pas être l'équivalent extérieur d'une force intérieure de l'individu, cellule de base de la société. Ce philosophe juriste refuse aussi d'adhérer à l'individualisme strict de Jean-Jacques Rousseau en démontrant que la personne, par son activité déployée au moyen du droit de propriété, acquitte sa dette à l'égard de la société. Cette dernière le sollicite par le biais de l'impôt, du service militaire, du service civique comme électeur ou membre d'un jury judiciaire[47].

L'État moderne et ses fonctions

La vaste étude critique que Paul Leroy-Beaulieu consacre à l'État, s'inscrit dans ce mode de pensée issu du siècle des Lumières qui entend tout expliquer par l'histoire de l'homme social. Sa description de l'origine de la propriété est frappée au coin de cette pensée dont l'initiateur, avec des conclusions diamétralement opposées à celles de notre auteur, fut Jean-Jacques Rousseau[48].

La lecture du social que donne ce publiciste, demeure individualiste par le fait qu'il se refuse soit à faire de l'État le cerveau de la société, soit à opposer l'État et l'individu qui n'est pas isolé face à ce Léviathan en raison des

47. Adolphe Franck, *Philosophie du droit civil* Paris, Félix Alcan, 1886, p. 281 à 285. Le chapitre sur le droit de propriété reprend : Adolphe Franck, « Rapport sur un ouvrage de M. A. Fouillée intitulé : *La propriété sociale et la démocratie* » *Séances et travaux de l'Académie des Sciences morales et Politiques 46ème année*... op. cit. p. 361 à 374.

48. Paul Leroy-Beaulieu, *L'État moderne et ses fonctions Quatrième édition revue et augmentée* Paris, Librairie Félix Alcan, 1911, p. 134 et 135.

multiples groupements sociaux auxquels il adhère[49]. Qui plus est, c'est l'individu qui est créateur et non l'État. Concédant à la fois aux spiritualistes et aux néokantiens, il fait la critique de l'axiome d'Adam Smith qui assimile l'intérêt personnel à un intérêt pécuniaire, seul mobile de l'action créatrice[50].

Par ailleurs, l'inégalité des conditions sociales existe mais elle est un élément favorable au Progrès :

> « Elle est bien arriérée la conception qu'un château fait tort aux chaumières qui l'entourent, qu'il vit au dépens de celles-ci et les ruine ; elle se rapporte à un état social et à une phase de la production tout différents des nôtres. Même les hommes sagaces d'Allemagne, le statisticien Sœtber par exemple, vantent l'action stimulante et protectrice à la fois des grandes fortunes. Une agglomération de Lilliputiens ne fera jamais qu'une nation de Lilliputiens. »[51]

De tels principes conduisent à limiter strictement le rôle de l'État dont la mission est définie par ses soins ainsi :

> « Aussi l'État nous a-t-il apparu dans l'histoire comme ayant surtout pour objet la conservation de la société ; plus tard lui est incombée la généralisation graduelle et prudente de quelques règles ou de quelques procédés que découvre l'initiative des particuliers ou des associations libres, et qui, pour que la nation en retire tout le profit qu'elle en peut attendre, ont besoin du concours non seulement de la généralité des habitants, mais de l'universalité. Cette seconde tâche comporte une réserve importante : comme la société ne se développe et ne progresse que par l'esprit d'invention, et que ce don manque absolument à l'État, qu'il appartient en monopole à l'individu, l'État doit veiller avec un souci attentif, ininterrompu, à circonscrire son action propre, de sorte que, sauf les cas d'évidente nécessité, il ne porte aucune atteinte à l'énergie individuelle et à la liberté des associations privées. »[52]

Bien que saint-simonien d'origine mais se déclarant de plus en plus proche du libéralisme[53], Paul Leroy-Beaulieu se refuse à assimiler l'État à une grande manufacture et, partant, il s'oppose à tous les socialismes qui l'assimilent à une entreprise industrielle – les deux entités ayant, en raison de leur gigantisme, les mêmes méthodes. Il soutient la thèse de la plus grande liberté au sein de l'entreprise qu'au sein de l'État qui a tendance à considérer le fonctionnaire comme sa chose[54]. Il en déduit l'idée qu'il faut circonscrire le rôle de l'État et surtout corriger les effets nocifs des élections qui ne sont

49. Paul Leroy-Beaulieu, *L'État moderne*... op. cit. p. 26 à 42.

50. Paul Leroy-Beaulieu, *L'État*... p. 34.

51. *Ibidem*, p. 178.

52. *Ibidem*, p. 61.

53. *Séances et travaux de l'Académie des Sciences Morales et Politiques... 1886 premier semestre*... op. cit. p. 525.

54. Paul Leroy-Beaulieu, *L'État*... op. cit. p. 82 à 96.

que les emportements d'un instant par l'introduction du *referendum* sur des projets de lois essentiels[55].

L'action sociale des libéraux

Cette dernière est motivée par la sociabilité naturelle de l'individu qui œuvre pour l'intérêt de tous. Il importe donc de favoriser la création de fondations de bienfaisance. Le libéral se refuse à voir l'État intervenir dans le domaine de la bienfaisance comme dans tous les autres. Frédéric Passy écrit, dans le *Bulletin de la société d'économie politique de Paris* en 1901 : « le rôle de l'État n'est pas de faire nos affaires, mais de nous mettre à même de les faire nous-mêmes, comme il nous convient, à nos risques et périls. »[56]

Cette action sociale se manifeste essentiellement dans la construction du logement social pour les ouvriers. Dès 1885, Georges Picot démontre, dans un ouvrage intitulé *Un devoir social et les logements d'ouvriers*, que l'initiative privée peut remplir cette mission. Elle est d'importance puisque la possession d'un logement « moralise, assied et transforme l'ouvrier » en le promouvant « chef de famille vraiment digne de ce nom, c'est-à-dire moral et prévoyant, se sentant des racines et ayant autorité sur les siens » ainsi que l'explique Paul Leroy-Beaulieu dans *L'Économiste français*[57].

Les libéraux joignent les actes aux paroles. A Paris, la Société française des habitations à bon marché est fondée en 1890 avec pour président d'honneur, Jules Siegfried, pour président effectif, Georges Picot, et pour vice-président, le sociologue Émile Cheysson. Dès 1886, à Lyon, l'ingénieur Félix Mangini avait créé la Société des logements économiques financée par des gros actionnaires et la Caisse d'Épargne de cette ville. Fort de cette expérience acquise sur le terrain, les libéraux préparèrent le texte législatif organisant ce mode de financement des logements sociaux. Tout est prévu pour que l'État ne joue qu'un rôle d'encouragement aux sociétés privées. La loi Siegfried de 1894 favorisa l'éclosion de sociétés d'habitations sociales. A Marseille, l'armateur Jules Charles-Roux créa la Société anonyme des habitations salubres et à bon marché. A cette entreprise vient s'adjoindre, en 1903, celle créée par la famille de raffineurs libéraux Lebaudy qui finança le groupe des maisons ouvrières créé en 1899. A Paris, les barons Alphonse, Gustave et Edmond mettent sur pied la Fondation Rothschild, dont ils assurent la direction en collaboration avec un comité composé de la direction

55. *Ibidem*, p. 68.
56. Cité *in* Jean Garrigues, *La République des hommes d'affaires*... op. cit. p. 282.
57. Jean Garrigues, *La République des hommes*... op. cit. p. 295 et 296.

de la Société française des habitations à bon marché, pour édifier le logement social dans la capitale[58].

Sur la frange du libéralisme : l'Union pour l'action morale

L'initiative de cette association revient au professeur de philosophie du lycée Condorcet, Paul Desjardins (1859-1940). De sensibilité libérale, ce philosophe participe du regain de spiritualité qui conduit certains grands écrivains sur le chemin de la conversion au catholicisme comme Paul Claudel ou Joris-Karl Huysmans. En 1891, il publie un opuscule portant sur le devoir moral dans le temps présent. Il décrit une société gangrenée par l'alcoolisme et la pornographie pour les couches populaires, par l'agiotage pour les classes moyennes et par le libertinage pour les classes supérieures. Il appelle donc les hommes de bonne volonté à faire leur devoir moral. Lors de la réunion fondatrice de l'Union pour l'Action morale le 11 janvier 1892, se joignent à lui deux philosophes : Jules Lagneau et Léon Letellier, des ecclésiastiques libéraux : le pasteur Charles Wagner, les abbés Ackermann, Viollet et Laberthonnière, des militaires issus de la mouvance légitimiste et en retrait par rapport au catholicisme : les capitaines Lyautey, de Margerie et de Miré, des universitaires comme Gabriel Monod, des hauts fonctionnaires comme Arthur Fontaine, spécialiste du droit du travail, des entrepreneurs comme l'industriel Lucien Fontaine ou Max Leclerc, directeur des éditions Armand Colin.

L'Union se construisit sur une équivoque portant sur l'acception à donner à la notion de devoir moral. Le mot devoir est apte à rallier des positivistes pour lesquels il prévaut sur le droit, aux catholiques libéraux. Mais ceux-ci peuvent être gênés par le fait que Paul Desjardins définit ce devoir selon la philosophie de Kant. Pour le sage de Koenigsberg, la morale et son impératif catégorique sont antérieurs à leur expression religieuse. Par ailleurs, pour Jules Lagneau, ce devoir moral est individuel et non communautaire. Cette approche individualiste heurte tout autant le saint-simonien Arthur Fontaine que le capitaine Lyautey. Celui-ci, éduqué dans la tradition intellectuelle créée par Joseph de Maistre, considère le groupe et non la personne. Celui-là ne conçoit l'individu que dans l'association universelle. Dès le mois de novembre 1892, ces deux hommes se retiraient de l'Union qui ne survécut pas aux divisions suscitées par l'Affaire Dreyfus[59].

58. Jean Garrigues, *La République des hommes…* op. cit. p. 196 et 197.

59. François Chaubet, *Paul Desjardins et les décades de Pontigny* Villeneuve-d'Ascq, Presses universitaires du Septentrion, 2000, p. 25 à 29.

Le renouvellement de la pensée politique libérale

Un libéral moderne : Raymond Poincaré, collection privée

Le Comité de l'Union libérale qui fut animé par Léon Say, prépara les élections de 1889. Un groupe de quarante-neuf députés libéraux se forma au Palais Bourbon. Il n'est pas nécessaire de retracer ici les vicissitudes qui ont entouré la vaine édification d'un grand parti du centre. Il nous importe de voir comment a évolué la pensée politique libérale. Celle-ci change en raison du rajeunissement des cadres de cette mouvance. Une troisième génération de Républicains libéraux entre dans la vie politique. Menée par Alexandre Ribot (1842-1923) et Jacques Casimir-Perier (1847-1907), elle compte Paul Deschanel (1856-1922), Charles Jonnart (1857-1927), Raymond Poincaré (1860-1934) et Louis Barthou (1862-1934). A partir de 1890, ils occupent les ministères[60]. La grande nouveauté de cette jeune équipe est d'abandonner la défiance de principe à l'égard de l'État telle que l'avait exprimé Paul Leroy-Beaulieu. Paul Deschanel explicite le mieux cette relation nouvelle avec le Léviathan dans ce discours de Marseille du 26 octobre 1896 :

> « Certes nous ne sommes pas avec ceux qui, sous prétexte de justice sociale, écrasent la personnalité humaine sous le joug de l'État. [...] Si nous n'admettons pas les exagérations du socialisme, nous n'admettons pas non plus celles de l'économie politique classique. Sans doute nous gardons une reconnaissance éternelle aux grands esprits qui, comme Turgot, ont conquis à la France la liberté du travail ; mais, si l'on comprend leur défiance systématique de l'action de l'État alors qu'ils avaient à lutter contre les abus de la royauté, alors que l'État était une autorité absolue sur les personnes et sur les biens, cette défiance a-t-elle les mêmes raisons d'être, aujourd'hui que l'État est l'agent de la société pour une mission d'ordre et de bien public ? »[61]

Reprenant le même thème le 14 mars 1897 à Nogent-le-Rotrou (Eure-et-Loir), il montre que la nature de l'État change au fur et à mesure que les questions sociales prennent le pas sur les questions de politique pure. Celles-

60. Jean Garrigues, *La République*... op. cit. p. 312 et 313.
61. Paul Deschanel, *La République nouvelle*... op. cit. p. 196 et 197.

là trouvent leur solution dans les associations libres. A mesure de leur multiplication,

> « elles revendiqueront le droit d'être représentées, elles aussi, dans les Assemblées de la nation ; elles y introduiront l'expérience, le savoir, le sens pratique, l'horreur de la déclamation et du vide et elles refouleront peu à peu l'influence délétère de ces politiciens pesants que M. Poincaré flétrissait avec une si mordante éloquence. »[62]

L'orateur développait la question de la représentation des « personnes morales, des intérêts, des compétences » et posait, en conclusion, la question de l'équilibre à établir entre le pouvoir législatif et le pouvoir exécutif [63]. Déjà en 1895, dans le recueil d'articles qu'il avait donnés, en 1891, au journal *Le Temps*, il avait disserté sur le thème de la décentralisation qui regroupe, dans son esprit, l'autonomie de décision des pouvoirs intermédiaires et la déconcentration des pouvoirs administratifs centralisés[64]. Sa réflexion est guidée par le souci libéral de revenir sur l'administration césarienne de la France car il relève « l'incompatibilité de l'organisation de l'an VIII avec le régime parlementaire » prouvé par les commotions politiques du XIXème siècle. Soucieux de séduire le centre droit et la droite monarchiste, il appuie son raisonnement sur des exemples empruntés à M. de Villèle ou au comte de Chambord[65] mais avec le souci d'inverser la proposition de Louis-Napoléon Bonaparte dans le message que le Prince - Président fit placarder le 14 janvier 1852 :

> « Puisque la France ne marche depuis cinquante ans qu'en vertu de l'organisation administrative, militaire, judiciaire, religieuse, financière du consulat et de l'empire [sic], pourquoi n'adopterions-nous pas aussi les institutions politiques de cette époque ? »[66]

Paul Deschanel participe de ce mouvement d'idées que Charles Benoist a enrichi, à sa façon, dans *La Crise de l'État moderne De l'organisation du suffrage universel* paru en 1895. Le professeur de droit constitutionnel de l'École libre des Sciences politiques refuse à la République toute imagination et toute capacité d'adaptation à une réalité mouvante. Pour rendre l'État efficace, il faut réformer le suffrage universel pour représenter le pays réel formé des élites sociales et professionnelles. Ceci étant fait, il propose une réorganisation du travail des parlementaires qui seraient assistés par « un grand Conseil d'État jurisprudent » pour la rédaction technique des lois. Une

62. *Ibidem*, p. 232 et 233.

63. *Ibidem*, p. 233, 236 et 237.

64. Paul Deschanel, *La décentralisation* Paris, Berger-Levrault, 1895, p. VI.

65. Paul Deschanel, *La décentralisation*... op. cit., p. 1 à 6.

66. *Annuaire des Deux Mondes Histoire générale des divers États 1851-1852* Paris, Au bureau de la *Revue des Deux Mondes*, 1852, p. 949.

réforme constitutionnelle viendrait renforcer le pouvoir exécutif par l'élection du Président de la République par un collège électoral élargi aux Conseils généraux. Le gouvernement sera alors composé de ministres non parlementaires et celui-ci pourrait avoir la possibilité d'user modérément du *referendum*[67].

Sur le plan pratique, cette nouvelle interprétation du libéralisme se caractérise par l'action organisée du patronat français pour influer sur les actes du gouvernement. Ce libéralisme qui se nourrit de la tradition sociologique de Frédéric Le Play continuée par l'École de la Science sociale d'Edmond Demolins et de l'abbé Henry de Tourville, met sur pied un groupe de pression qu'anime Robert Pinot (1862-1926). L'action ne consiste pas à contrer systématiquement l'intervention de l'État dans le domaine économique mais à l'orienter dans un sens favorable aux intérêts des entreprises françaises : emplacement de l'industrie ferroviaire française à l'Exposition universelle de 1889, protection de cette dernière contre les importations des États-Unis d'Amérique en 1900[68].

Mettre fin au parlementarisme absolu et mieux répartir les pouvoirs, tel est le programme politique des libéraux qui tentèrent de le réaliser, vainement, en militant pour la représentation proportionnelle à partir de 1906. Par cet aménagement technique, ils pensaient amener à la création de grands partis aux projets clairement définis. Cette réforme devait induire une meilleure représentation professionnelle, une décentralisation administrative et le renouvellement du personnel politique[69].

Les critiques proudhoniennes de la République

L'évolution générale du socialisme français

Les socialismes français sont aussi nombreux que les chefs socialistes. L'affaire Boulanger d'une part, l'affaire Dreyfus d'autre part ont malmené une sensibilité politique qui éprouve des difficultés à sortir du marasme dans lequel la répression de la Commune l'a plongée. Derrière Jules Guesde, Paul Lafargue et Jean Longuet, se crée un mouvement marxiste qui dénature, par excès de simplification, la dialectique sociale de Karl Marx. La grande rénovation du socialisme vient de Jean Jaurès (1859-1914) dont l'humanisme

67. François Monnet, *Refaire la République André Tardieu, une dérive réactionnaire (1876-1945)* Paris, Fayard, 1993, p. 182 à 184.

68. Jean Garrigues, « Robert Pinot, le premier des lobbyistes » *in* Olivier Dard et Gilles Richard (dir.) *Les permanents patronaux : éléments pour l'histoire de l'organisation du patronat en France dans la première moitié du XX*[ème] *siècle* Metz, Centre de Recherche Histoire et Civilisation de l'Université Paul Verlaine n° 28, 2005, p. 31 et 32.

69. François Monnet, *Refaire la République*... op. cit. p. 186 et 187.

matérialiste prend des distances par rapport à la dialectique sociale mécaniste.

Jean Jaurès, qui « vend la tranquilité aux conservateurs » (G. Sorel), collection privée.

En 1892, dans son livre de philosophie intitulée *De la réalité du monde sensible*, le député du Tarn teinte son socialisme d'un idéalisme que l'on pressent à la lecture de ces phrases cueillies au hasard de cette étude et que certains attribuent au néokantisme ambiant :

> « En s'affirmant et en se garantissant lui-même, l'être se confond avec la pensée [...] La raison est intérieure à l'être, et l'être est identique à la raison [...] L'être et la conscience ne font qu'un »[70]

Qui plus est, Jean Jaurès rompt avec la tradition socialiste du refus de la Grande Révolution considérée comme strictement favorable aux intérêts de la bourgeoisie. Il rattache son socialisme à l'œuvre de Robespierre interprétée par Babeuf. *L'Histoire socialiste de la Révolution française* témoigne de ce changement idéologique. Il y affirme que le socialisme continue vraiment la Grande Révolution et non la République bourgeoise :

> « Nous sommes, en un grand sens, au sens où l'entendait Babeuf évoquant Robespierre, le parti de la démocratie et de la Révolution. Mais nous n'avons pas immobilisé et glacé celle-ci. Nous ne prétendons pas figer la société humaine dans les formules économiques et sociales qui prévalurent de 1789 à 1795 et qui répondaient à des conditions de vie et de production aujourd'hui abolies. Trop souvent, les partis démocratiques bourgeois se bornent à recueillir au pied du volcan quelques fragments de lave refroidie, à ramasser un peu de cendre éteinte autour de la fournaise. C'est dans des moules nouveaux que doit être coulé l'ardent métal. [...] Ainsi le socialisme se rattache à la révolution sans s'y enchaîner. Et c'est

70. Marie-Claude Blais, *Au principe...* op. cit. p. 403.

> pourquoi nous avons suivi d'un esprit libre et d'un cœur fervent les héroïques efforts de la démocratie révolutionnaire. »[71]

La mise en œuvre de ce socialisme associé à la République déplaît à la tradition proudhonienne qui anime le syndicalisme révolutionnaire. Le porte parole de ce refus de la synthèse sociale est Georges Sorel (1847-1922).

Un petit bourgeois terne

Georges Sorel, extrait de *Réflexions sur la violence*, Seuil, 1990

Cet homme n'a guère laissé de traces de sa vie terrestre. Issu d'une famille de petits bourgeois de Cherbourg (Manche) *« travailleurs et aisés »*, il est apparenté au célèbre critique littéraire Albert Sorel (1842-1906). La fortune familiale lui permit de faire des études sérieuses qui lui ouvrirent les portes de l'École polytechnique mais il ne vécut jamais dans le train de vie auquel on pouvait aspirer dans ce milieu. En raison de certaines mauvaises affaires et pour faire face aux créances, le père de Georges Sorel a imposé un style de vie très austère. Après une brillante scolarité, Georges Sorel choisit pour école d'application les Ponts et Chaussés. De 1870 à 1892, il mena, dans différentes affectations, une carrière honorable d'ingénieur de ce corps duquel il démissionna par scrupule de conscience : l'usage fréquent des pots de vin le heurtait. Sans pension de retraite, vivant de maigres rentes personnelles, il vécut jusqu'à sa mort à Boulogne-sur-Seine, venant à Paris le jeudi dans la librairie créée par Charles Péguy. L'auteur de *Notre jeunesse* lui offrait l'unique chaise de la boutique et l'honorait, jusqu'à la rupture de 1912, de la formule « notre maître, Monsieur Sorel »[72].

71. Cité *in* Alice Gérard, *La révolution française, mythes et interprétations 1789-1970* Paris, Flammarion, 1970, p. 104 et 105.

72. Cette brève notice biographique a été établie à partir des ouvrages suivants : Jean Delaporte, *Péguy dans son temps et dans le nôtre* Paris, Le monde en 10-18, 1967, p. 68. Jean-Jacques Chevallier, *Les grandes œuvres politiques* Paris, Armand Colin, 1970, p. 235 à 237. Yves Guchet, *Georges Sorel 1847-1922 « Serviteur désintéressé du prolétariat »* Paris, L'Harmattan, 2001, p. 12 à 24.

Ce penseur s'était vu fermer les voies du mariage par les convenances bourgeoises de son milieu d'origine. A partir de 1875, Georges Sorel vécut maritalement avec Marie David (1845-1892), ancienne ouvrière d'usine travaillant dans l'hôtel lyonnais où il était tombé malade sur le chemin qui le menait vers son poste de Draguignan (Var). Sa famille ne voulut pas admettre la légalisation de cette union morganatique. Le futur théoricien du syndicalisme fit l'expérience intime de l'opposition irréductible des classes. Cela favorisa son adhésion à la dialectique sociale de Proudhon.

Un rénovateur du proudhonisme

Certes Georges Sorel a multiplié les lectures à une époque où lire est le loisir bourgeois par excellence. Sa connaissance de Proudhon, quoique jamais avouée directement dans son œuvre, est patente. L'opposition irréductible des classes sociales, vécue intimement par lui, se fonde en théorie sur la pensée du père de l'anarchisme :

> « L'antinomie ne se résout pas. Là est le vice de toute la philosophie hégélienne. Les deux termes dont elle se compose, se balancent, soit entre deux, soit avec d'autres antinomiques [...] ils ne se résolvent pas plus que les pôles opposées d'une pile électrique ne se détruisent. »[73]

L'idée de mythe qui est au cœur de la pensée de Georges Sorel, est un approfondissement d'une intuition du prophète franc-comtois :

> « Toute mythologie suppose des idoles, et le Peuple n'en manque jamais. Comme Israël au désert, il s'improvise des dieux quand on ne prend pas soin de lui en donner ; il a ses incarnations, ses messies, ses Dieudonnés. [...] De ces idoles, la plupart aussi vides d'idées, aussi dénuées de conscience que lui-même, le peuple est zélateur et jaloux ; il ne souffre pas qu'on les discute, qu'on les contredise, surtout il ne leur marchande pas le pouvoir. Ne touchez pas à ses oints, ou vous serez traité par lui comme sacrilège. »[74]

L'économisme – c'est-à-dire la croyance que tout s'explique par les relations financières, industrielles et commerciales – est emprunté là encore directement au même penseur qui écrit en 1851 :

> « [La science économique] est fatalement la même pour toute la terre [...] ; il n'y a pas une économie politique russe, anglaise, autrichienne, tatare ou hindoue [...] La vérité est égale partout à elle-même : la science est l'unité du genre humain. Si donc la science, non plus la religion ni l'autorité, est prise en chaque pays pour règle de la société, arbitre

73. Pierre-Joseph Proudhon, *Théorie de la propriété* Paris, A. Lacroix, Verbverckhoven et Cie, 1866, p. 52.

74. Pierre-Joseph Proudhon, *Du principe fédératif in Œuvres complètes de Pierre-Joseph Proudhon Nouvelle édition publiée avec des notes et documents inédits Introduction et notes de J.-L. Puech et Th. Ruyssen* Paris, Librairie Marcel Rivière et Cie, 1959, p. 344.

> souveraine des intérêts ; le gouvernement devenant nul, toutes les législations de l'univers sont d'accord. »[75]

De ces prémisses, on peut comprendre la lutte menée par Proudhon puis par Sorel contre l'État bourgeois.

« Les Réflexions sur la violence » (1908)

Après l'affaire Dreyfus apparaît un socialisme parlementaire qui envisage sereinement l'accès à des postes ministériels. Considérant comme Proudhon que la synthèse conduit à la mort, Georges Sorel a des mots très durs contre cette compromission qui forme « un groupe parlementaire [vendant] la tranquillité aux conservateurs qui n'osent faire régner leur force. »[76] Cette orientation ne peut que freiner les progrès de la production, fondement de la Justice. Cette dernière, notion essentielle mais indéfinie dans la pensée de Proudhon, est précisée par Georges Sorel. Il estime qu'elle « nous semble aujourd'hui faite pour assurer la prospérité de la production et lui permettre de se développer, sur des proportions toujours plus vastes »[77].

Assurer la Justice passe par la mise en œuvre de la « morale du producteur » qui consiste à faire passer les « hommes d'aujourd'hui à l'état de producteurs libres travaillant dans un atelier débarrassé de maîtres. »[78] Cette morale conduit à dévaloriser la culture humaniste élaborée par les gens distingués des villes « qui cherchaient à s'assurer une douce existence » en dehors des préoccupations de la guerre et de la production[79]. Le but de la vie du bourgeois est d'organiser l'économie et non d'assurer la paix sociale :

> « Le jour où les patrons s'apercevront qu'ils n'ont rien à gagner par les œuvres de la paix sociale ou par la démocratie, ils comprendront qu'ils ont été mal conseillés par les gens qui les ont persuadés d'abandonner leur métier de créateurs de forces productives pour la noble profession d'éducateurs du prolétariat. »[80]

Le syndicalisme révolutionnaire a donc pour mission de renforcer l'antinomie irréductible entre les patrons et les ouvriers pour relancer l'expansion de la production. Pour ce faire, il faut réévaluer la violence et son rôle dans le progrès des civilisations. En effet, :

> « les codes prennent tant de précautions contre la violence et l'éducation est dirigée en vue d'atténuer tellement nos tendances à la

75. Pierre-Joseph Proudhon, *Idée générale de la révolution au XIXème siècle in Œuvres complètes*… op. cit. p. 334.

76. Georges Sorel, *Réflexions sur la violence* Paris, Seuil, 1990, p. 68 [première édition : 1908].

77. Georges Sorel, *Réflexions sur*… op. cit. p. 98.

78. Georges Sorel, *Réflexions*… op. cit. p. 241.

79. *Ibidem*, p. 239.

80. *Ibidem*, p. 79.

> violence que nous sommes conduits instinctivement à penser que tout acte de violence est une manifestation d'une régression vers la barbarie. »[81]

Cette violence est canalisée par les méthodes empruntées à la psychologie des foules et repose sur le mythe de la grève générale. Le mythe n'est pas un plan utopique dont les linéaments sont susceptibles d'être le fondement concret et réel de l'Avenir. Le mythe est l'ensemble d'images suscitées par la compréhension intuitive d'un mot dont l'usage permet d'agir ici et maintenant sur le progrès de la production[82]. En conséquence, :

> « l'idée de la grève générale, rajeunie constamment par les sentiments que provoque la violence prolétarienne, produit un état d'esprit tout épique et, en même temps, tend toutes les puissances de l'âme vers des conditions qui permettent de réaliser un atelier fonctionnant librement et prodigieusement progressif. »[83]

Les règlements de cet atelier, substitut de l'État, ne seront plus fondés sur le devoir qui « est quelque chose de complètement indéterminé » mais sur les besoins de l'économie de la production qui donne au droit « des déterminations rigoureuses »[84].

Comment agir ?

Georges Sorel ne fut jamais habité par le souci de l'ordre et de la rigueur logique. Les frères Jérôme et Jean Tharaud qui fréquentaient, eux aussi, la boutique des *Cahiers de la Quinzaine* de Péguy, le décrivent devisant ainsi, assis sur l'unique chaise :

> « Intarissablement s'échappaient de ses lèvres, comme l'eau de la vanne d'un barrage, les idées qui, depuis soixante ans, s'étaient accumulées derrière le barrage. Tout cela sans aucun ordre. Une richesse en vrac [...] »[85]

Toutefois il avait l'ambition de faire passer son projet dans la réalité. Il n'y a pas lieu d'étudier ici son influence sur le syndicalisme italien. Il eut un faible pour *L'Action française* de Charles Maurras sans devenir pour autant une autorité morale de ce mouvement royaliste et positiviste. Ce rôle revint à Georges Valois par l'entremise duquel Georges Sorel entretint des relations courtoises mais brèves avec le théoricien du nationalisme intégral[86].

Il n'en demeure pas moins vrai que *Les réflexions*, ouvrage au plan et au style confus, a connu, avant 1914, un succès de librairie. Le livre eut trois

81. *Ibidem*, p. 177.
82. *Ibidem*, p. 82.
83. *Ibidem*, p. 254.
84. *Ibidem*, p. 55.
85. Cité *in* Jean-Jacques Chevallier, *Les grandes œuvres politiques...* op. cit. p. 235.
86. Yves Guchet, *Georges Sorel...* op. cit. p. 192 et 193.

éditions : l'une en 1908, l'autre en 1910 et la dernière en 1912. Paul Bourget, toujours qualifié de conservateur par la tradition en raison de son attachement à la sociologie de Frédéric Le Play, a utilisé les analyses de Georges Sorel pour composer sa pièce *La barricade* dont la première représentation eut lieu le 7 janvier 1910 au théâtre du Vaudeville à Paris. Le succès fut tel que le texte fut édité l'année même par les éditions Plon pour leur plus grande fortune. En 1919, l'ouvrage en était à son dixième mille.

Paul Bourget reconnaît ouvertement dans la préface de cette pièce sa dette à l'égard de Georges Sorel :

> « C'est une observation [de la psychologie ouvrière] encore et dont j'ai pu contrôler l'exactitude en lisant l'ouvrage du plus perspicace des théoriciens du syndicalisme, M. Georges Sorel : *Les réflexions sur la violence*. On a beaucoup cité ce livre à propos de *La barricade* et on a eu raison. »[87]

Résumant le canevas de sa pièce, Paul Bourget dont les œuvres sont très bien reçues dans les bibliothèques bourgeoises, met à la portée de ce monde la morale du producteur :

> « Le fils de Breschard, Philippe, a reçu, lui aussi, la leçon des faits. Il avait adopté toutes les illusions de ces bourgeois naïfs qui croient qu'il suffit de tendre les deux mains aux ouvriers pour résoudre la question sociale. Les scènes de grève auxquelles il a assisté, l'ont éclairé. Il a compris qu'il avait des devoirs de classe et il les remplira [...] C'est là un de ces phénomènes réparateurs qui portent la marque de la nature médicatrice (sic) : l'énergie déployée dans l'attaque par une des deux classes antagonistes créant chez l'autre un réveil correspondant d'énergie. »[88]

La leçon donnée par Paul Bourget est conforme aux conclusions de Georges Sorel : abandon des œuvres sociales paternalistes pour la reprise de la fonction dirigeante qui incombe à la classe bourgeoise.

Proudhon interpelle les élites. Dès 1901, Élie Halévy estime que :

> « Proudhon est le fondateur de la morale indépendante, et le fonds d'idées sur lequel vivaient ses disciples était, je crois, très différent du matérialisme « économico-social » de Karl Marx. »[89]

En 1910, il écrit à Célestin Bouglé, maître de conférences de sociologie à l'École normale supérieure et grand restaurateur des écoles socialistes françaises, cette réflexion :

87. Paul Bourget, *La barricade, chronique de 1910* Paris, Plon, 1919, p. L [première édition : 1910].

88. Paul Bourget, *La barricade*... op. cit. p. XLIX et L.

89. Élie Halévy, *Correspondance (1891-1937) Textes réunis et présentés par Henriette Guy-Loë et annotés par Monique Canto-Sperber, Vincent Duclert et Henriette Guy-Loë Préface de François Furet* Paris, Éditions de Fallois, 1996, p. 295 document n° 256.

> « Je ne suis pas sûr que ce que dit Proudhon doive se prendre en un sens aussi réaliste que tu dis. Par exemple les théories sur la force collective ne sont-elles pas surtout des arguments dialectiques pour écraser les économistes, partisans de la propriété, sous le poids de leur propre doctrine ? Mais pour discuter, il faudrait que je remonte aux textes : ce sera pour dans deux ans. »[90]

Il revient à son frère, Daniel Halévy (1872-1962) de rédiger une biographie de Proudhon qui résume celle publiée en 1909 par Maurice Harmel. Célestin Bouglé consacre aussi en 1911 un travail à la sociologie du père français de l'anarchie[91].

Georges Valois (1878-1945)

Alfred-Georges Grescent qui prit le pseudonyme de « Valois » en hommage à la province qui l'avait vu naître, chercha à nouer des contacts avec Georges Sorel car il avait compris combien cet homme était opposé à la démocratie parlementaire, comme lui. En effet, cet employé de commerce qui est un autodidacte, a fréquenté les cercles anarchistes puis le syndicalisme révolutionnaire avant de se rallier, en 1906, à la Ligue d'Action française de Charles Maurras. Ce dernier lui confia la chronique économique de son quotidien. Après la publication en 1908 de son ouvrage intitulé : *L'enquête sur la Monarchie et la classe ouvrière*, il écrivit à Georges Sorel pour lui demander de promouvoir son travail auprès de ses amis italiens[92]. Les affinités intellectuelles entre les deux hommes sont profondes. Valois est, à sa façon, un proudhonien et participe à l'animation du « Cercle Proudhon » fondé par Charles Maurras et Louis Dimier. Valois tend, lui aussi, à avoir une conception du monde économiste.

La thèse que Valois soutient dans le livre qu'il a publié en 1906, repose entièrement sur le principe des antinomies irréductibles et sur la prééminence de l'économie dans la vie sociale. *L'homme qui vient Philosophie de l'Autorité* se présente comme une fable. Valois brosse un monde perpétuellement menacé, dans sa survie, par les éléments contraires. L'ensemble de l'humanité, malgré ce contexte difficile, a tendance à vivre selon la loi du moindre effort, menaçant ainsi l'espèce de disparition par le froid et la faim. Mais il existe naturellement une antinomie entre le groupe paresseux et certains hommes possédant des caractères providentiels. Après une sorte de retraite dans la

90. Élie Halévy, *Correspondance...* op. cit. p. 404 document n° 384.

91. Daniel Halévy, *La jeunesse de Proudhon* Paris, E. Figuière, 1913, 152 p. Maurice Harmel, *P.-J. Proudhon* Paris, H. Fabre, 1909, 319 p. Célestin Bouglé, *La sociologie de Proudhon* Paris, A. Colin, 1911, 333 p. Trois titres sur les dix-neuf que conservent la Bibliothèque nationale de France concernant Proudhon. Parmi les auteurs non cités : Gaëtan Pirou, Édouard Droz, Aimé Berthod.

92. Yves Guchet, *Georges Sorel...* op. cit. p. 193.

forêt où, pour survivre, ils ont été contraints de tuer le tigre, ces surhommes ont fabriqué avec la queue du grand félin un fouet pour contraindre leurs semblables au travail. En effet, la seule autorité légitime est celle qui vise à la création de richesses et, d'une certaine façon, l'État n'a qu'une fonction économique. Valois s'inscrit dans le droit fil du Proudhon de 1852 qui vit dans Napoléon III l'homme de la révolution sociale capable de mettre la France au travail. Pour Valois, le mythe du Roy est un substitut du mythe impérial. Cette dialectique d'inspiration proudhonienne fut enseignée, de 1908 à 1925, aux lecteurs de *L'Action française* qui furent imprégnés d'une conception matérialiste de l'homme et de l'État[93].

La nouvelle école du Droit

Maurice Hauriou (1856-1929)

Ce Charentais naît à Ladiville à laquelle il demeura attaché toute sa vie, passant à Monnac, hameau proche de cette bourgade, une partie de ses vacances. Son milieu social d'origine demeure inconnu. Toutefois ses parents avaient des revenus suffisants pour offrir à leur fils des études – payantes à l'époque – au lycée d'Angoulême. Il y obtint les deux baccalauréats de lettres et de sciences. Il fit ses études de droit à Bordeaux en compagnie de Léon Duguit avec lequel il entretint, sa vie durant, des relations amicales. En 1876, il est licencié en droit ; en 1879, il soutient sa thèse de doctorat. Il fut reçu, en 1882, au premier concours d'agrégation de Droit. Dès le mois de janvier 1883, il rejoignait Toulouse pour y enseigner, dans un premier temps, l'histoire du droit et, à partir de 1888, le droit administratif, spécialité nouvelle à l'époque[94].

Comme son homologue bordelais, Maurice Hauriou est un comtien[95]. Deux ans avant sa mort, il revendique encore cette filiation philosophique. Dans la préface de la dernière édition de ses *Principes de Droit public*, il écrit :

93. Ce paragraphe emprunte les données à Yves Guchet, *Georges Valois, l'Action française, le Faisceau, la République syndicale* Paris, Albatros, 1975, 246 p.

94. Lucien Sfez, *Essai sur la contribution du doyen Hauriou au droit administratif français* Paris, Librairie Générale de Droit et de Jurisprudence, 1966, p. 66 à 71.

95. Lucien Sfez, *Essai sur la contribution...* op. cit. p. 67.

> « Il convient de me cataloguer comme un positiviste comtiste devenu positiviste catholique, c'est-à-dire comme un positiviste qui va jusqu'à utiliser le contenu social, moral et juridique du dogme catholique. »[96]

Ce n'est pas le lieu d'analyser ici l'incompatibilité métaphysique entre le personnalisme catholique et le socialisme comtien. Il importe surtout de relever le caractère ouvert et éclectique de sa culture philosophique et scientifique qui nourrit son souci positiviste de comprendre le fonctionnement du social. Il a lu les travaux de thermodynamique d'Henri Poincaré ainsi que les synthèses de Pierre Duhem sur la mécanique chimique. En bon scientiste, il transpose dans le domaine des « sciences sociales » des conclusions valables dans leur propre domaine de définition. Toutefois, il se méfie des simplifications et des approximations faciles. Curieux de philosophie, Maurice Hauriou a fréquenté ses collègues de la faculté des Lettres qu'il retrouvait tous les soirs, de 1883 à 1894 – année du mariage du professeur de droit avec Mlle Andrieu –, dans un café de la place du Capitole de Toulouse. Il discutait avec Jean Jaurès, Georges Dumesnil (1855-1916), un fils spirituel d'Emmanuel Kant qui s'est interrogé sur la valeur des concepts et Frédéric Rauh (1861-1909) qui voulait aller au delà du rationalisme de Kant pour fonder les idées morales dans l'ordre de la connaissance[97]. La culture du maître de Toulouse se trouve donc, de ce fait, plus ample que celle du maître bordelais qui, positiviste, a limité ses intérêts culturels aux théories d'un autre positiviste, Émile Durkheim.

La théorie juridique de Maurice Hauriou

Comme le maître toulousain est un positiviste, il ne diffère en rien par rapport à son compétiteur bordelais dans la conception des origines du droit. Dans son cours de 1898 sur le mouvement social, il l'explique ainsi, en utilisant déjà le mot « institution » qui caractérise toute sa théorie :

> « Les rapports sociaux commencent par s'organiser de façon brutale, par l'activité extérieure ou par la force ; peu à peu ils se doublent de représentations mentales. Les organisations se créent et les fonctions, puis elles se font leur théorie et leur déontologie. En un mot, à l'organisation brute, succède l'institution qui n'est autre que l'organisation pénétrée et entourée des représentations mentales corrélatives. »[98]

Le mouvement social est issu de l'antinomie qui existe naturellement entre ce fait lui-même et sa représentation sociale. Le rôle de la loi est de conformer le mouvement avec sa représentation. Le but du travail législatif

96. André de Laubadère, « Les doyens Maurice Hauriou et Léon Duguit » *in* André de Laubadère et *alii*, *Pages de Doctrine* Paris, L.G.D.J., 1980, tome 1, p. 12.

97. Lucien Sfez, *Essai sur la contribution...* op. cit. p. 70.

98. Maurice Hauriou, *Leçons sur le mouvement social données à Toulouse en 1898* Paris, Larose, 1899, p. 99. Le soulignement est le fait d'Hauriou.

« est de dégager progressivement la liberté des hommes c'est-à-dire des éléments entraînés dans le mouvement. »[99]

Dès 1884, Maurice Hauriou avait décrit le processus législatif qui conduit à l'« institution », garant de la liberté. La loi ne vient pas couronner une loi sociologique immuable ; elle constate un consensus universel sur tel sujet. Le dit consensus crée la coutume. Celle-ci est consacrée par la loi qui fonde la liberté. L'application de cette dernière est confiée à l'organisation législative et administrative qui produit la jurisprudence pour les cas litigieux[100].

Dans ses *Principes de droit public*, il donne cette définition du droit :

> « Ainsi le droit est la conformité à un ordre des choses idéal ou du moins idéalisé ; il réalise, non pas des conceptions purement mécanistes de l'univers, mais des conceptions qui admettent du finalisme et de la liberté et, par conséquent, qui supposent la lutte triomphante du juste contre l'injuste, du bien contre le mal. »[101]

Ayant échafaudé une dynamique propre au corps social plus complexe que le couple gouvernant - gouverné de Léon Duguit, Maurice Hauriou donne à l'État un rôle directeur ce qui le distingue de Léon Duguit. Pour ce dernier, l'État constate la nécessité de légiférer pour organiser la liberté des groupes humains. A la différence de Léon Duguit, l'État selon Hauriou ne fait pas qu'enregistrer des faits sociaux de façon quasi mécanique. L'État peut avoir un rôle de créateur de droit en vue de conduire le mouvement social vers une plus grande liberté des groupes sociaux. L'État n'est donc pas la simple agglomération des services publics, il est organe qui donne la direction à la société qui peut passer ainsi de l'homogénéité à l'hétérogénéité [102]. On reconnaît là l'emprunt de Maurice Hauriou à Herbert Spencer.

A la conception fixiste de la société qui nourrit la réflexion de Léon Duguit, le maître de Toulouse oppose une conception dynamique de celle-ci qui est susceptible de mieux asseoir le Progrès dans l'Ordre dès lors que l'État s'attribue un rôle directeur pour accorder aux institutions sociales, par le truchement de la loi, la liberté. Celle-ci, pas plus que la personne, ne préexiste à la société et à la loi.

A la veille de la Première Guerre mondiale, l'organisation républicaine des pouvoirs publics est admise par l'immense majorité des Français ; la politique de ralliement de Léon XIII a porté ses fruits. La division demeure sur la nature de la philosophie politique qui doit nourrir ses institutions. Celle

99. Maurice Hauriou, *Leçons sur le mouvement*... op. cit. p. 104.

100. Maurice Hauriou, « L'histoire externe du droit » tiré à part de la *Revue critique de Législation et de Jurisprudence* Paris, Librairie Cotillon. F. Pichon successeur, 1884, p. 9.

101. Maurice Hauriou, *Principes de droit public à l'usage des étudiants en licence (3ème année) et en doctorat es-sciences politiques* Paris, Librairie de la société du recueil Sirey, p. 8.

102. André de Laubadère, « Les doyens Maurice Hauriou et Léon Duguit »... op. cit. p. 21.

des Opportunistes qui se fonde sur la doctrine juridique de Léon Duguit, repose sur une conception stable de la société formée d'entités économiques petites ou de taille moyenne dans laquelle l'État est un simple régulateur dépourvu d'initiative. Les libéraux refusent cet égalitarisme et trouvent dans l'inégalité un élément nécessaire du Progrès. L'État n'a guère que les fonctions régaliennes traditionnelles et le devoir de créer les conditions nécessaires au libre développement de l'initiative privée. La grande nouveauté pour les libéraux est de ne plus considérer l'État comme un perpétuel adversaire mais de le percevoir comme une aide efficace aux intérêts privés à partir des années 1890. Les critiques proudhoniennes du Léviathan sont excessives dans la forme pour des raisons purement tactiques. Ils savent, en lecteurs de Gustave Le Bon, que si :

> « les inventeurs peuvent modifier à la longue une civilisation ; les fanatiques, à l'intelligence étroite mais au caractère énergique et aux passions puissantes, peuvent seuls fonder des religions, des empires et soulever le monde [...] Les inventeurs de génie hâtent la marche de la civilisation. Les fanatiques créent l'histoire. »[103]

Dans le fond, leur dialectique sociale ménage et justifie la hiérarchie et l'inégalité pour le plus grand bien du Progrès et de la stabilité sociale. Un conservateur comme Paul Bourget a bien compris l'intérêt de cet anarchisme pour la survie des autorités sociales traditionnelles. Dans la ligue positiviste hétérodoxe qu'est l'Action française, Georges Valois mène un apostolat équivalent. Dès 1908, avec sa théorie de l'institution, Maurice Hauriou offrait à ces courants de pensée une doctrine juridique fondée sur la quête du nécessaire progrès social qui doit prendre en compte toutes les oppositions dialectiques.

Ces divisions ne sont guère perceptibles de la grande majorité des Français qui n'ont guère le loisir ou la possibilité de s'en informer sereinement. Ils sont invités à participer à l'unanimité républicaine autour de valeurs et de symboles aptes à les mener sur les chemins du Progrès.

103. Cité *in* Pascal Ory (dir.) *Nouvelle histoire des idées politiques* Paris, Hachette, 1987, p. 325.

Chapitre 6
L'unanimité républicaine

En 1789, Mirabeau parlait de la France comme d'un « agrégat inconstitué de peuples désunis »[1]. Un siècle après, les Républicains éprouvaient un sentiment identique d'autant plus vif qu'ils entendaient mettre un terme définitif aux troubles répétitifs qui avaient émaillé l'histoire nationale au XIXème siècle. Cela paraissait une gageure dans la mesure où ils se considéraient comme les héritiers de la Grande Révolution tout en se voulant les partisans de l'Ordre et du Progrès. La réussite de ce pari passait par la conquête du cœur et de l'âme du peuple afin d'assurer le pouvoir spirituel sans lequel la marche vers le Progrès dans l'Ordre demeurerait impossible[2].

Ce n'était pas la première fois que la nation française, dans son histoire millénaire, cherchait à se donner des symboles positifs pour créer une nouvelle unanimité. Après la prise de pouvoir contestée de Philippe VI de Valois, la nouvelle dynastie a utilisé tous les moyens pour asseoir la légitimité de son acte. L'argument religieux est essentiel mais la langue vernaculaire, la pompe des entrées royales – les « Fêtes-Roi » – et les premières images xylographiques ont participé à souder les nations du Royaume dans la fidélité aux Valois[3].

Ce sont des moyens identiques que les Opportunistes et les Radicaux utilisèrent pour asseoir la légitimité de la République. Symboles visuels et sonores, commémorations de grands événements, mais aussi, en substitut à la religion, une conception républicaine du monde enseignée de l'école primaire à l'Université avec le souci des opportunités pour ne pas heurter directement les consciences.

1. Cité *in* Pierre Goubert et Michel Denis, *1789 Les Français ont la parole... Cahiers de doléances des États généraux* Paris, Julliard, 1964, p. 51 et 59.
2. Auguste Comte, *Science et politique Les conclusions générales du Cours de philosophie positive* Paris, Pocket, 2003, p. 253 à 368 [première édition : 1842].
3. Colette Beaune, *Naissance de la nation France* Paris, Gallimard,1985, 431 p.

Les symboles légaux de l'unanimité

L'hymne national

Le *Chant de guerre pour l'Armée du Rhin* fut composé à Strasbourg dans la nuit du 25 au 26 avril 1792 par le capitaine du génie Joseph Rouget de l'Isle (1760-1836). Les volontaires montpelliérains qui en connaissaient la musique et les paroles par le biais d'intermédiaires inconnus, l'apprirent à leurs homologues marseillais. Ils entrèrent dans Paris le 4 août 1792 au chant de cette marche militaire qui devint le symbole musical révolutionnaire par excellence. Prenant le nom de la ville de ceux qui en faisaient la meilleure promotion, *La Marseillaise* fut chantée le soir du 10 août 1792 et sur les champs de batailles victorieux de la Révolution.

L'engouement pour cette marche dont les paroles sont rudimentaires et la musique médiocre, fut tel qu'un décret de la Convention thermidorienne, datée du 26 messidor an III, le promut officiellement hymne national. La République et *La Marseillaise* étaient unies pour le meilleur et pour le pire. En 1879, constatant que ce décret n'avait jamais été abrogé, le ministre de la Guerre, le général Gresley, déclara à la Chambre des députés, le 14 février, que ce chant révolutionnaire conservait ses prérogatives. Les pompes de la République lui restituèrent l'honneur d'accueillir le chef de l'État et les préfets. Les cérémonies militaires se firent aussi au son de cet hymne sans toutefois évacuer les traditions introduites dans l'Armée par les régimes politiques antérieurs : lorsque le président de la République passe les troupes en revue, la musique interprète cette marche du Premier Empire intitulée : *Musique de la Garde au soir de Marengo*. Il ne fut pas jusqu'au moindre comice agricole qui ne décora pas sa cérémonie d'ouverture de l'hymne national interprété par l'harmonie municipale.

Une liturgie empreinte de respect et de dignité, pour atténuer le caractère violent et révolutionnaire de cet hymne, est élaborée. Outre l'attitude de respect dans laquelle on doit écouter l'hymne national, la III ème République préfère l'interprétation par un chœur de voix féminines moins agressif que son équivalent masculin. Le sixième couplet dont le premier vers est : « Amour sacré de la Patrie… », se doit d'être chanté par une jeune fille qui, un genou à terre, enlace le drapeau tricolore. Cette mise en scène est rare car peu de cérémonies font entendre les sept couplets de l'hymne national[4].

Les opposants à la République furent longs à accepter *La Marseillaise* comme symbole de la France. Les Orléanistes gardaient encore en mémoire

4. Pierre Nora (dir.) *Les lieux de mémoire tome 1 La République* Paris, Gallimard, 1984, p. 85 à 123.

La Parisienne de Casimir Delavigne, laquelle célèbre la Révolution des Trois Glorieuses et qui fut l'hymne presque officiel de la Monarchie de Juillet. De leur coté, les Bonapartistes préfèrent *Veillons au salut de l'Empire* ou *En partant pour la Syrie* qui accompagnaient, dans les cérémonies officielles, l'accueil de l'Empereur ou de son représentant.

La politique de ralliement à l'organisation républicaine des pouvoirs publics de Léon XIII favorisa l'acceptation du nouvel hymne national compte tenu de l'adhésion des principaux membres des mouvements monarchiques à cette confession. Le 12 novembre 1890, le cardinal Lavigerie, en l'absence du gouverneur de l'Algérie, accueillit l'amiral Duperré, commandant l'escadre de la Méditerranée, au son de *La Marseillaise* interprétée par les enfants des écoles dirigées par les Pères Blancs[5]. Par cet acte, l'Église dissociait le sens littéral guerrier et sanguinaire du texte original du symbole recherché de chant d'union nationale.

De leur coté, les socialistes préféraient *L'Internationale* qui devint, en 1899, le chant de ralliement de toutes les tendances du socialisme. Ils n'en rejetaient pas pour autant l'hymne national officiel. Jean Jaurès, logique avec son analyse de la Révolution française, fait de *L'Internationale* la « suite prolétarienne de La Marseillaise »[6]. Ce mouvement ouvrier tenta de plier l'hymne national à son idéologie par le jeu des parodies comme *La Marseillaise fourmissienne* qui élève au rang de « mythe » la fusillade de Fourmies du 1er mai 1891 :

> « Allons forçats des filatures
> Le Premier Mai vient de sonner.
> Las enfin de tant de tortures
> Levons-nous pour manifester… »[7]

La Marseillaise des requins aux accents pacifistes, écrite par le socialiste Gaston Goué au moment de la crise franco-allemande d'Agadir de 1911, est teintée de relents pacifistes et anarchistes :

> « Allez, petits soldats de France
> Le jour des poir's est arrivé.
> Pour servir la haute Finance
> Allez-vous-en là-bas crever… »[8]

5. Adrien Dansette, *Histoire religieuse de la France contemporaine* Paris, Flammarion, 1965, p. 452.
6. Cité *in* Pierre Nora, *Les lieux de mémoire…* op. cit. p. 123. Le soulignement est de Jaurès.
7. *Ibidem*, p. 123.
8. *Ibidem*, p. 123.

Le drapeau tricolore

Si l'hymne national éprouve des difficultés à être admis de tous, il n'en est pas de même pour le deuxième symbole légal de la Nation : le drapeau. Personne n'ose revenir sur le choix des trois couleurs qu'Alphonse de Lamartine a exaltées contre les démocrates - socialistes cherchant, après la révolution du 28 février 1848, à lui substituer le drapeau rouge. Revendiquer un pareil changement en 1880 est incongru à deux titres.

Le comte de Chambord fit involontairement échouer la restauration monarchique de 1875 en refusant de reconnaître la validité du drapeau que le roi Louis-Philippe 1er avait fait admettre comme oriflamme officiel de la France. Tous les libéraux étaient attachés à ce signe de respect des libertés acquises à l'été de 1789. Par ailleurs, la défaite de 1871 avait rendu sacrés les insignes des régiments de l'Armée française. La crémation des drapeaux de la garnison de Metz, une nuit d'octobre 1870, est devenue l'image la plus répandue de l'humiliante défaite. Cette dernière a fait naître la religion du drapeau. Paul Déroulède (1846-1914) écrit ces deux vers dans un recueil de poèmes publiés en 1881 sous le titre *Marches et sonneries* :

> « Porte-drapeau, mon camarade,
> Tu tiens la France dans ta main.» [9]

Firmin de Croze, obscur romancier patriote, le glorifie en ces termes :

> « C'est que, dans le drapeau, il y a plus qu'un lambeau de soie noircie par la poudre et troué par les balles : il y a la patrie. C'est elle qui vit dans cet emblème [...] Quand passe le drapeau, saluons : c'est la France qui passe. »[10]

Le drapeau devient le symbole de l'affranchissement du peuple en marche vers le Progrès. L'Armée a le devoir d'apprendre au conscrit qui regrette la douceur de son village natal, le sens exact de l'appel sous les drapeaux. Paul Déroulède versifie l'idéal républicain ainsi :

> « Et ce vieux drapeau que tu vois,
> C'est la robe de ta payse [...]
> Sais-tu ce que tu regrettes ?
> C'est le temps où tu n'étais rien,
> Où ni soldat, ni citoyen,
> Au festin n'ayant que les miettes,
> Sans devoir, sans droit, sans soutien,
> Le servage courbait vos têtes. »[11]

9. Pierre Nora (dir.), *Les lieux de mémoire*... op. cit. p. 34 note 11.
10. *Ibidem*, p. 26.
11. Pierre Nora (dir.), *Les lieux*... op. cit. p. 28.

Cet attachement au drapeau explique le motif pour lequel les armoiries de la République furent le faisceau de drapeaux tricolores réunis par un écu frappé des deux lettres « R. F. »[12].

La fête nationale

La Chambre des députés érigea, en 1880, la date d'anniversaire de la prise de la prison royale de la Bastille le 14 juillet 1789 en fête nationale. Cette date fut choisie, parmi d'autres qui eussent pu être le 24 février [1848] ou le 4 septembre [1870] bien que cette dernière fût une référence néfaste en raison du *Sedantag*[13], car elle avait été élevée au rang de « mythe » et par Gambetta et par Victor Hugo. Le premier, le 14 juillet 1872, à La Ferté-sous-Jouarre, proclama que la révolte populaire ne s'était pas dressée : « pour renverser une Bastille de pierre, mais pour détruire la véritable Bastille : le moyen-âge, le despotisme, l'oligarchie, la royauté ! » Le second, dans son roman *Quatrevingt-treize*, au moyen de formules lapidaires, faisait de ce jour d'émeute, une aube radieuse sur un peuple esclave : « 89, la chute de la Bastille, la fin du supplice des peuples. » La Tour Bretonne de ce château construit par le roi Charles V et qui porte le nom de « La Tourgue » « était cette résultante fatale du passé qui s'appelait la Bastille à Paris, la Tour de Londres en Angleterre, le Spielberg en Allemagne, l'Escurial en Espagne, le Kremlin à Moscou, le château Saint-Ange à Rome. »[14]

Les Opportunistes soulignent les aspects consensuels de cette fête nationale qui doit, à leur avis, commémorer les grands principes qui fondent l'État républicain. Le piédestal de la statue de la République à Paris est ornée de douze bas-reliefs retraçant les grandes étapes de la liberté politique : 20 juin 1789, 14 juillet 1789, 4 août 1789, 14 juillet 1790, 11 juillet 1792, 20 septembre 1792, 21 septembre 1792, 13 prairial an II, 29 juillet 1830, 4 mars 1848, 14 juillet 1880[15]. Cette date leur permet de faire l'impasse sur les aspects violents et dictatoriaux pris par la Grande Révolution à partir de 1792. Ils construisent une image éthérée de cette période sanglante pour clore l'âge métaphysique négatif et ouvrir la voie à l'édification concrète de l'âge positif. Les Radicaux, pour leur part, considèrent Danton voire même Robespierre comme des héros positifs. Une commune des Vosges, Bruyères, sous la houlette d'édiles municipaux de sensibilité radicale, plaça la grande rue de la ville sous la protection du chef de la Montagne, appellation qui lui resta jusqu'à la Libération de 1945.

12. Maurice Agulhon, *Marianne au pouvoir*... op. cit. p. 24.
13. Traduction : « Jour de Sedan ». La chute de cette forteresse fut considérée comme un grand jour dans l'Allemagne du Deuxième Reich.
14. Cité *in* Pierre Nora (dir.), *Les lieux de mémoire*... op. cit. p. 425 et 426.
15. Maurice Agulhon, *Marianne au pouvoir*... op. cit., p. 73.

L'opposition conservatrice, s'appuyant sur les travaux d'Hippolyte Taine dont le tome deux des *Origines de la France contemporaine* consacré à la Révolution paraît en 1878, dénonce la célébration des tueries du 14 juillet 1789 : les soldats et le gouverneur de La Bastille furent sauvagement massacrés par les émeutiers. D'une façon générale, hormis le cas du cardinal Guibert (1802-1886), archevêque de Paris, qui fit orner les échafaudages du Sacré-Cœur de drapeaux tricolores en 1878 pour ne pas blesser les édiles radicaux de la capitale, les lieux de culte catholiques ne participent pas à la commémoration républicaine à la différence des temples et synagogues qui pavoisent. La presse républicaine s'empresse de souligner le civisme de ceux-ci et l'incivisme de ceux-là· C'est la France de l'Ouest qui manifeste le plus vivement son haut-le-cœur lors de la fête nationale en particulier le pays nantais et la Vendée[16].

L'unanimité sur la fête nationale se fait autour du culte de l'Armée. La gauche est nationaliste jusqu'à l'Affaire Dreyfus et honore les militaires jusqu'à cette crise politique. La droite conservatrice, sous l'influence de Maurice Barrès qui invite à cultiver le Moi national dans les trois romans de l'Énergie nationale, va voir et complimenter l'armée française à la revue de Longchamp le 14 juillet après l'Affaire Boulanger et pendant l'Affaire Dreyfus.

Une seule fête nationale mais des significations différentes selon les sensibilités politiques. L'unanimité nationale demeure une apparence que le symbole officieux de la République se trouve, pour sa part, incapable de créer.

Le symbole officieux de l'unanimité

La genèse de Marianne

Les enquêtes d'onomastique menées par l'équipe de Jacques Dupaquier, ont montré que les prénoms de Marie et d'Anne étaient les plus fréquents dans l'ancienne France. Le prénom composé de « Marianne » était communément attribué aux dulcinées des romances et chansons des régions du Massif Central. Le cordonnier et non moins chansonnier de Puylaurens (Tarn), Guillaume Lavabre, semble avoir été le premier à donner ce prénom à la République, représentée comme la femme désirée, dans une chanson écrite en langue d'oc à la fin de l'année 1792 et intitulée *La garisou de Mariano*[17]. Cette guérison de la République était due au renversement de la monarchie le

16. Pierre Nora (dir.), *Les lieux...* op. cit. p. 434 à 436.
17. Traduction française : « *La guérison de Marianne* ».

10 août 1792 et aux victoires des armées révolutionnaires aux frontières du Nord et de l'Est[18].

L'habitude vint vite de représenter la République sous les traits d'une femme. Le tableau d'Eugène Delacroix, *La liberté guidant le peuple sur les barricades,* est l'exemple le plus populaire. Le succès de cette personnification et de son appellation « Marianne » tient, à mon sens, à l'attente de la Femme - Messie caractéristique de la religion saint-simonienne et de la religion positiviste[19]. Cette déification messianique de la République pouvait seule faire pendant au culte marial dont le succès – en raison des apparitions de La Salette (1847), de Lourdes (1858) et de Pontmain (1871) – pouvait laisser craindre un retour du peuple vers l'âge théologique de l'avis de la bourgeoisie progressiste. A Saint-Chamas (Bouches-du-Rhône), la « Marianne » de la mairie fait concurrence à la Vierge du portail de l'église qui est en vis à vis de la porte de l'hôtel de ville[20].

Comment représenter « Marianne » ?

Certes les opposants à la République ont très vite dénoncé les seins nus de « Marianne » en raison de l'indécence de la tenue qui donnait un exemple déplorable aux enfants des écoles. Mais la difficulté ne gît pas dans cette critique pudibonde. Elle réside dans l'opposition entre Opportunistes et Radicaux sur les attributs décoratifs à donner à l'image féminisée de la République. Doit-elle porter le bonnet phrygien, symbole de la Liberté depuis l'Antiquité pour l'esclave affranchi ou doit-elle être coiffée du soleil éclairant la marche du monde vers le Progrès ? Les Radicaux qui ne considèrent pas d'un mauvais œil la période de la Convention montagnarde (1793-1794), penchent pour le bonnet phrygien. Les arguments à charge et à décharge pour ce symbole d'affranchissement ont été clairement exprimés dans le débat qui a accompagné la création de la statue de *La Liberté* d'Auguste Bartholdi à l'intention du peuple américain. Comme cette allégorie est coiffée d'un soleil, les radicaux, par la plume de Louis Ménard qui s'exprime dans le journal *L'Art* de 1879, avancent :

> « Eh bien ! la liberté a pour attribut caractéristique le bonnet phrygien ; on n'y peut rien, cela est ainsi. Je sais bien qu'en France, la présence de cet attribut serait un motif d'exclusion pour une œuvre d'art,

18. Maurice Agulhon, *Marianne au pouvoir*... op. cit. p. 11.
19. Pour une approche simple de cette question : Henri Gouhier, « La signification historique du Positivisme » *in* Henri Gouhier, *Études sur l'histoire des idées en France depuis le XVII ème siècle*, Paris, Vrin, 1980, p. 77 à 80.
20. Maurice Agulhon, *Marianne*... op. cit. p. 118.

> mais les Américains qui le mettent sur leurs monnaies n'ont aucune raison d'en avoir peur sur une statue. »[21]

Édouard Laboulaye, le promoteur de la statue du sculpteur de Colmar qui était proche du groupe des Opportunistes, avait, pour sa part, fait le choix du soleil comme coiffe de la sculpture géante car, écrit-il, :

> « C'est bien la Liberté, mais la Liberté américaine. Ce n'est pas cette Liberté avec un bonnet rouge sur la tête et une pique à la main qui marche sur des cadavres... »[22].

Paul Bert (1833-1886) se faisait, dans l'arrondissement de l'Yonne dont il était l'élu, le généreux dispensateur de bustes de « Marianne » dont le créateur était Edme Cadoux. Le premier modèle que l'artiste présenta au député, était coiffé du bonnet rouge. L'élu écrivit au sculpteur cette injonction : « Je n'aime pas vos emblèmes. Surtout pas de bonnet phrygien ! »[23]. Le souvenir aigu de la Commune faisait rejeter le couvre-chef des sans-culottes de l'An II.

Photo collection privée

La médaille commémorative du centenaire de la Révolution et de l'exposition universelle de 1889 (ci-contre) reprend, en l'adaptant, la Cérès créée par le graveur Jean-Jacques Barre (1793-1855) pour la Deuxième République. Les opportunistes l'ont coiffée à la mode antique et ses cheveux lâchés sont maintenus par un bandeau noué sur l'occiput. Sur ce dernier sont inscrits les mots suivants : « Suffrage Universel »[24]. La France donnait au monde l'image d'une République apaisée.

La géographie de « Marianne »

Aucun texte législatif n'imposa jamais le buste féminisé de la République dans la salle de délibération du conseil municipal. Cet élément décoratif fut, à l'origine, le geste militant de Républicains prenant en mains les commandes de leur commune. Celle d'Achery se trouve dans l'Aisne dont un des députés est Paul Doumer (1857-1932). Il soutient la demande de la première municipalité républicaine de ce village qui aimerait obtenir, du ministère des Beaux-Arts, le don d'un buste de Marianne. Le 23 juin 1888, seule la photographie du président Sadi Carnot est octroyée par décret à cette commune. Ses élus renouvellent leur demande, le 25 février 1889, en ces termes :

21. Maurice Agulhon, *Marianne*... op. cit. p. 103.
22. *Ibidem*, p. 103.
23. *Ibidem*, p. 50 et 63.
24. L'avers de cette médaille est reproduit dans cet ouvrage.

« Cette faveur serait pour [la municipalité nouvelle] un précieux encouragement et ne pourrait que faire persévérer les citoyens de la commune dans la voie du progrès qu'ils ont choisi aux dernières élections municipales [...] »

Ce village obtint gain de cause grâce à une nouvelle intervention du député[25]. Comme le fait remarquer Maurice Agulhon, cette affaire de buste est de nature idéologique : la demande est faite par une commune républicaine dont le député est radical et franc-maçon. Le gouvernement opportuniste préfère ne pas entrer dans un débat sans fin sur la meilleure représentation figurée de la République et décide, dans un premier temps, avant de céder à la pression, d'offrir le portrait du chef de l'État en substitution.

Rien d'étonnant donc de constater que la carte des « Mariannes » qui ornent l'espace public des villes et des villages, se surimpose à peu près exactement avec la carte de l'implantation des loges maçonniques françaises de la même époque. La surabondance relative de cette statuaire sur la côte méditerranéenne est liée au succès du radicalisme dans cette région française : le Var élit Georges Clemenceau ; le Vaucluse, Alfred Naquet.

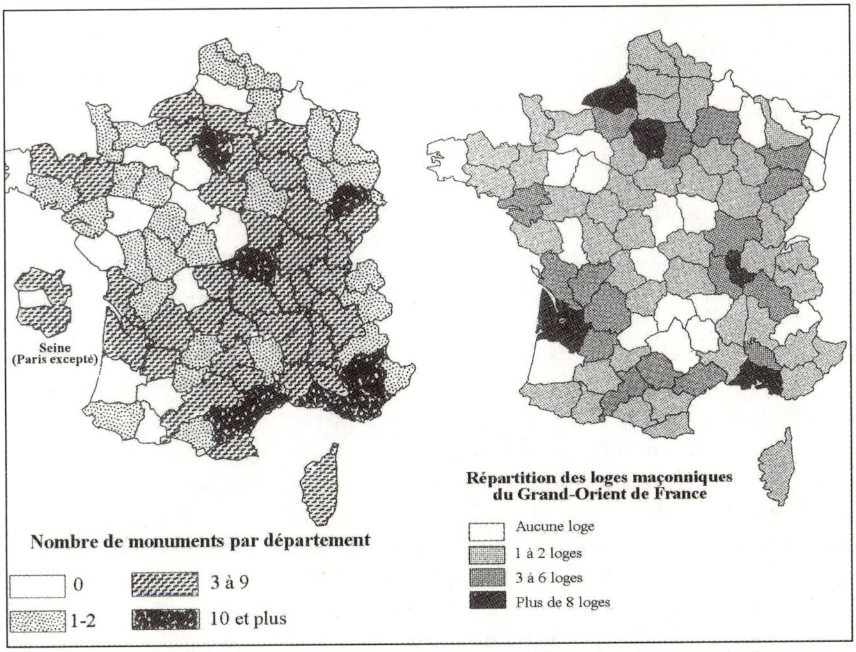

D'après Maurice Agulhon, *Marianne au pouvoir. L'imagerie et la symbolique républicaines de 1880 à 1914*, Paris, Flammarion, 1989, p. 21
et Gérard Gayot, *La franc-maçonnerie française. Textes et pratiques (XVIIIème- XXème siècles)*, Paris, Gallimard-Julliard, p. 44.

25. *Ibidem*, p. 47.

Un culte de « Marianne » ?

Le décor urbain de la ville de Saint-Chamas laisse penser à une rivalité de type religieux. À Arles, il semblerait que Marianne ait recueilli, dans le vestibule de la mairie, un rite dont la Vierge était autrefois honorée. En effet, le protévangile de Jacques rapporte la légende selon laquelle Marie, présentée au Temple par Anne et Joachim, aurait été posée sur la troisième marche des degrés de l'autel par le Prêtre. Aussitôt, l'enfant aurait esquissé, malgré son très jeune âge, un pas de danse d'allégresse[26]. Dans cette province marquée par le culte des Saintes Maries, la tradition était d'emmener les enfants faire leurs premiers pas sous la statue de la Vierge. Marianne a hérité, un temps, de cette tradition : des mères ont emmené leurs enfants marcher pour la première fois sous son buste[27].

C'est la fête nationale du 14 juillet qui est, en particulier pour la période 1880-1890, la cérémonie votive en l'honneur de « Marianne ». En 1883, en grande pompe, la statue de la République de la place du Château d'Eau à Paris est inaugurée par l'ensemble du gouvernement. A Mont (Loir-et-Cher), les Républicains récitent, au cours du banquet, des prières républicaines parmi laquelle cet *Ave Maria* en l'honneur de la Liberté confondue avec la République et sa représentation figurée :

> « Je vous salue, ô Liberté chérie, seule déité des Français, le vrai bonheur est avec vous ; vous êtes bénie des peuples opprimés, et l'union est votre fruit.
>
> Sainte Liberté, fille de la Nature, protégez vos enfants naguère esclaves et nous vous défendrons avec ardeur maintenant et à l'heure de notre mort.
>
> Ainsi soit-il. »[28]

En d'autres lieux, il se met en place une sorte de culte éphémère de la République où la statue de « Marianne » peut être absente. La trame des faits est la suivante : en 1880, à Cordes (Tarn), le maire franc-maçon Rivenc a voulu décider de la date du pèlerinage de la Chapelle Sainte-Croix, hérité de la Réforme catholique du XVII ème siècle, sans se soucier du curé, simple exécutant à ses yeux. Par ailleurs, il voulait greffer sur la liturgie catholique une cérémonie en l'honneur de la République. Dans ce canton déchristianisé, l'habitude était prise d'associer le culte de Dieu et celui du Roi depuis la Monarchie de Juillet. La date traditionnelle de ce pèlerinage qui réunit tout le canton, est le 1er mai, jour de la Saint Philippe. L'opposition des prêtres du

26. *Marie Préface de René Laurentin* Paris, Desclée De Brouwer, 1990, p. 38.
27. Maurice Agulhon, *Marianne...* op. cit. p. 57.
28. Pierre Nora (dir.), *Les lieux...* op. cit. p. 441 et 442.

doyenné à cette confusion et la suspicion de l'évêque à l'endroit de pratiques superstitieuses étrangères à tout désir sincère de conversion, conduisit à la suppression canonique de la procession. Le maire passa outre et elle se fit derrière le drapeau tricolore et non le buste dont la fabrication, la diffusion et la vente en sont encore aux balbutiements[29]. En 1885, à Montauban, c'est le professeur de philosophie du lycée qui exhibe Marianne pour contrecarrer les processions religieuses. *Le Courrier de Tarn-et-Garonne*, de tendance conservatrice, raconte ainsi le scandale :

> « A propos de M. Thomas [le professeur de philosophie], un de nos lecteurs nous demande si ce n'est pas ce professeur qui, pendant la procession de la Fête-Dieu, avait cru devoir orner sa fenêtre d'une statue de Marianne et jouer *La Marseillaise* à tour de bras pendant le défilé du cortège sous les fenêtres de son appartement. »[30]

Ces faits sont trop ponctuels pour avancer la volonté politique d'imposer un culte de substitution. Les Opportunistes n'auraient pas toléré des liturgies rappelant trop le culte de l'Être suprême imaginé par Robespierre. Ces cérémonies ont lieu, de toute évidence, dans les terres d'élection du radicalisme ou *in partibus infidelium* : les terres de l'Ouest conservateur. Le culte de Marianne devint un thème strictement littéraire comme en témoigne cette description d'un vieux républicain au lendemain de la Grande Guerre par le romancier d'origine belge Clément Vautel (1875-1954) :

> « Sa seule religion, disait-il, c'était le culte de la République, car, pour lui, la République était une manière de divinité personnifiée dont il tolérait à grand peine la négation ou simplement la critique. On trouve encore, dans les provinces, de ces mystiques qui croient à Marianne comme des dévotes croient à Sainte Marie. »[31]

Créer l'unanimité : l'école primaire

Où se situe le débat ?

En 1883, à peine un an après le vote de la loi du 29 mars 1882 sur l'obligation et la laïcité de l'enseignement primaire, Georges Dumesnil, professeur de philosophie à la faculté des Lettres de Toulouse, publiait un ouvrage intitulé *La pédagogie révolutionnaire*. Certes, chapitre après

29. Jean Faury, *Cléricalisme et anticléricalisme dans le Tarn...* op. cit. p. 440 à 442.

30. Jean-François Delord, « Le lycée Ingres de Montauban 1870-1914 Histoire, anecdotes, silhouettes et portraits » *Archistra* n° 107 bis, mai 1993, p. 11.

31. Clément Vautel, *Mon curé chez les riches texte revu et corrigé avec une préface de l'auteur* Paris, Le Livre de poche, 1972, p. 39 [première édition : 1923].

chapitre, il étudie les grands ancêtres de la pédagogie : Condorcet, Lakanal... Mais la substantifique moelle de l'ouvrage est contenue dans le premier chapitre. L'auteur ne feint pas de croire que la République vient de créer de toute pièce un service d'enseignement public. Il reconnaît les mérites de la recherche historique menée par des conservateurs : la France d'Ancien Régime comptait soixante facultés, quarante académies, plus de six cent collèges et une multitude de « petites écoles ». Il est conscient que la Révolution a détruit cet ensemble. Pourtant il reconnaît le bien fondé de cette éradication. Partant du principe que la pédagogie est « nullement étrangère par nature, comme on pourrait le croire, aux doctrines sociales mais [qu'elle leur] est au contraire intimement liée »[32], il avance que celle de l'Ancien Régime visait à former un honnête homme capable de vivre à la ville et à la Cour. Le fondement de cet enseignement était les Humanités et la religion qui apprend la soumission au roi. En somme, les laïcs étaient éduqués comme des prêtres. La Révolution se devait de casser cet enseignement. Le peuple est maintenant souverain ; l'autorité vient d'en bas. Il n'a plus à apprendre la soumission mais la liberté pour être un parfait citoyen. En conséquence, « le premier devoir de l'éducation, c'est d'émanciper, de développer et de fortifier l'individu »[33]. Celui-ci ne reporte pas la quête du bonheur dans l'au-delà ; il le recherche ici-bas. Pour y parvenir, il doit apprendre les choses de la terre : « C'est dire que l'instruction devra avoir la réalité pour fonds et la science pour effet »[34]. Mais pour Georges Dumesnil, tout dépend du social et le citoyen n'est pas isolé ; donc « le principe du bonheur individuel implique, comme complément et comme correctif, l'amour de l'humanité et de la patrie avec l'histoire comme initiation »[35]. La finalité de l'enseignement républicain était clairement posée : donner un savoir capable de promouvoir le Progrès dans l'Ordre sans retour possible vers l'âge théologique.

Quelle pédagogie pour ce projet ?

Les pédagogues républicains furent nombreux. L'historiographie en retient trois : Henri Marion (1846-1896), Ferdinand Buisson (1841-1932) et Émile Durkheim. Les trois sont philosophes : Marion et Durkheim ont été formés à l'École normale supérieure de la rue d'Ulm ; Buisson est issu de ce protestantisme libéral qui réduit la foi à une sensibilité[36]. Les trois refusent par principe une éducation des enfants tributaire d'une tradition. Henri

32. Georges Dumesnil, *La pédagogie révolutionnaire* Paris, C. Delagrave, 1883, p. 3.
33. Georges Dumesnil, *La pédagogie...* op. cit., p. 32.
34. *Ibidem*, p. 32.
35. *Ibidem*, p. 34.
36. Éric Dubreucq, *Une éducation républicaine Marion, Buisson, Durkheim* Paris, Vrin, 2004, p. 16 à 18.

Marion et Ferdinand Buisson, proches de l'Opportunisme, fondent leur pédagogie sur la sociologie qui fait de l'individu libre et raisonnable l'atome dynamique de la société. Leur méthode d'éducation fait donc une large place à la psychologie de l'enfant. Émile Durkheim, de sensibilité radicale-socialiste, envisage la société avant l'individu et considère la pédagogie comme l'auxiliaire des adaptations aux changements sociaux[37]. L'individu n'existe pas en lui-même et par lui-même mais seulement par la foi sociale du moment qui, à son avis, n'est pas encore suffisamment constituée pour être consensuelle[38].

Dans les Écoles Normales départementales, les instituteurs ne sont plus formés à l'éducation de la personne, notion confondue avec celle d'individu, mais à la formation de citoyens pour la société. A défaut d'être francs-maçons, – à peine deux pour cent de ce corps est inscrit dans l'un ou l'autre rite maçonnique en 1912[39] –, ils sont majoritairement radicaux-socialistes ou socialistes jaurésiens. Leurs années de formation ne sont pas étrangères à ce choix. Mme F., née en 1879, instruite dans le Calvados, le reconnaît. Elle écrit :

> « Étant ancienne élève d'École Normale, je crois qu'il m'eût été bien difficile de ne pas accepter, admettre et servir les partis républicains. J'aime la République, après comme avant les événements de 1914. [...] Une vraie République, pure, honnête, patriotique, éclairée au point de vue social, est le gouvernement rêvé pour la France et les Français. »[40]

Le procès verbal d'une conférence pédagogique pour les instituteurs du canton de Vailly du 14 novembre 1887, préconise sans ambages l'obligation de conscience d'être républicain :

> « La politique vous amène quelquefois aussi des embarras. Je n'admets pas qu'un Instituteur ne soit pas républicain. Il ne vous est pas demandé de crier sur les toits : « Je suis républicain ! » Il ne vous est pas demandé non plus de parler politique dans toutes vos conversations ; mais si, devant vous, on attaquait l'idée républicaine, il faudrait avoir le courage de la défendre. »[41]

Une telle formation ne les conduit pas à porter un regard critique sur les fondements de l'enseignement des sciences naturelles et de l'histoire dont la finalité ultime est la rupture avec la conception traditionnelle – donc chrétienne – de la vie.

37. Éric Dubreucq, *Une éducation...* op. cit. p. 211 et 212.

38. Marie-Claude Blais, *Au principe de la République...* op. cit. p. 407.

39. Jacques Ozouf, *Nous les maîtres d'écoles Autobiographies d'instituteurs de la Belle Époque* Paris, Julliard, 1967, p. 163.

40. Jacques Ozouf, *Nous les maîtres d'école...* op. cit. p. 173.

41. *Ibidem*, p. 174 et 175. Jacques Ozouf ne précise pas le département de ce chef lieu de canton : l'Aube ou la Haute-Savoie.

Le contenu de l'enseignement : la leçon de choses

Les leçons de choses n'ont guère retenu, sauf exception, l'intérêt de l'historien. Pourtant, l'explication de l'origine du genre humain contient un débat métaphysique essentiel pour fonder une société. Les Républicains s'enthousiasment pour le darwinisme car ils voient dans la sélection naturelle et la lutte pour la vie le meilleur argumentaire pour contrer le récit biblique de la création de l'homme. Alfred Espinas (1844-1922), le sociologue républicain radical, publie, en 1878, sa grande étude sur les sociétés animales. Dès l'introduction, le but de ce travail est clairement explicité :

> « C'est une tentative aussi vaine que fréquemment renouvelée que celle de découvrir les lois de la vie sociale dans l'homme indépendamment de toute comparaison avec les autres manifestations de la vie sociale dans le reste de la nature. Mais il faut reconnaître qu'un simple rapprochement ne suffit pas : une étude approfondie des deux termes de la comparaison est la condition préliminaire indispensable d'une détermination exacte de leurs rapports. »[42]

Clémence Royer qui préfaça, en 1862, la première édition française de *L'origine des espèces*, oppose la philosophie de cet auteur avec la Genèse en ces termes : « Ce sont deux principes, deux religions en lutte... »[43] Jean-Louis de Lanessan (1843-1919) se voulait un disciple du naturaliste anglais. Ce professeur à la Faculté des Sciences de Paris, député radical socialiste, ancien ministre, soutient la même idée en 1908, dans son livre intitulé *Morale naturelle*[44]. En 1880, au moment du vote de la loi de Camille Sée sur l'enseignement des jeunes filles, le journal *La Civilisation* avoue directement le but recherché : « soustraire la femme à l'influence chrétienne » en lui donnant « une éducation toute darwinienne et scientifique »[45].

Ce refus d'un ordre humain nettement distingué de l'ordre animal heurta les milieux conservateurs et catholiques qui dénoncèrent cet enseignement des sciences naturelles. Étienne Récamier (1833-1898), fils du physicien Joseph Récamier et personnalité marquante du monde catholique, publia, en 1883, sous le pseudonyme d'Esteban de Richermoz, une histoire racontant le périple d'une mission simiophile internationale au pays des gorilles et leur retour à Paris, en compagnie d'une délégation de grands singes. Le but est de faire profiter le genre humain des vertus de ces grands anciens d'une espèce vivante qui forme une chaîne unie depuis les origines avec l'humanité. A la

42. Alfred Espinas, *Des sociétés animales* Paris, Baillières, 1878, p. 8.

43. Régis Ladous, « Adam, le singe et le prêtre. La question des origines et de l'évolution biologique de l'homme dans les catéchismes français » *in Christianisme et science Études réunies par l'Association Française d'Histoire Religieuse Contemporaine* Paris, Vrin ; Lyon, Institut Interdisciplinaire d'Études Épistémologiques, 1989, p. 103.

44. *Ibidem*, p. 103.

45. *Ibidem*, p. 103.

fin de la pièce, les gorilles eux-mêmes jugent que les théories de Darwin sont ineptes. Le chef de la délégation simiesque conclut sa mission ainsi :

> « Poursuivant un triste idéal,
> Ma famille dans le feuillage
> Singe l'homme ; quand l'animal
> Est singé par l'homme volage,
> Cet échange devient banal,
> L'homme au fond, c'est notre copie !
> Pour demeurer original,
> Mourons singe en Éthiopie. »[46]

Ce texte de chansonnier ne saurait suffire pour considérer l'enquête historique achevée. Il faudrait étudier, au travers des manuels de leçons de choses mis entre les mains des enfants, comment la question des origines de l'homme est présentée.

Le contenu de l'enseignement : l'histoire

L'étude des manuels d'histoire mis à la disposition des élèves de l'école primaire ne saurait répondre à la question précédente puisque le but de cette discipline est de forger l'identité du groupe national.

Les Républicains, par opposition au déterminisme culturel du pangermanisme qui fonde les droits allemands sur les Provinces Perdues, ont fait le choix de la définition latine de la Nation. Celle-ci a été donnée de façon lapidaire par l'italien Giuseppe Mazzini (1805-1872) : « La Patrie, c'est la conscience de la Patrie. » La question de l'Alsace-Lorraine a permis aux Républicains de se ranger derrière les jugements émis par Numa-Denis Fustel de Coulanges (1830-1889) et Ernest Renan. Le premier qui enseignait l'histoire à la faculté des Lettres de Strasbourg depuis 1860, fut contraint de quitter cette ville après la défaite. Il répondit à l'historien allemand Theodor Mommsen (1817-1903) qui démontrait l'appartenance germanique de l'Alsace, par une longue brochure intitulée *L'Alsace est-elle allemande ou française ? Réponse à M. Mommsen, professeur à Berlin* et publiée en 1870. Dans ce fascicule, l'idée dominante est la suivante :

> « Ce qui distingue les nations, ce n'est ni la race, ni la langue. Les hommes sentent dans leur cœur qu'ils sont un même peuple lorsqu'ils ont une communauté d'idées, d'intérêts, d'affections, de souvenirs et d'espérances. Voilà ce qui fait la patrie. Voilà pourquoi les hommes veulent marcher ensemble, ensemble travailler, ensemble combattre, vivre et mourir les uns pour les autres. La patrie, c'est ce qu'on aime. Il se peut que l'Alsace soit allemande par la race et le langage. Mais par la nationalité et le sentiment de la patrie, elle est française. Et savez-vous ce

46. *Au pays des Gorilles avec Pierre Duhem physicien – dessinateur* Paris, Beauchesne, 1989, tableau 19 [première édition : 1883].

qui l'a rendue française ? Ce n'est pas Louis XIV, c'est notre Révolution de 1789. Depuis ce moment, l'Alsace a suivi toutes nos destinées, elle a vécu de notre vie. »[47]

Le Sage de Tréguier, pour sa part, donna sa définition de la Nation dans une conférence donnée à la Sorbonne le 11 mars 1882 dans laquelle il la définit comme un principe spirituel :

> « Une nation est une âme, un principe spirituel. Deux choses qui, à vrai dire, n'en font qu'une, constituent cette âme, ce principe spirituel. L'une est dans le passé, l'autre dans le présent. L'une est la possession en commun d'un riche legs de souvenirs ; l'autre est le consentement actuel, le désir de vivre ensemble, la volonté de faire valoir l'héritage qu'on a reçu indivis [...] La nation, comme l'individu, est l'aboutissement d'un long passé d'efforts, de sacrifices et de dévouements. Le culte des ancêtres est de tous le plus légitime ; les ancêtres nous ont fait ce que nous sommes [...] Avoir des gloires communes dans le passé, une volonté commune dans le présent ; avoir fait de grandes choses ensembles, vouloir en faire encore, voilà les conditions essentielles pour être un peuple. On aime en proportion des sacrifices qu'on a consentis, des maux qu'on a soufferts. On aime la maison qu'on a bâtie et qu'on transmet. Le chant spartiate : "Nous sommes ce que vous fûtes ; nous serons ce que vous êtes", est dans sa simplicité l'hymne obligé de toute patrie. »[48]

Une telle conception de la Nation a des conséquences sur la définition juridique de la nationalité. Le *ius sanguinis* ou droit de filiation cède le pas au *ius soli* ou droit du sol. La loi de 1889 décrète la naturalisation immédiate des enfants nés sur le territoire national d'un couple dont l'un des conjoints n'a pas la nationalité française.

L'enseignement de l'histoire a la mission d'associer tous les jeunes Français au culte de la Patrie, sans distinction d'origine. Cette histoire est conçue comme un temps orienté nécessairement vers la naissance et l'épanouissement de la Troisième République. Écrire un manuel scolaire n'est pas chose simple dès lors que l'origine de la Patrie et la place de la Révolution dans le déroulement de la geste nationale ont des ramifications susceptibles, de l'avis des ministres opportunistes de l'Instruction publique, de conforter ou de saper les fondations de l'État.

La question de l'origine de la France est métaphysique. Soit elle naît avec le roi des Francs Clovis le jour du baptême de ce chef de guerre germain au baptistère de Reims, le 25 décembre 496 ; soit elle préexiste en germe dans l'Antiquité celte et gallo-romaine. Dans le deuxième cas de figure, l'origine gauloise de la France permet de mettre en forme une geste nationale laïque. La Nation peut exister en dehors du sacrement chrétien et des rois.

47. Cité *in* Raoul Girardet, *Le nationalisme français 1871-1914* Paris, Armand Colin, 1966, p. 64.
48. Cité *in* Raoul Girardet, *Le nationalisme*... op. cit. p. 65 à 67.

Le Gaulois Vercingétorix est présenté comme l'homme qui a suscité le premier élan national. Le chef arverne a su fédérer les tribus celtes contre l'envahisseur romain. L'interprétation de l'historien Camille Jullian (1859-1933) devient une vérité pédagogique. Dans la *Revue de Paris* du 1er avril 1901, le professeur d'Histoire antique de la faculté des Lettres de Bordeaux expliquait la révolte gauloise qui court de la victoire de Gergovie à la reddition d'Alésia, en ces termes :

> « En définitive, c'est bien par ce mot de patrie gauloise qu'il faut résumer [la] rapide existence [de Vercingétorix], son caractère et même son œuvre.
>
> S'il a combattu, et s'il est mort c'est uniquement par amour pour cette patrie. Jules César ne nous laisse jamais supposer, dans les actes de Vercingétorix, un autre mobile que le patriotisme. »[49]

La mythologie républicaine fait appel à l'origine gauloise de la France pour marquer son originalité celte par rapport au *sonderweg*[50] germanique : le coq gaulois fait face à l'aigle allemand. Elle participe à bander l'énergie nationale contre l'envahisseur. Dans *L'anneau d'améthyste*, Anatole France décrit l'inauguration de la statue d'Éporédorix qui combattit Jules César en 52 avant Jésus-Christ dans le chef lieu de département où il situe son roman. Il témoigne, avec ironie et scepticisme, de l'unanimité existant autour de ce héros, très contestable, de l'ardeur patriote[51] :

> « Le projet d'un monument élevé à la gloire du chef gaulois y fut accueilli avec enthousiasme. La ville, se sentant humiliée [par le souvenir récent de la conquête prussienne], fut reconnaissante à cet antique compatriote de lui donner un sujet d'orgueil. Renommé après quinze cents ans d'oubli, Éporédorix réunit tous les citoyens dans un sentiment de filial amour Son nom n'inspira de défiance dans aucun des partis politiques qui divisaient alors la France. Opportunistes, radicaux, constitutionnels, royalistes, orléanistes, bonapartistes, contribuèrent de leurs deniers à l'entreprise. »[52]

Toutefois, la Gaule ne saurait être comparée à l'actuelle patrie française en tout point parce qu'elle ne connaît pas encore la civilisation. Edgar Zévort et E. Burle présentent ainsi la Gaule dans leur manuel pour les écoles primaires :

49. Christian Amalvi, *De l'art et la manière d'accommoder les héros de l'histoire de France De Vercingétorix à la Révolution* Paris, Albin Michel, 1988, p. 56.

50. Traduction : « voie particulière » allemande.

51. L'ironie d'Anatole France repose sur le fait que, dans la *Guerre des Gaules*, le nom d'Éporédorix est cité deux fois par César, au livre VI, pour nommer deux hommes différents : l'un est un chef de la tribu des Éduens et il a mené une politique de bascule entre Jules César et Vercingétorix pour des raisons demeurées obscures; l'autre est un lieutenant du grand chef arverne. Rien qui puisse justifier un élan patriotique pur.

52. Anatole France, *L'anneau d'améthyste in Histoire contemporaine* Paris, Calmann-Lévy, 1981, p. 373.

> « Le beau pays que nous habitons était, il y a 2 000 ans, couvert d'immenses forêts ; il s'appelait alors la Gaule.
>
> Ses habitants, les Gaulois, vivaient comme vivent aujourd'hui les sauvages d'Afrique. »[53]

Par le Progrès que la défaite apportait, la conquête romaine est bonne en soi. Dans sa *Petite Histoire populaire de la France*, George Duruy explique, en 1881, aux enfants :

> « Il faut dire que cette domination romaine ne fut ni lourde ni oppressive, mais plutôt bienfaitrice pour nos ancêtres. Une brillante civilisation ne tarda pas à se développer parmi eux. Les immenses forêts dont le sol était couvert furent défrichées. De grandes villes s'élevèrent et l'on admire encore aujourd'hui les ruines des monuments magnifiques dont elles avaient été ornées. »[54]

À l'heure où la République, par la voie de ses meilleurs penseurs comme Ernest Renan, invite à copier les méthodes prussiennes, en particulier le système universitaire créé par von Humbolt[55], il fallait démontrer l'intérêt d'accueillir du vainqueur tous les bienfaits nécessaires à la renaissance de la Patrie.

L'enseignement de l'histoire de la Grande Révolution pose aux fondateurs de la République des difficultés idéologiques plus grandes. Ils appartiennent à la génération des petit-fils de ceux qui ont vécu ou fait cet événement fondateur ; ils ont reçu les souvenirs familiaux sur le mode épique propre à l'époque romantique de leur jeunesse. Les drames de cette période ne sont pas désincarnés ; leur jeunesse a croisé les derniers témoins. C'est le cas pour Émile Littré, Jules Ferry, Georges Clemenceau et bien d'autres[56]. Mais adhérant à un positivisme conscient ou inconscient, ils participent du culte du Progrès qui fut défini de façon littéraire par l'abbé de Saint-Pierre (1658-1743) au début du XVIIIème siècle en ces termes : « A l'âge d'airain, a succédé l'âge d'argent : nous touchons, pour ainsi dire, au commencement de l'âge d'or [...] »[57] Dans l'optimisme du Siècle des Lumières, il n'existe aucune nécessité dialectique à ce que cet âge d'or soit engendré dans les douleurs d'une Révolution. Tous les penseurs du mouvement de l'Idéologie : Destutt de Tracy, Champion de Cicé, tous les utopistes comme Saint-Simon, de conserve avec les penseurs contre-révolutionnaires représentés par de Maistre et de Bonald, essaient de trouver la solution pour terminer la

53. Cité *in* Christian Amalvi, *De l'art et la manière...* op. cit. p. 60.

54. Cité *in* Christian Amalvi, *De l'art et la manière...* op. cit. p. 62.

55. Claude Digeon, *La crise allemande de la pensée française (1870-1914)* Paris, P.U.F., 1959, p. 364 à 383.

56. Christian Amalvi, *De l'art et la manière...* op. cit. p. 336.

57. Cité *in* Henri Gouhier, « La signification historique du positivisme"... op. cit. p. 68.

Révolution[58]. Auguste Comte et ses disciples ont apporté une réponse qui doit réunir tous les vrais conservateurs pour fermer définitivement la parenthèse révolutionnaire.

Il était donc nécessaire de domestiquer la Révolution et son mythe par peur d'une nouvelle émotion sociale. Maurice Barrès présente ainsi le nœud gordien qu'est l'événement fondateur de la République pour les Opportunistes et les Radicaux. Ce soir-là, le professeur Bouteiller, le premier maître spirituel des « Déracinés », dîne chez le baron Reinach, banquier de son état, avec des personnalités politiques et journalistiques autour d'un membre du Parlement anglais que l'hôte entend honorer. Le député britannique engage la conversation :

> « "Quel est le meilleur travail synthétique sur la Révolution française ?" a demandé, sans doute pour lier conversation, le membre de la Chambre des communes assis à côté d'un député opportuniste.
>
> Et l'autre, haussant la voix :
>
> "Tous les discours de comices agricoles et l'ouvrage de Taine. Mais je préfère les discours de comices ; ils sont mieux accueillis."
>
> "Ajoutons, pour être impartial, objecte le banquier lettré, que la conception de Taine a des chances de leur survivre une dizaine d'années."
>
> "En politique, c'est duperie de s'inquiéter plus avant que six mois."
>
> Ainsi parle un journaliste de tendance radicale. »[59]

Sans le dire ouvertement, la Révolution est transformée en mythe intemporel. Paul Bert, dans son discours prononcé au Trocadéro le 6 août 1882 devant les instituteurs, donne ce canevas explicatif de l'histoire de France :

> « N'ayez pas peur : laissez-vous traiter de fanatiques en enseignant aux enfants l'amour de la Révolution française, c'est-à-dire de la liberté, de la justice et de la Patrie. [Applaudissements] Mais, dit-on, vous rompez la chaîne des temps, vous oubliez tout un passé glorieux ; à vous entendre il semble qu'il n'y ait pas eu de France avant 1789. Injuste reproche, messieurs. Hé quoi ? Parce que nous avons le culte de cette époque libératrice, vous croyez que nous oublions le temps et les hommes qui l'ont préparée ? Que nous oublions Turgot, Vauban, Sully, Étienne Marcel, les héros obscurs des Communes et des États Généraux ? Voltaire, Montesquieu, La Fontaine, Corneille, Rabelais, que sais-je ? »[60]

Avant la Révolution, on présente aux enfants les signes prémonitoires du grand événement des temps nouveaux. Ce sont le mouvement des Communes au XIIème siècle ou les États Généraux du XIVème siècle. Étienne Marcel qui tint un rôle essentiel dans ceux réunis par le Dauphin Charles en 1356, est la

58. Henri Gouhier, « La signification historique du positivisme »… op. cit. p. 69.

59. Maurice Barrès, *Les Déracinés*… op. cit. p. 631.

60. Cité *in* Christian Amalvi, *Les héros de l'Histoire de France Recherche iconographique sur le panthéon scolaire de la Troisième République* Paris, Éditions Phot'œil , 1979, p. 57 et 58.

préfiguration de Mirabeau[61]. La Révolution voit son récit édulcoré et lénifié. La grande déclamation du même Mirabeau à Dreux-Brézé est présentée de façon consensuelle et grandiose ainsi que la Fête de la Fédération du 14 juillet 1790. La période de la Convention fait l'objet de restrictions mentales. Le manuel opportuniste rédigé par Ernest Lavisse (1842-1922) attire l'attention des élèves sur les victoires des frontières du Nord et de l'Est et il exalte l'héroïsme des jeunes tambours de l'Armée de l'An II comme Bara. Le manuel radical de Brossolette réduit la Terreur à l'inimitié de deux héros antagonistes : le « modéré » Danton et le « tyran » Robespierre. Les manuels exaltent la personnalité des révolutionnaires pondérés, victimes du fanatisme des extrémistes : Camille Desmoulins, les Girondins, etc. Le XIXème siècle est prédéterminé par le retour de la République. De ce fait, les Bonaparte, les Bourbon et les Orléans ne sont pas présentés de façon positive. L'avènement de la République après 1870 est un gage de Progrès scientifique. Le manuel rédigé par Rogié et Pique en 1907 conclut la geste française en ces termes :

> « Nous avons de fortes raisons d'espérer des jours meilleurs. La France, toujours à la tête de la civilisation a produit en ce siècle des savants comme Pasteur et Berthelot, des écrivains comme Victor Hugo et Lamartine, des artistes comme Rude, qui lui font le plus grand honneur. »[62]

Les manuels d'Histoire valorisent aussi la politique scolaire de Jules Ferry. La célébration de ce héros a une visée morale : apprendre aux enfants que l'ascension sociale passe par le savoir et non par la Révolution désormais achevée et tenant toutes ses promesses[63]. Il faut détourner les futurs citoyens des solutions extrémistes. C'est pourquoi, dans la mesure où ils font allusion à ce drame, les manuels présentent la Commune de façon horrible. L'*Histoire de France* d'Aulard et Debidour, éditée en 1895, la décrit ainsi :

> « Les incendies et les exécutions ordonnées par la Commune, les terribles rigueurs de l'armée victorieuse, l'effusion du sang français, rendent le souvenir de cette époque odieux aux bons citoyens. »[64]

Le manuel de Lavisse contient, dans son édition de 1912, ces mots écrits pour éviter la construction d'un mythe positif de ces faits : « Mais, de toutes les insurrections dont l'histoire ait gardé le souvenir, la plus criminelle fut certainement celle du mois de mars 1871 faite sous les yeux de l'ennemi vainqueur. »[65] Le patriotisme était amené à défendre l'ordre social.

61. Christian Amalvi, *Les héros de l'Histoire de France...* op. cit. p. 60.
62. Christian Amalvi, *Les héros de l'Histoire...* op. cit. p. 93. Ce paragraphe résume brièvement le livre de la page 71 à 93.
63. *Ibidem*, p. 93.
64. Pierre Nora (dir.), *Les lieux...* op. cit. p. 280.
65. *Ibidem*, p. 281.

La République dans les « petites patries »

Du culte de la « petite patrie » au culte de la grande Patrie, collection privée

L'ingéniosité pédagogique des Républicains opportunistes a consisté à rendre la République et la Patrie extrêmement proches des enfants. Le nouveau régime n'était pas au loin, à Paris, mais près d'eux puisqu'ils en étaient les piliers. Les instituteurs furent donc invités à rédiger la monographie du village de leur affectation professionnelle pour y puiser les exemples capables d'aviver le sentiment national et républicain. V. Duzert est, en 1885, instituteur dans le village de Martres-Tolosane (Haute-Garonne). Le 8 avril de cette année-là, il fait parvenir le texte de son historique à l'Inspection académique de Toulouse. Il y narre la bataille qui aurait opposé, à la fin du VIIIème siècle, les Sarrazins d'Abou-Saïd aux guerriers de Saint Vidian, aux alentours de ce village dont les monuments archéologiques remontent à l'Antiquité romaine. Le souvenir de ce fait d'armes a été exhumé dans les années 1640 par le curé du lieu, l'abbé Gaignères, amateur d'antiquités. Ces travaux scientifiques donnent un fondement sérieux au culte des reliques de Saint Vidian que l'évêque de Rieux propose à la vénération des fidèles à l'époque de la réforme tridentine. Après la Révolution, sous la monarchie de Juillet, l'abbé Jammes restaure le culte de ce saint guerrier en le mettant au goût « médiéval » de la période romantique : une reconstitution de la bataille est organisée chaque année dans cette bourgade depuis 1840.

L'école de la République pouvait annexer ce héros local à son Panthéon mais en l'adaptant aux nécessités de la laïcité. Vidian ne combat plus les infidèles mais les envahisseurs barbares. Il défend la patrie et non la foi chrétienne ; le chevalier national prend la place du chevalier chrétien. Par cet exemple, les enfants de Martres-Tolosane apprennent les devoirs envers le pays et le nécessaire impôt du sang[66].

L'histoire est le fondement d'une instruction civique qui prépare la Revanche contre l'Allemagne. Cet enseignement n'est pas réservé aux seuls fils du peuple ; les élites participent de cet état d'esprit mais avec les références gréco-latines qui sont le signe de l'appartenance à la bourgeoisie. Quand il écrit à son neveu Abel, Jules Ferry se fait pédagogue républicain. Dans cette lettre, l'oncle commente la mission officielle du père de l'enfant en Grèce :

> « Il est maintenant dans le pays de Solon et de Démosthène, il voit ce golfe de Salamine où les Grecs ont détruit la flotte et l'armée des Perses. Les Perses, c'étaient les Allemands de ce temps-là. Les Français se comparent aux Athéniens qui étaient les plus spirituels de tous les Grecs, mais ils n'ont pas été assez heureux pour chasser les envahisseurs. J'espère que les petits Français de ton âge, quand ils auront vingt ans, remporteront aussi leur victoire de Salamine. »[67]

Créer l'unanimité : l'enseignement secondaire et universitaire

Les conditions particulières de l'enseignement secondaire et supérieur

Hormis un nombre restreint de boursiers qui sont bien souvent des fils d'instituteurs – Marcel Pagnol est l'exemple connu de cette promotion sociale par l'école républicaine –, l'enseignement du lycée dont les frais sont à la charge des familles et de l'Université est réservé aux enfants de la bourgeoisie. Celle-ci doit être comprise dans une acception large qui englobe le chanceux commerçant de détail en passant par les professions libérales et la grande bourgeoisie d'affaires.

66. Daniel Fabre, « Saint Vidian entre l'Église et la République » *in* Jean-Claude Schmitt (dir.) *Les Saints et les Stars Le texte hagiographique dans la culture populaire* Paris, Beauchesne, 1983, p. 175 à 192.

67. *Lettres de Jules Ferry 1846-1893* Paris, Calmann-Lévy, 1914, p. 522 et 523 Lettre CCXXXI à Abel Ferry du 24 avril 1890.

Ce milieu social demeure attaché à l'« éducation moderne » inventée par les jésuites à la fin du XVIème siècle. Primauté des humanités classiques et de l'enseignement philosophique caractérise cet enseignement qui n'est dispensé qu'à un petit nombre de jeunes gens. En 1881, soixante treize mille deux cents enfants sont accueillis dans les collèges et lycées publics. Les institutions religieuses en éduquent soixante dix mille deux cent cinquante-neuf en 1887. Ces effectifs demeurent stables pour la période 1880-1914. En 1881, 2,35 % des enfants d'une classe d'âge sont inscrits dans un lycée d'État ; en 1910, 2, 74 %[68]. En y associant les élèves de l'enseignement secondaire privé, c'est au mieux 6 % d'une classe d'âge qui atteint le niveau des études secondaires. L'enseignement supérieur accueille des effectifs encore plus restreints. En 1870, la France compte au maximum dix mille étudiants répartis dans toutes les facultés. En 1888, ils sont recensés au nombre de dix sept mille cinq cent trois, de quarante et un mille cent quatre vingt dix en 1911[69].

L'orientation philosophique de l'enseignement secondaire et supérieur heurtait tout autant le bourgeois voltairien qui voulait donner une solide instruction à son fils que le républicain positiviste. A l'automne 1874, le vicomte Arthur de Cumont (1818-1902), un catholique libéral proche du comte Frédéric de Falloux (1811-1886), était ministre de l'Instruction publique du gouvernement de Cissey (22 mai 1874-9 mars 1875). Il imposa la prière publique au début et à la fin des cours de la journée dans le but de régénérer la France après un Empire libertin, une défaite honteuse et une Commune sanglante. Un élève du lycée de Montauban, Marcel Semeziès (1858-1935), a laissé de volumineux mémoires où il raconte, entre autres choses, sa scolarité. Il fait le récit suivant de l'application de cette mesure ministérielle :

> « Cette année-là, le ministre de l'Instruction publique était un M. de Cumont, réactionnaire et catholique sectaire. Il tenta de redonner aux Lycées des allures de séminaires et rendit obligatoire le port de la robe et de la toque pour les maîtres, la prière au début et à la fin de chaque classe et de chaque étude. C'était exagéré. Pour les internes, cela ne faisait pas moins d'une douzaine de prières par jour, et l'on juge comment nous les disions [...] M. Gramboulan [le professeur de philosophie] rouge de colère, dans sa robe noire et sous sa toque correctement posée, esquissait d'un air rageur un vague signe de croix et marmonnait quelques latinités incompréhensibles. M. Andraud [le professeur d'histoire] la toque en arrière, la robe mise sans manches et jetée sur les épaules comme une toge, bredouillait deux ou trois mots latins et s'empressait de lancer un tonitruant *Amen* ! Les professeurs de sciences accrochaient simplement

68. Maurice Crubellier, *L'enfance et la jeunesse dans la société française 1800-1950* Paris, Armand Colin, 1979, p. 254.
69. Maurice Crubellier, *L'enfance et la jeunesse....* op. cit. p. 262.

> leur robe et leur toque à un angle du tableau, sans les revêtir, et désobéissant carrément, n'esquissaient même pas un semblant de prières. Ces diverses façons d'obéir aux arrêtés ministériels ou de les tourner nous divertissaient beaucoup. Le plus original fut M. Bayssade dit Kep, le professeur d'anglais, qui tourna la difficulté en faisant de la prière une leçon et qui récitait le *Pater* en anglais. »[70]

Par ailleurs, jusqu'à l'avènement des Républicains, le spiritualisme hérité de Victor Cousin dominait dans l'enseignement de la philosophie des lycées et des facultés. Henri Bergson (1857-1941) rapporte que les élèves de l'École normale supérieure récitaient de mémoire la conclusion du *Rapport sur la Philosophie en France au XIXème siècle* qu'avait rédigé le disciple de Victor Cousin, Félix Ravaisson-Mollien (1813-1900), sur ordre de Napoléon III. La teneur du texte ne pouvait pas séduire un Républicain :

> « Si le génie de la France n'a pas changé, rien de plus naturel que d'y voir triompher aisément [...] la haute doctrine qui enseigne que la matière n'est que le dernier degré et comme l'ombre de l'existence ; que l'existence véritable dont tout autre n'est qu'une imparfaite ébauche est celle de l'âme ; que, en réalité, être, c'est vivre, et vivre c'est penser et vouloir ; que rien ne se fait en dernière analyse que par persuasion ; que le bien, que la beauté expliquent seuls l'univers et son auteur lui-même ; que l'infini et l'absolu dont la nature ne nous présente que des limitations consiste dans la liberté spirituelle ; que la liberté est ainsi le dernier mot des choses. »[71]

Or, dans les familles bourgeoises, à l'aube des années 1880, sous l'effet de ce spiritualisme vague, un phénomène de retour à la religion catholique s'esquisse. Paul Claudel, Joris-Karl Huymanns, Ernest Psichari, Charles de Foucault retrouvent le chemin de la Foi[72].

La politique opportuniste dans les lycées et les Universités

L'action des Républicains tient compte de la nécessaire hiérarchie sociale dont le maintien et l'affermissement sont nécessaires à l'État. Émile Boutmy, dans sa brochure *Quelques idées sur la création d'une faculté libre d'enseignement supérieur*, propose la formation d'*« une tête de peuple »* dont la nécessité est commandée par la démocratie elle-même :

> « Contraintes de subir le droit du plus nombreux, les classes qui se nomment elles-mêmes les classes élevées ne peuvent conserver leur hégémonie politique qu'en invoquant le droit du plus capable. Il faut que, derrière l'enceinte croulante de leurs prérogatives et de la tradition, le flot de la démocratie se heurte à un second rempart fait de mérites éclatants et

70. Cité *in* Jean-François Delord, « Le Lycée Ingres de Montauban 1870-1914... op. cit. p. 10.

71. François Chaubet, *Paul Desjardins et les décades*.... op. cit. p. 22.

72. Gérard Cholvy, Yves-Marie Hilaire, *Histoire religieuse de la France contemporaine tome 2 1880-1930* Toulouse, Privat,1986, p. 139.

> utiles, dont le prestige s'impose, de capacités dont on ne puisse pas se priver sans folie. »[73]

Le philosophe positiviste Alfred Fouillée avance sans ambages qu'« il faut instruire chacun le plus possible, mais non pas tous de la même manière, ni par des méthodes qui produisent finalement un manque d'adaptation de l'enfant à sa condition future. »[74] C'est le motif pour lequel ce même auteur considère les Humanités comme la voie nécessaire pour former les élites :

> « Les études libérales sont celles qui ont pour but de former une élite éclairée, songeant à l'avenir, préposée à la sauvegarde des grands intérêts intellectuels et moraux et, en un mot, de l'esprit national. Le principal danger des démocraties, c'est l'excès de la tendance utilitaire. Les études classiques restent l'unique moyen d'entretenir au sein de la France l'élite d'esprits élevés et désintéressés, par cela même l'atmosphère de moralité supérieure sans laquelle une démocratie se rue à la démagogie. »[75]

L'étude du grec et du latin est maintenue et conserve la place d'honneur même si, dans leur for intérieur, les Opportunistes aimeraient bien revenir sur cette hiérarchie de valeur héritée de l'âge théologique. En novembre 1891, Jules Ferry réagit à chaud à un discours que Joseph Reinach a prononcé à la Chambre des Députés sur la réforme de l'enseignement secondaire. Il y apparaît clairement le désir profond du sénateur des Vosges de sortir de l'humanisme moderne :

> « Livrer le sort des études à la cohue parlementaire, c'est un rêve désastreux qui n'est pas digne de vous. Assez de questions sont forcément soumises à l'incompétence des assemblées ! Vous voulez aérer le Conseil supérieur [de l'Instruction publique] ; vous y ferez rentrer des magistrats : pourquoi pas des évêques ! Je défendrai, même contre vous, ma loi de 1880, et même la suppression des vers latins ! C'est dur de s'entendre traiter d'Hercule et de Vandale, pour avoir osé toucher à la vieille routine des Pères Jésuites. »[76]

Des voix autorisées s'élèvent pour demander une pédagogie nouvelle des langues anciennes. Edmond Demolins (1852-1907), sociologue disciple de Frédéric Le Play, animateur de la *Science Sociale* et fondateur de l'École des Roches en Normandie, critique cet enseignement des Humanités qui se fait au détriment des autres disciplines et dont l'utilité pratique est nulle. Pour éviter de former « des prodiges de néant », il propose l'étude des langues anciennes

73. Pierre Rosanvallon, *Le sacre du citoyen Histoire du suffrage universel en France* Paris, Gallimard, 1992, p. 372.

74. Pierre Rosanvallon, *Le sacre du citoyen*... op. cit. p. 377.

75. Pierre Rosanvallon, *Le sacre du citoyen*... op. cit. p. 376.

76. *Lettres de Jules Ferry*... op. cit. p. 542 et 543 Lettre CCXLVII à Joseph Reinach novembre 1891.

à partir de textes bilingues afin de dégager du temps pour l'enseignement des langues vivantes, de la comptabilité et des opérations commerciales[77].

L'effort des Opportunistes a porté sur l'éradication du spiritualisme officiel des régimes antérieurs car, comme l'écrit par dépit et mépris Maurice Barrès, : « A toutes les époques, [l'université] eut pour tâche de décorer l'ordre établi. »[78] Louis Liard, élève de l'École normale supérieure et disciple de Jules Lachelier, retint du néokantisme son rôle moral qui déchoit la métaphysique « de la magistrature intellectuelle qu'elle s'était arrogée. »[79] Nommé en 1884 directeur de l'enseignement supérieur, il désigna comme professeurs de philosophie des facultés de Lettres des disciples de Charles Renouvier : Désiré Nolen professa à Montpellier, Émile Boutroux à Paris comme Lionel Dauriac (1847-1923). Par voie de conséquence, l'enseignement secondaire devint criticiste. Louis Prat (1861-1942), ultime disciple de Charles Renouvier, enseigna toute sa carrière au lycée de Perpignan. Alphonse Darlu (1849-1921) philosopha à partir de 1885 devant les élèves du lycée Condorcet qui sont Marcel Proust, Élie Halévy, Léon Brunschwig[80]. Auguste Burdeau (1851-1894) commença sa carrière à Nancy pour un semestre – Maurice Barrès fut son élève – avant une nomination à Paris où il eut pour disciples Léon Daudet et Paul Claudel[81].

L'orientation néokantienne de l'enseignement secondaire et supérieur ne signifie pas uniformité criticiste de toute l'Université. Étienne Gilson (1884-1978) témoigne de l'enseignement philosophique reçu à la Sorbonne. Il reconnaît que l'on y apprenait à philosopher sans métaphysique[82] mais il souligne la diversité des orientations des maîtres :

> « Les doctrines enseignées par nos maîtres étaient réellement diverses. Même la pensée personnelle de Lucien Lévy-Bruhl ne coïncidait pas exactement avec celle d'Émile Durkheim et Frédéric Rauh suivait sa propre voie, parallèle peut-être, mais qui n'était pas la leur. On trouve pourtant dans ces doctrines un élément commun, négatif si l'on veut, mais réel et très actif en son ordre, une sorte de méfiance invétérée envers le social conçu comme une contrainte dont il faut se libérer, soit par l'intelligence, en dégageant ses lois pour apprendre à le diriger (Durkheim, Lévy-Bruhl) soit par la mystique, en s'évadant par le haut comme la religion « ouverte » de Bergson libère des servitudes sociales de

77. Edmond Demolins, *L'Éducation nouvelle L'école des Roches* Paris, Librairie de Paris, Firmin-Didot et Cie, Imprimeurs-Éditeurs, tableau p. 100, p. 109 et 120 [dépôt légal : 1907].
78. Maurice Barrès, *Les déracinés*... op. cit. p. 498.
79. Marie-Claude Blais, *Au principe de la République*... op. cit. p. 388.
80. Marie-Claude Blais, *Au principe*... op. cit. p. 399 et 400.
81. Maurice Barrès, *Romans et voyages*... op. cit. p. 1343 note 4.
82. Étienne Gilson, *Le philosophe et la théologie* Paris, Fayard, 1960, p. 43.

la religion « close ». Contre la Loi on peut toujours en appeler aux prophètes. »[83]

Il n'est pas étonnant de retrouver le « social » dans ces mémoires d'un philosophe dès lors qu'il semble que le projet de Jules Ferry était d'amener la jeunesse française, après une initiation philosophique sapant les fondements métaphysiques de la tradition, vers une sorte de positivisme adouci, dégagé des outrances religieuses qu'Auguste Comte lui avait donné après 1852. Le 10 mai 1890, invité à la Sorbonne par l'Association Générale des Étudiants dont le président est M. Bérenger, portraitiste d'une jeunesse désabusée, le fondateur de l'École publique répond à son hôte :

> « De quoi se plaint encore la jeunesse, si bien décrite par M. Bérenger ? De ne trouver sous ses pas que des ruines intellectuelles, du criticisme à outrance, de l'absence de solution. Eh ! mes jeunes amis, vous vous plaignez de n'avoir pas résolu les problèmes de la destinée humaine ! [...] Depuis que cet oreiller si commode pour dormir, dont parle Montaigne, la foi qui avait, pendant des siècles, conduit tout le monde, a cessé de remplir son office souverain [...] le même et poignant souci trouble, agite toutes les âmes hautes, tous les esprits réfléchis [...] Mes amis, la solution du problème n'est pas dans la foi. Plus nous avançons, et moins l'humanité se contente d'une foi qui ne serait pas démontrable. La solution n'est pas dans la foi : elle est dans l'amour ! [...] Enfin, aimez-la, cette humanité qui, elle, jamais ne désespère ni se décourage, et qui toujours suit son chemin, poussé par un instinct irrésistible. »[84]

Jules Ferry retrouve les accents de son discours d'accueil à la loge de la « Clémente Amitié » de 1875. Il dévoile, une fois encore, les principes de son projet politique : organiser le Progrès dans l'Ordre en mettant en place un nouveau pouvoir spirituel.

L'école positiviste vitaliste dont le chantre populaire est Maurice Barrès, reconnaît que l'enseignement fait admirer les *« gloires de la Révolution »*[85] mais qu'il façonne des esprits éthérés. Il critique ainsi l'enseignement criticiste reçu d'Auguste Burdeau :

> « Déraciner ces enfants, les détacher du sol et du groupe social où tout les relie, pour les placer hors de leurs préjugés dans la raison abstraite, comment cela le gênerait-il, lui qui n'a pas de sol, ni de société, ni, pense-t-il, de préjugés ? »[86]

La critique est rapide et biaisée. Maurice Barrès feint de ne pas voir que l'effort du criticisme vise à détourner la jeunesse d'un spiritualisme dont lui-

83. Étienne Gilson, *Le philosophe*.... op. cit. p. 38.

84. Jules Ferry, *La République des citoyens Présentation Odile Rudelle tome 1* Paris, Imprimerie Nationale, 1996, p. 139 à 142.

85. Maurice Barrès, *Les déracinés*... op. cit. p. 498.

86. *Ibidem*, p. 503.

même ne veut pas – ce rejet de la tradition est patent dans les trois romans du Culte du Moi –. Il estime en outre que cet enseignement crée des déclassés, ce qui est contraire aux intentions de Jules Ferry ou d'Alfred Fouillée. Ce que Maurice Barrès conteste le plus dans la politique des Opportunistes, c'est la rupture historique que ceux-ci apportent à l'édification de la geste nationale, rupture historique que ses héros des romans de l'Énergie nationale suturent en ravivant les vieilles traditions de la Lorraine.

Dans le fonds, toutes les écoles positivistes s'accordent sur l'essentiel : créer une France nouvelle, un peuple français nouveau qui, fermant la parenthèse de la Grande Révolution, pourrait entrevoir un avenir sans commotions politiques. Les nouveaux symboles, les héros scolaires sont là pour marquer la direction du Progrès dans l'Ordre vers lequel tend l'Humanité.

Conclusion

En 1849, dans ses *Confessions*, Pierre-Joseph Proudhon établissait ce constat : « Il est surprenant qu'au fond de notre politique, nous trouvions toujours la théologie. »[1] Fort de cette remarque, quelle métaphysique – car, pour ce théoricien socialiste, les deux notions de théologie et de métaphysique sont similaires – fonde la haute politique des Républicains ? Les goûts littéraires sont révélateurs des grands choix existentiels. Pierre Waldeck-Rousseau apprécia les œuvres d'Edmond Haraucourt (1858-1941) qui appartint à son cercle d'intimes[2]. Ce poète qui fréquenta l'estaminet du *Chat Noir* que dirigeait et animait Rodolphe Salis à Montmartre, cultivait le *spleen* et la provocation comme dans ce sonnet dont le premier quatrain est blasphématoire :

> « L'anus profond de Dieu s'ouvre sur le Néant,
> Et, noir, s'épanouit sous la garde d'un ange.
> Assis au bord des cieux qui chantent sa louange,
> Dieu fait l'homme, excrément de son ventre géant. »[3]

Les Républicains se situent dans la grande tradition de l'esprit bourgeois qui s'est constitué au Siècle des Lumières. Cette époque a diminué la Foi par modification de la manière même de croire et elle l'a rétrécie par élimination de tous les aspects non conformes à la « droite raison ». A force de croire moins et à moins de choses[4], l'esprit bourgeois est devenu progressivement athée.

Face à « ces voûtes azurées qui ne servent à rien, qu'à défrayer les imaginations maladives des derniers songe-creux »[5], les Républicains éprouvèrent l'impérieux besoin de fonder la Société et l'État sur des étais nouveaux. Sceptiques sur la valeur intrinsèque de la personne dont la notion est dérisoire à leurs yeux, en héritiers des « Nouveaux Croyants » de la Restauration et de la Monarchie de Juillet, ils promurent le culte de l'Humanité comprise comme l'espèce humaine indifférenciée. L'urgence était d'autant plus grande que la métaphysique individualiste qui émerge, dans l'historicisme comtien, avec la Réforme protestante[6], avait favorisé la

1. Cité *in* Henri de Lubac, *Proudhon et le christianisme* Paris, Seuil, 1945, p. 115 et 116.
2. Jean-Louis Clément, « L'anticléricalisme en Haute-Garonne dans les années trente » *Archistra* n°70 septembre 1985 p. 61.
3. *Les Poètes du Chat Noir Présentation et choix d'André Velter* Paris, Gallimard, 1996, p. 201.
4. Bernard Groethuysen, *Origines de l'esprit bourgeois en France I L'Église et la Bourgeoisie* Paris, Gallimard, 1977, p. 49 [première édition : 1927].
5. Philippe Villiers de l'Isle-Adam, *Contes Cruels*… op. cit. p. 53.
6. Auguste Comte, *Système de Politique Positive*… op. cit. p. 375.

naissance de l'esprit négatif qui s'exprimait dans les multiples révolutions du XIXème siècle.

La connaissance des lois de la physique sociale devait donner les principes d'une organisation politique rationnelle dont le fonctionnement serait similaire à celui du mouvement perpétuel, sans commencement ni fin, qui fut la chimère de la physique du XIXème siècle. Ainsi en fut-il pour la quête du « gouvernement régulier » de la République, pour reprendre l'expression même de Jules Ferry. Des cassures irréductibles se font jour dans le camp républicain pour savoir si la démocratie sera directe ou déléguée, si l'autorité exercée par l'État doit être anonyme ou personnifiée par un César comme le général Boulanger.

Ce sont des conceptions irréconciliables de la société et de son fonctionnement qui séparent les différents projets d'organisation des pouvoirs publics. Pour les Opportunistes, en accord avec les Libéraux, l'individu est l'atome dynamique de la société. Pour la droite révolutionnaire représentée par une partie du mouvement boulangiste en particulier par Maurice Barrès, pour les disciples de Proudhon et une fraction des Radicaux, la société forme une entité supérieure à l'individu et elle a une vie propre que la psychologie des foules permet de diriger.

La nature même du lien social divise les Républicains, leur unité ne résidant que dans le rejet du caractère religieux de celui-ci. La quête des lois de la Solidarité passe par l'étude des sociétés animales dans la tradition initiée par Buffon au XVIIIème siècle. L'école proudhonienne accentue la nature économique de celui-ci, laquelle avait été déjà avancée par l'école saint-simonienne.

Les lectures du social sont si diverses que les débats précédents se chevauchent avec celui de savoir si la société est égalitaire ou hiérarchique. Libéraux et disciples de Frédéric Le Play, de concert avec les Opportunistes, penchent en faveur d'une hiérarchie raisonnable. Les Radicaux cultivent le modèle égalitaire ; ce n'est qu'*Au soir de la Pensée,* ouvrage paru en 1927, que Georges Clemenceau renonça à cette utopie : « la vérité est que, sous des noms divers, nous n'avons jamais été gouvernés que par des <u>oligarchies d'intérêts décorés d'idéologie</u>. »[7] Pour les proudhoniens, le phénomène des classes constitue une antinomie irréductible qu'il convient de domestiquer pour hâter la marche du Progrès dans l'Ordre.

Il est patent que la politique scolaire mise en place par les Opportunistes avec l'acceptation des Libéraux, ne vise pas à culbuter l'ordre social. Les programmes de l'enseignement primaire suivent des voies différentes de ceux

7. Jean-Baptiste Duroselle, *Clemenceau...* op. cit. p. 937 Le soulignement est le fait du Tigre lui-même.

des petits et grands lycées. Mais quels que soient les chemins, les classes sociales sont invitées à adhérer à une vision positiviste de la vie.

Tous ces débats cherchent à se concrétiser dans les institutions et les lois. Le principe fondamental de la République est de privilégier l'intérêt de la Société par rapport à l'intérêt de l'individu qui n'a aucune consistance en dehors du tissu social. Les débats qui accompagnent la définition du droit de propriété d'une part, l'Affaire Dreyfus d'autre part, sont les illustrations de cet excès de positivisme dans le Droit français. Le néokantisme a réussi à les adoucir sans jamais parvenir à en éradiquer le principe.

Bibliographie

Sources imprimées

ALLAIN-TARGÉ Henri, *La République sous l'Empire Lettres (1864-1870) réunies et annotées par Suzanne de La Porte Préface de Maurice Sarraut* Paris, Grasset, 1939, 224 p.

ARISTOTE, *La Politique Nouvelle traduction avec introduction, notes et index par Jean Tricot* Paris, Vrin, 1995, 595 p.

AUCOC Léon, *Des limites de l'intervention de l'État dans la question ouvrière* Paris, A. Picard, 1886, 16 p.

BARRÈS Maurice, *Le jardin de Bérénice* Paris, Flammarion, 1988, 226 p.

BARRÈS Maurice, *Romans et Voyages Le culte du Moi L'ennemi des lois Du sang, de la volupté et de la mort Le roman de l'Énergie nationale* Paris, Robert Laffont, 1994, 1507 p.

BERTAULD Alfred, « De la philosophie sociale et de l'introduction à la « Science sociale » de Herbert Spencer » Extrait des *Mémoires de l'Académie nationale des Sciences, Arts et Belles-Lettres de Caen* Caen, Imprimerie de F. Le Blanc-Hardel, 1876, 52 p.

BEUDANT Charles, *Le droit individuel et l'État Introduction à l'étude du droit* Paris, Librairie nouvelle de droit et de jurisprudence Arthur Rousseau, 1891, 288 p.

BOURGEOIS Léon, *Solidarité* Villeneuve-d'Ascq, Presses Universitaires du Septentrion, 1998, 110 p.

BOURGET Paul, *Le disciple* Paris, Librairie Plon, s. d., 226 p.

BOURGET Paul, *La barricade chronique de 1910* Paris, Plon, 1919, 274 p.

BRUNETIÈRE Ferdinand, « Après le procès » *Revue des Deux Mondes* CLXIV volume, quatrième période, LXVII° année, livraison du 15 mars 1898, p. 428 à 446

COMTE Auguste, *Système de Politique Positive* Paris, Au siège de la Société positiviste, 1929, 748 p.

COMTE Auguste *Discours sur l'Esprit positif* Paris, Vrin, 1995, 254 p.

COMTE Auguste, *Science et politique Les conclusions générales du Cours de philosophie positive* Paris, Pocket, 2003, 376 p.

COMTE Auguste, *Discours sur l'ensemble du positivisme* Paris, Flammarion, 1998, 464 p.

Les constitutions de la France depuis 1789 Présentation par Jacques Godechot Paris, Garnier-Flammarion, 1970, 508 p.

COURCELLE-SENEUIL Jean-Gustave, *Préparation à l'étude du droit : étude des principes* Paris, Guillaumin, 1887, 489 p.

DEMOLINS Edmond, *L'Éducation nouvelle L'École des Roches* Paris, Librairie de Paris Firmin-Didot et Cie, Imprimeurs-Éditeurs, s. d. 320 p.

DESCHANEL Paul, *La décentralisation* Paris, Berger-Levrault, 1895, 181 p.

DESCHANEL Paul, *La République nouvelle* Paris, Calmann-Lévy, 1898, 288 p.

DUGUIT Léon, « Le droit constitutionnel et la sociologie » extrait de la *Revue Internationale de l'Enseignement* 15 novembre 1889 Paris, Armand Colin, 24 p.

DUGUIT Léon, « Des fonctions de l'État moderne » extrait de la *Revue Internationale de Sociologie* 2ème année, n° 3, mars 1894, 37 p.

DUGUIT Léon, *L'État, le droit objectif et la loi positive Préface de Franck Moderne* Paris, Dalloz, 2003, 623 p. [première édition : 1901].

DUMESNIL Georges, *La pédagogie révolutionnaire* Paris, C. Delagrave, 1883, 255 p.

DURKHEIM Émile, *Les règles de la méthode sociologique* Paris, P.U.F., 1999, 149 p.

DURKHEIM Émile, *De la division du travail social* Paris, P.U.F., 1998, 418 p.

ESPINAS Alfred, *Des sociétés animales* Paris, Baillières, 1878, 588 p.

Lettres de Jules Ferry 1846-1893 Paris, Calmann-Lévy, 1914, 591 p.

FERRY Jules, *La République des citoyens Présenté par Odile Rudelle* Paris, Imprimerie Nationale, 1996, tome 1 : 508 p., tome 2 : 518 p.

FOUILLÉE Alfred, *La propriété sociale et la démocratie* Paris, Hachette, 1884, 294 p.

FRANCE Anatole, *Histoire contemporaine L'orme du mail Le mannequin d'osier L'anneau d'améthyste M. Bergeret à Paris* Paris, Calmann-Lévy, 1981, 792 p.

FRANCK Adolphe, *Philosophie du Droit ecclésiastique Des rapports de la religion et de l'État* Paris, Baillière, 1864, 192 p.

FRANCK Adolphe, *La morale pour tous* Paris, Hachette, 1880, 198 p.

FRANCK Adolphe, *Philosophie du Droit civil* Paris, F. Alcan, 1886, 295 p.

FRANQUEVILLE Comte Amable Charles Franquet de, *Souvenirs 1840-1919* Paris, Drivond, 1922, 246 p.

Discours et plaidoyers politiques de M. Gambetta publiés par M. Joseph Reinach II deuxième partie 19 février 1871- 24 juillet 1872 Paris, G. Charpentier éditeur, 1881, 498 p.

Lettres de Gambetta 1868-1882 recueillies et annotées par Daniel Halévy et Émile Pillias Paris, Grasset, 1938 (sans pagination)

GILSON Étienne, *Le philosophe et la théologie* Paris, Fayard, 1960, 259 p.

HALÉVY Élie, *Correspondance (1891-1937) Textes réunis et présentés par Henriette Guy-Loë et annotés par Monique Canto-Sperber, Vincent*

Duclert et Henriette Guy-Loë Préface de François Furet Paris, Éditions de Fallois, 1996, 803 p.

HAURIOU Maurice, « L'Histoire externe du Droit » extrait de la *Revue critique de législation et de jurisprudence* Paris, Librairie Cotillon F. Pichon successeur, 1884, 16 p.

HAURIOU Maurice, *Leçons sur le mouvement social données à Toulouse en 1898* Paris, Larose, 1899, 176 p.

HAURIOU Maurice, *Principes de droit public à l'usage des étudiants en licence (3ème année) et en doctorat ès-science politique* Paris, Librairie de la Société du recueil Sirey, 1916, 828 p. [première édition : 1910]

LE BON Gustave, *Psychologie des foules* Paris, Presses Universitaires de France, 1981, 132 p. [première édition : 1895]

LE BON Gustave, *Psychologie du socialisme* Paris, Félix Alcan, 1898, 496 p.

LE PLAY Frédéric, *La Réforme Sociale en France déduite de l'observation comparée des peuples européens cinquième édition* Tours, Alfred Mame et fils ; Paris, Dentu, 1874, 3 volumes

LEROY-BEAULIEU Paul, *L'État moderne et ses fonctions* Paris, Félix Alcan, 1911, 548 p. [première édition : 1888]

LITTRÉ Émile, *Par quelle conduite la République française peut-elle consolider le succès qu'elle a obtenu ? Question de sociologie pratique* Paris, Charavay frères éditeurs, 1879, deuxième édition, 15 p.

LITTRÉ Émile, *Conservation, Révolution et Positivisme* Paris, Aux bureaux de la *Philosophie positive*, deuxième édition augmentée de remarques courantes, 1879, 499 p.

LITTRÉ Émile, *De l'établissement de la Troisième République* Paris, Aux bureaux de la *Philosophie positive*, 1880, 595 p.

MARTIN DU GARD Roger, *Jean Barois* Paris, Gallimard, 1921, 517 p. [première édition : 1913]

MICHEL Henry, *L'idée de l'État Essai critique sur l'histoire des théories sociales et politiques en France depuis la Révolution* Paris, Librairie Hachette, 1898, 659 p.

MILL John Stuart, *La liberté Traduction de M. Dupont-White* Paris, Guillaumin, 1864, 304 p.

MONTESQUIEU, *De l'Esprit des Lois Édition de R. Derathé tome 1* Paris, Garnier, 1973, 566 p.

NAQUET Alfred, *Discours prononcé le vendredi 28 septembre 1888 au cercle révisionniste de Marseille* Avignon, Imprimerie Gros, 1888, 96 p.

OLLIVIER Émile, *Commentaire de l'encyclique de Léon XIII sur la Constitution chrétienne des États (Immortale Dei) Appendice au Manuel de droit ecclésiastique* Paris, Garnier frères, 1886, 131 p.

PÉCAUT Félix, *Pages choisies et fragments inédits... publiées par le docteur Élie Pécaut avec une lettre préface de F. Buisson* Paris, Librairie Fischbacher, 1906, 392 p.

Les Poètes du Chat Noir Présentation et choix d'André Velter Paris, Gallimard, 1996, 505 p.

PROUDHON Pierre-Joseph, *Du Principe fédératif in Œuvres complètes de Pierre-Joseph Proudhon Nouvelle édition publiée avec des notes et documents inédits Introduction et notes par J.-L. Puech et Th. Ruyssen* Paris, Librairie Marcel Rivière et Cie, 1959, 607 p.

PSICHARI Ernest, *L'Appel des Armes* G. Oudin et Cie, Éditeurs, vingt-deuxième édition, s. d., 324 p.

Séances et Travaux de l'Académie des Sciences Morales et Politiques Compte rendu par M. Ch. Vergé sous la direction de M. Jules Simon 46ème année tome vingt-cinquième 1886 premier semestre Paris, Alphonse Picard, 1886, 944 p.

RENAN Ernest, *Histoire et parole Œuvres diverses* Paris, Robert Laffont, 1984, 924 p.

ROUSSEAU Jean-Jacques, *Du contrat social* Paris, Garnier-Flammarion, 1966, 187 p.

SAINT-SIMON Claude-Henri de, *La Physiologie sociale* Paris, P.U.F., 1965, 160 p.

SOREL Georges, *Réflexions sur la violence Préface de Jacques Julliard* Paris, Seuil, 1990, 324 p. [première édition : 1908].

Les souvenirs de Charles Bonnier Un intellectuel socialiste européen à la Belle Époque Présenté par Gilles Candar Préface de Madeleine Rebérioux Villeneuve-d'Ascq, Presses universitaires du Septentrion, 2001, 279 p.

SPENCER Herbert, *Introduction à la Science Sociale* Paris, Librairie Garnier Baillière, 1875, 435 p.

SPENCER Herbert, *L'individu contre l'État* Paris, Alcan, 1885, 166 p.

TARDE Gabriel de, *Les lois de l'imitation Étude sociologique* Paris, Alcan 1890, 431 p.

Un écho de la Révolution Au pays des Gorilles avec Pierre Duhem (1861-1916) Introduction par Stanley L. Jaki Paris, Beauchesne, 1989, sans pagination [première édition : 1882].

VAUTEL Clément, *Mon curé chez les riches Texte revu et corrigé avec une préface de l'auteur* Paris, Albin Michel et Le Livre de Poche, 1972, 317 p.

VILLIERS DE L'ISLE-ADAM Philippe, *Contes cruels suivi de Nouveaux contes cruels Préface de Jehanne Jean-Charles Commentaires et notes de Daniel Leuwers* Paris, Le Livre de Poche, 1983, 382 p. [première édition : 1883 et 1888].

WALDECK-ROUSSEAU Pierre, *Questions sociales* Paris, Bibliothèque Charpentier, Eugène Fasquelle éditeur, 1900, 378 p.

WALDECK-ROUSSEAU Pierre, *L'État et la liberté* Paris, Bibliothèque Charpentier, Eugène Fasquelle éditeur, *première série : 1879-1883* 1906, 372 p.

Études sur les débuts de la Troisième République et le mouvement des idées

AGULHON Maurice, *Marianne au pouvoir : l'imagerie et la symbolique républicaine de 1880 à 1914* Paris, Flammarion, 1989, 447 p.

AMALVI Christian, *Les héros de l'Histoire de France. Recherche iconographique sur le panthéon scolaire de la Troisième République* Paris, Éditions Phot'Œil, 1979, 315 p.

AMALVI Christian, *De l'art et la manière d'accommoder les héros de l'histoire de France De Vercingétorix à la Révolution* Paris, Albin Michel, 1988, 473 p.

AMALVI Christian, *Dictionnaire biographique des historiens français et francophones de Grégoire de Tours à Georges Duby* Paris, La Boutique de l'Histoire, 2004, 366 p.

BARRAL Pierre, *Les Agrariens français de Méline à Pisani* Paris, Presses de la Fondation Nationale des Sciences Politiques, 1968, 385 p.

BARRAL Pierre, *Les fondateurs de la Troisième République* Paris, Armand Colin, 1968, 359 p.

BARRAL Pierre, « Ferry et Gambetta face au positivisme » *Romantisme Revue du dix-neuvième siècle*, tome 19, 1978, p. 149 à 160

BÉNICHOU Paul, *Le temps des Prophètes Doctrines de l'âge romantique* Paris, Gallimard, 1977, 589 p.

BERSTEIN Serge et WINOCK Michel, *L'invention de la Démocratie* Paris, Seuil, 2002, 513 p.

BLAIS Marie-Claude, *Au principe de la République Le cas Renouvier* Paris, Gallimard, 2000, 436 p.

BONNARD Roger, « Léon Duguit Ses œuvres Sa Doctrine » *Revue du Droit public et de la Science politique en France et à l'étranger* tome quarante-sixième, XXVI° année, mars 1929, p. 5 à 50

CAPÉRAN Louis, *L'anticléricalisme et l'Affaire Dreyfus 1897-1899* Toulouse, Imprimerie Régionale, 1948, 371 p.

CARON François, *Histoire économique de la France XIXème - XXème siècle* Paris, Armand Colin, 1981, 320 p.

CHASTENET Jacques, *Histoire de la Troisième République Tome 2 La République des Républicains 1879-1893* Paris, Hachette, 1954, 380 p.

CHAUBET François, *Paul Desjardins et les Décades de Pontigny* Villeneuve-d'Ascq, Presses Universitaires du Septentrion, 2000, 327 p.

CHEVALLIER Jean-Jacques, *Les grandes œuvres politiques de Machiavel à nos jours* Paris, Armand Colin, 1970, 303 p.

CHEVALLIER Jean-Jacques, *Histoire de la pensée politique* Paris, Payot, 1993, 892 p.

CHEVALLIER Pierre, *Histoire de la franc-maçonnerie française tome 3 La Maçonnerie : Église de la République (1877-1944)* Paris, Fayard, 1975, 479 p.

Christianisme et Science Études réunies par l'Association française d'Histoire religieuse Contemporaine Paris, Vrin, 1989, 227 p.

COMPAGNON Antoine, *Connaissez-vous Brunetière ? Enquête sur un antidreyfusard et ses amis* Paris, Seuil, 1997, 282 p.

CRUBELLIER Maurice, *L'enfance et la jeunesse dans la société française 1800-1950* Paris, Armand Colin, 1979, 389 p.

DANSETTE Adrien, *Histoire religieuse de la France contemporaine* Paris, Flammarion, 1965, 892 p.

DARD Olivier et RICHARD Gilles, *Les permanents patronaux : éléments pour l'histoire de l'organisation du patronat en France dans la première moitié du XXème siècle* Metz, Centre de recherche Histoire et Civilisation de l'université Paul-Verlaine, 2005, 338 p.

DELAPORTE Jean, *Péguy dans son temps et dans le nôtre* Paris, Union Générale d'Éditions, 1967, 512 p.

DELORD Jean-François, « Le Lycée Ingres de Montauban 1870-1914 » *Archistra* n° 107 bis, 1993, 63 p.

DIGEON Claude, *La crise allemande de la pensée française* Paris, P.U.F., 1959, 568 p.

DROZ Jacques, *Histoire Générale du Socialisme* Paris, P.U.F. 1972 trois volumes

DUBREUCQ Éric, *Une éducation républicaine Marion, Buisson Durkheim* Paris, Vrin, 2004, 236 p.

DUBY Georges - WALLON Armand, *Histoire de la France rurale tome 3* Paris, Seuil, 1976, 568 p.

DUROSELLE Jean-Baptiste, *Clemenceau* Paris, Fayard, 1988, 1077 p.

FAURY Jean, *Cléricalisme et anticléricalisme dans le Tarn (1848-1900)* Toulouse, Association des Publications de l'Université de Toulouse-Le Mirail, 1980, 532 p.

GARRIGUES Jean, *La République des hommes d'affaires 1870-1900* Paris, Aubier, 1997, 432 p.

GAYOT Gérard, *La Franc-Maçonnerie Textes et pratiques (XVIIIème - XIXème siècles)* Paris, Julliard, 1980, 254 p.

GÉRARD Alice, *La Révolution française, mythes et interprétations 1789-1970* Paris, Flammarion, 1970, 140 p.

GILBERT R. , *Durkheim* Éditions Labor, Collection Problèmes, s. d.

GIRARDET Raoul, *Le nationalisme français 1871-1914* Paris, Armand Colin, 1966, 276 p.

GOGUEL François, *La politique des partis sous la IIIème République* Paris, Seuil, 1948, 566 p.

GOUHIER Henri, *La vie d'Auguste Comte* Paris, Vrin, 1997, 286 p. [première édition : 1931]

GOUHIER Henri, *Études sur l'histoire des idées en France depuis le XVIIème siècle* Paris, Vrin, 1980, 186 p.

GRÉVY Jérôme, *La République des Opportunistes 1870-1885* Paris, Perrin, 1998, 415 p.

GROETHUYSEN Bernard, *Origines de l'esprit bourgeois en France I L'Église et la Bourgeoisie* Paris, Gallimard, 1977, 300 p. [première édition : 1927].

GRONDEUX Jérôme, *Histoire des Idées politiques en France au XIXème siècle* Paris, La Découverte, 1998, 122 p.

GRONDEUX Jérôme, *La France entre en République 1870-1893* Paris, Le Livre de Poche, 2000, 220 p.

GUCHET Yves, *Georges Valois, l'Action française, le Faisceau, la République syndicale* Paris, Albatros, 1975, 246 p.

GUCHET Yves, *Georges Sorel 1847-1922 « Serviteur désintéressé du prolétariat »* Paris, L'Harmattan, 2001, 333 p.

GUESLIN André, *L'État, l'économie et la société française XIXème - XXème siècle* Paris, Hachette, 1992, 249 p.

HALBECQ Michel, *L'État, son autorité, son pouvoir 1880-1962* Paris, Librairie générale de droit et de jurisprudence R. Pichon et R. Durand-Auzias, 1965, 651 p.

HAMON Léo - LOBRICHON Guy, *L'élection du Chef de l'État en France de Hugues Capet à nos jours Entretiens d'Auxerre 1987* Paris, Beauchesne, 1988, 241 p.

JACKI Stanley L., *Pierre Duhem. Homme de science et de foi Traduit de l'anglais par François Raymondeaud* Paris, Beauchesne, 1991, 272 p.

KALAORA Bernard -SAVOYE Antoine, *Les inventeurs oubliés Le Play et ses continuateurs aux origines des sciences sociales* Seyssel, Champ Vallon, 1989, 293 p.

KUISEL Richard F., *Le capitalisme et l'État en France Modernisation et dirigisme au XXème siècle* Paris, Gallimard, 1984, 476 p.

LAUBADÈRE André de, MATHIOT André, RIVERO Jean, VEDEL Georges *Pages de doctrine* Paris, L.G.D.G., 1980, 2 tomes

LEDUC Jean, *L'enracinement de la République 1879-1918* Paris, Hachette, 1991, 238 p.

LEGRAND Louis, *L'influence du Positivisme dans l'œuvre scolaire de Jules Ferry. Les origines de la laïcité* Paris, Marcel Rivière et Cie, 1961, 254 p.

LEQUIN Yves, *Histoire des Français XIXème – XXème siècle* Paris, Armand Colin, 1984, trois volumes

LERNER Henri, *La Dépêche Journal de la Démocratie Contribution à l'histoire du Radicalisme en France sous la Troisième République Préface du doyen Jacques Godechot tome 1* Toulouse, Publication de l'université de Toulouse- Le Mirail Série A-tome 35, 1978, 514 p.

LEVILLAIN Philippe, *Albert de Mun. Catholicisme français et catholicisme romain du Syllabus au Ralliement* Paris, Bibliothèque des Écoles Françaises d'Athènes et de Rome, fascicule 247, 1983, 1062 p.

LUBAC Henri de, *Proudhon et le christianisme* Paris, Seuil, 1945, 315 p.

LUBAC Henri de, *La postérité spirituelle de Joachim de Flore tome II de Saint-Simon à nos jours* Paris, Éditions Lethielleux ; Namur, Culture et Vérité, 1981, 508 p.

MACHELON Jean-Pierre, *La République contre les libertés ? Les restrictions aux libertés publiques de 1879 à 1914* Paris, Presses de la Fondation nationale des Sciences Politiques, 1976, 461 p.

MAYEUR Jean-Marie, *La vie politique sous la Troisième République* Paris, Seuil, 1984, 445 p.

MONNET François, *Refaire la République André Tardieu, une dérive réactionnaire (1876-1945)* Paris, Fayard, 1993, 638 p.

MOREAU Pierre, *Barrès* Paris, Desclée de Brouwer, 1970, 138 p.

MOSCOVICI Serge, *L'âge des foules Un traité historique de psychologie des masses* Paris, Fayard, 1981, 503 p.

NICOLET Claude, *L'idée républicaine en France Essai d'histoire critique* Paris, Gallimard, 1982, 512 p.

NORA Pierre, *Les lieux de mémoire tome 1 La République* Paris, Gallimard, 1984, 674 p.

ORY Pascal, *Nouvelle Histoire des Idées Politiques Postface de René Rémond* Paris, Hachette, 1987, 643 p.

OZOUF Jacques, *Nous les maîtres d'école Autobiographies d'instituteurs de la Belle Époque* Paris, Julliard, 1967, 269 p.

PISIER-KOUCHNER Evelyne, *Le service public dans la théorie de l'État de Léon Duguit* Paris, Librairie générale de droit et de jurisprudence, 1972, 316 p.

RÉMOND René, *La vie politique en France tome 2 : 1848-1879* Paris, Armand Colin, 1971, 378 p.

ROSANVALLON Pierre, *Le sacre du citoyen Histoire du suffrage universel en France* Paris, Gallimard, 1992, 490 p.

ROUVIER Catherine, *Les idées politiques de Gustave Le Bon Préface d'Edgar Faure* Paris, P.U.F., 1986, 280 p.

ROWLEY Anthony, *Évolution économique de la France du milieu du XIXème siècle à 1914* Paris, S.E.DE.S., 1982, 520 p.

RUDELLE Odile, *La République absolue Aux origines de l'instabilité constitutionnelle de la France républicaine 1870-1889* Paris, Publications de la Sorbonne, 1982, 327 p.

SCHMITT Jean-Claude, *Les Saints et les Stars Le texte hagiographique dans la culture populaire* Paris, Beauchesne, 1983, 302 p.

SFEZ Lucien, *Essai sur la contribution du doyen Hauriou au droit administratif français* Paris, Librairie Générale de Droit et de Jurisprudence, 1966, 520 p.

SORLIN Pierre, *Waldeck-Rousseau Thèse pour le Doctorat ès Lettres présentée à la Faculté des Lettres et Sciences humaines de l'Université de Paris* Paris, Armand Colin, 1966, 590 p.

STERNHELL Zeev, *Ni Droite Ni Gauche L'Idéologie fasciste en France* Paris, Seuil, 1983, 407 p.

THABAULT Roger, *Mon village Ses hommes, ses routes, son école Préface d'André Siegfried* Paris, Presses de la Fondation Nationale des Sciences Politiques, 1982, 248 p.

VAVASSEUR-DESPERRIERS Jean, *La nation, l'État et la démocratie en France au XXème siècle* Paris, Armand Colin, 2000, 297 p.

WATSON D. R. « A note on Clemenceau, Comte and positivism » *The Historical Journal* XIV, I, 1971, p. 201 à 204.

WINOCK Michel, *La fièvre hexagonale Les grandes crises politiques 1871-1968* Paris, Calmann-Lévy, 1986, 428 p.

WRIGHT Vincent, « L'épuration du Conseil d'État en juillet 1879 » *Revue d'Histoire moderne et contemporaine* tome XIX, octobre-décembre 1972, p. 621 à 653.

Index nominum

Table des matières

Achevé d'imprimer en France
le 9 juin 2006
sur les presses de

52200 Langres - Saints-Geosmes

Dépôt légal : juin 2006 - N° d'imprimeur : 6303